河南兴文化工程

河南社科规划重大委托项目

（2024ZDWT002）

《典籍中的河南》编委会

主　　　编：陈东辉
副　主　编：卫绍生　李立新　李若薇
编委会成员：卫绍生　王　珂　王宇婷　田文富
　　　　　　刘　畅　孙珂珂　李立新　李若薇
　　　　　　陈东辉　陈建魁　陈勤娜　张　侃
　　　　　　张玉霞　赵艺扬　赵旭姣　郝莹莹

典籍中的河南

陈东辉 主编
卫绍生 李立新 李若薇 副主编

中原出版传媒集团
中原传媒股份公司
大象出版社
·郑州·

图书在版编目(**CIP**)数据

典籍中的河南 / 陈东辉主编;卫绍生,李立新,李若薇副主编. -- 郑州 : 大象出版社, 2024. 9 (2025. 2 重印).
ISBN 978-7-5711-2445-8

Ⅰ. K296. 1

中国国家版本馆 CIP 数据核字第 2024Q4F735 号

典籍中的河南
DIANJI ZHONG DE HENAN

陈东辉　主　编

卫绍生　李立新　李若薇　副主编

出 版 人	汪林中
选题策划	张桂枝　张前进
责任编辑	李小希　张　琰
责任校对	张绍纳　安德华　牛志远
装帧设计	王莉娟

出版发行　大象出版社(郑州市郑东新区祥盛街 27 号　邮政编码 450016)
　　　　　　发行科 0371-63863551　总编室 0371-65597936
网　　址　www.daxiang.cn
印　　刷　河南瑞之光印刷股份有限公司
经　　销　各地新华书店经销
开　　本　720 mm×1020 mm　1/16
印　　张　26.5
字　　数　297 千字
版　　次　2024 年 9 月第 1 版　2025 年 2 月第 2 次印刷
定　　价　88.00 元

若发现印、装质量问题,影响阅读,请与承印厂联系调换。
印厂地址　武陟县产业集聚区东区(詹店镇)泰安路与昌平路交叉口
邮政编码　454950　　　　　电话　0371-63956290

前言

《尚书·多士》云:"惟殷先人,有册有典。"中华典籍蕴含着中华民族宝贵的历史记忆、文化根脉、思想智慧和知识体系,是中华民族生存发展的文化基石和精神支撑。《隋书·经籍志一》说:"孔子观书周室,得虞、夏、商、周四代之典,删其善者,上自虞,下至周,为百篇,编而序之。"孔子将古籍整理分类,即《诗》《书》《易》《礼》《乐》《春秋》,合称"六艺"。西汉刘歆《七略》将典籍分为辑略、六艺略、诸子略、诗赋略、兵书略、术数略、方技略七部。南朝梁阮孝绪《七录》将典籍分为七类,其中经典录、记传录、子兵录、文集录、术伎录为内篇,佛法录、仙道录为外篇。《隋书·经籍志》将古籍分为经、史、子、集四部。河南是中华文明的重要发祥地和核心区域,在中华文明发展进程中占有重要地位。在5000多年中华文明史中,河南作为全国政治、经济、文化中心长达3000多年,很多古籍产生于河南或与河南有关。比如,《诗经》中"风"有15国风,除《周南》《召南》记录的是汉水和长江中游地区的土风歌谣外,其余13国风皆为黄河中下游地区的民风民谣,这些民风民谣相当一部分产生于以河南为中心的中原地区。

河南,是黄河文化起源形成的核心区域,是中华文明连绵不断的探源地、实证地和体验地。行走河南，在仰韶、庙底沟、双槐树、大河村、二里头、殷墟等遗址，能够一览中华文明的孕育发展史。习近平总书记历次在河南考察都指出，黄河文化是中华文明的重要组成部分，是中华民族的根和魂。要传承好利用好丰富的历史文化遗产。河南省第十一次党代会强调，只要我们坚持以文化人、以文聚力、以文兴业，用中华优秀传统文化滋养中原儿女、引领社会风尚，就一定能在实现民族复兴伟业中彰显河南力量。因此，对典籍中的河南元素进行系统深入研究，形成群众喜闻乐见的文化读本，有助于深化文化认同、增强文化自觉、坚定文化自信，为在新时代全面推进中国式现代化建设河南实践凝聚广泛的社会共识，汇集磅礴的精神力量。

习近平总书记指出，中华优秀传统文化源远流长、博大精深，是中华文明的智慧结晶，其中蕴含的天下为公、民为邦本、为政以德、革故鼎新、任人唯贤、天人合一、自强不息、厚德载物、讲信修睦、亲仁善邻等，是中国人民在长期生产生活中积累的宇宙观、天下观、社会观、道德观的重要体现，同科学社会主义价值观主张具有高度契合性。出版《典籍中的河南》，从小的方面说，有助于深入挖掘中原文化的时代价值，讲好河南故事、传播河南文化、弘扬河南精神、展示河南形象、凝聚河南力量，让更多人了解和认识河南，让更多人支持河南的发展；从大的方面说，有助于更好地理解中华优秀传统文化同马克思主义的内在关联，深刻理解"第二个结合"的应然逻辑，深刻体悟马克思主义中国化时代化的历史经验，深刻把握中华文明的发展规律，进而贯通过去、现在和未来，让那些沉淀着历史痕迹的故事、凝结着先哲智慧的典籍"活起来"，在推进面向未来的理论创新、制度创新中充分发挥中华优秀传统文化的宝贵价值。

编者

2024 年 6 月

目 录

- 001 **第一章　民本思想**
- 002 王者以民人为天，而民人以食为天
- 004 以百姓心为心
- 006 必须先存百姓
- 008 民惟邦本
- 010 民之所好好之，民之所恶恶之
- 012 足寒伤心，民寒伤国
- 014 治国有常，而利民为本
- 016 得众则得国，失众则失国
- 018 邦畿千里，维民所止
- 020 国之称富者，在乎丰民
- 022 理天下者，以人为本
- 024 德之所在，天下归之；义之所在，天下赴之

- 027 **第二章　家国情怀**
- 028 先天下之忧而忧，后天下之乐而乐
- 030 大道之行也，天下为公
- 032 安得广厦千万间，大庇天下寒士俱欢颜
- 034 以身许国

036 呕心沥血
038 天下兼相爱则治
040 安居乐业
042 修身齐家治国平天下
044 仁者，以天地万物为一体
046 精忠报国
048 以天下为一家
050 投笔从戎
052 文者，贯道之器也

055 **第三章　治国理政**

056 善禁者，先禁其身而后人
058 蠹众而木折，隙大而墙坏
060 一丝一粒，我之名节；一厘一毫，民之脂膏
062 天下难事必作于易，天下大事必作于细
064 为之于未有，治之于未乱
066 奢靡之始，危亡之渐
068 克己奉公
070 治天下也，必先公，公则天下平矣
072 锄一害而众苗成，刑一恶而万民悦
074 新松恨不高千尺，恶竹应须斩万竿
076 欲知平直，则必准绳；欲知方圆，则必规矩
078 所谓治国必先齐其家者，其家不可教而能教人者，无之
080 知标本者，万举万当；不知标本，是谓妄行
082 口言之，身必行之
084 如身之使臂，臂之使指

- 086 欲筑室者，先治其基
- 088 知者顺时而谋
- 090 治世不一道，便国不法古
- 092 尧有欲谏之鼓，舜有诽谤之木
- 094 上之为政，得下之情则治，不得下之情则乱
- 096 六合同风，九州共贯
- 098 善为政者，弊则补之，决则塞之
- 100 安而不忘危，存而不忘亡
- 102 凡事预则立，不预则废
- 104 务农重本，国之大纲
- 106 壹引其纲，万目皆张
- 108 以古为镜，可以知兴替
- 110 见出以知入，观往以知来
- 112 正其末者端其本，善其后者慎其先

115　第四章　循法而行

- 116 任重道远
- 118 国无常强，无常弱。奉法者强则国强，奉法者弱则国弱
- 120 道私者乱，道法者治
- 122 为国也，观俗立法则治，察国事本则宜。不观时俗，不察国本，则其法立而民乱，事剧而功寡
- 124 法与时转则治，治与世宜则有功
- 126 法必明、令必行
- 128 法不阿贵、绳不挠曲
- 130 法度者，正之至也
- 132 凡将立国，制度不可不察也

134	天知，神知，我知，子知
136	南辕北辙
138	以至公无私之心，行正大光明之事
140	一念收敛，则万善来同；一念放恣，则百邪乘衅
142	防微杜渐
144	刑赏之本，在乎劝善而惩恶

147　第五章　守正创新

148	苟日新，日日新，又日新
150	凡益之道，与时偕行
152	穷则变，变则通，通则久
154	生生不息
156	东施效颦
158	亦步亦趋
160	邯郸学步
162	盘古开天
164	女娲补天
166	伏羲画卦

169　第六章　选贤举能

170	宰相必起于州部，猛将必发于卒伍
172	尚贤者，政之本也
174	为治之要，莫先于用人
176	才者，德之资也；德者，才之帅也
178	盖有非常之功，必待非常之人

180	古之立大事者，不惟有超世之才，亦必有坚忍不拔之志
182	治本在得人，得人在审举，审举在核真
184	为政之要，惟在得人
186	凡用人之道，采之欲博，辨之欲精，使之欲适，任之欲专
188	任人唯贤　选贤与能
190	贤良之士众，则国家之治厚；贤良之士寡，则国家之治薄
192	德薄而位尊，知小而谋大，力小而任重，鲜不及矣
194	才有余而德不足，以至于颠覆者多矣
196	各得其所

199　第七章　道法自然

200	明者因时而变，知者随世而制
202	竭泽而渔
204	万物并育而不相害，道并行而不相悖
206	游刃有余
208	实事求是
210	上善若水，水善利万物而不争
212	一阴一阳之谓道
214	量腹而食，度身而衣
216	揠苗助长
218	夫道不欲杂，杂则多，多则扰，扰则忧，忧而不救
220	观乎天文，以察时变；观乎人文，以化成天下
222	人法地，地法天，天法道，道法自然
224	天地与我并生，而万物与我为一
226	取之有度，用之有节

229　第八章　修身养性

- 230　从善如登，从恶如崩
- 232　知无不言，言无不尽
- 234　海纳百川，有容乃大
- 236　胜而不骄，败而不怨
- 238　言为士则，行为世范
- 240　半途而废
- 242　好高骛远
- 244　爱子，教之以义方
- 246　爱之不以道，适所以害之也
- 248　正心修身
- 250　欲无度者，其心无度；心无度者，则其所为不可知矣
- 252　莫见乎隐，莫显乎微，故君子慎其独也
- 254　蒙以养正，圣功也
- 256　惟以改过为能，不以无过为贵
- 258　君子检身，常若有过
- 260　君子之过也，如日月之食焉：过也，人皆见之；更也，人皆仰之
- 262　畏则不敢肆而德以成，无畏则从其所欲而及于祸
- 264　己所不欲，勿施于人
- 266　吐辞为经，举足为法
- 268　义以为质，礼以行之，孙以出之，信以成之
- 270　礼序乾坤、乐和天地
- 272　忠言逆耳

275	**第九章　劝学励志**
276	愿乘长风破万里浪
278	博学之，审问之，慎思之，明辨之，笃行之
280	自强不息、厚德载物
282	悬梁刺股
284	大学之道，在明明德，在亲民，在止于至善
286	千淘万漉虽辛苦，吹尽狂沙始到金
288	山积而高，泽积而长
290	石可破也，而不可夺坚；丹可磨也，而不可夺赤
292	事辍者无功，耕怠者无获
294	遇事无难易，而勇于敢为
296	水滴石穿
298	志不求易，事不避难
300	积厚成器
302	后来者居上
304	不入虎穴，不得虎子
306	经师易遇，人师难遭
308	朝乾夕惕
310	志之难也，不在胜人，在自胜
312	愚公移山
316	夸父追日
318	水之积也不厚，则其负大舟也无力
320	泰山不让土壤，故能成其大；河海不择细流，故能就其深
322	褚小者不可以怀大，绠短者不可以汲深
324	独学而无友，则孤陋而寡闻
326	师者，所以传道授业解惑也

第十章　友邦睦邻

- 330　不辱使命
- 334　人生乐在相知心
- 336　宾至如归
- 338　相知无远近，万里尚为邻
- 340　唇亡齿寒
- 342　大邦者下流
- 344　智者察同，愚者察异
- 346　凡交，近则必相靡以信，远则必忠之以言
- 348　一百万买宅，千万买邻
- 350　同声相应，同气相求
- 352　强不执弱，富不侮贫
- 354　始终如一，此君子之朋也
- 356　交情郑重金相似
- 358　国虽大，好战必亡
- 360　和气致祥，乖气致异
- 362　亲仁善邻，国之宝也

第十一章　生活哲理

- 366　有无相生，难易相成，长短相形，高下相倾，音声相和，前后相随
- 368　大音希声，大象无形
- 370　用万物之能而获利其上
- 372　捉衿而肘见
- 374　三人成虎
- 376　百闻不如一见
- 378　守株待兔

380	刻舟求剑
382	根之茂者其实遂，膏之沃者其光晔
384	落其实者思其树，饮其流者怀其源
386	感人心者，莫先乎情
388	千丈之堤，以蝼蚁之穴溃；百尺之室，以突隙之烟焚
390	秉纲而目自张，执本而末自从
392	善除害者察其本，善理疾者绝其源
394	物必先腐也，而后虫生之
396	力，形之所以奋也

398　后记

* 河南麦收盛景

第一章

民本思想

> 王者以民人为天，
> 而民人以食为天

【经典原文】

　　知天之天者，王事可成；不知天之天者，王事不可成。王者以民人为天，而民人以食为天。夫敖仓，天下转输久矣，臣闻其下乃有藏粟甚多。楚人拔荥阳，不坚守敖仓，乃引而东，令适卒分守成皋。此乃天所以资汉也。

　　——〔西汉〕司马迁《史记·郦生陆贾列传》

【经典释义】

　　明白自然之道的人可以成就王事，不懂得自然之道的人不能成就王事。称王天下的人以百姓为天，而百姓以食为天。敖仓这个地方，天下向这里转运粮食已经很久了，我听说敖仓里贮藏了很多谷物。楚军攻克荥阳，没有坚守敖仓，而是引军向东而去，只留下有罪而谪戍的士兵守卫成皋。这是上天在帮助大汉啊！

【河南元素】

　　传主郦食其（？—前203），秦末陈留高阳（今河南杞县西南）人，史称郦生，原是陈留里监门吏。楚汉战争期间，刘邦至高阳驿，郦食其主动投奔刘邦麾下，自称"高阳酒徒"。刘邦和郦食其言谈甚欢，借郦食其之力顺利攻取陈留，封郦食其为广野君。郦食其审时度势，劝说刘邦收取荥阳，据有敖仓的谷物，坚守成皋险要，切断通行的大道，据守蜚狐之口，守卫白马之津，与各路诸侯争天下。"王者以民人为天，而民人以食为天"，就是郦食其劝说刘邦的话。郦食其是今河南杞县人，他劝说刘邦提到的荥阳、敖仓、成皋、白马等地名，都在今河南境内。

【当代启示】

2014年10月15日，习近平总书记在文艺工作座谈会上的讲话中引用了"民以食为天"这个成语。人们的物质需求是第一位的，而吃饱肚子是所有需求中天大的事情，《礼记·礼运》说"饮食男女，人之大欲存焉"，也肯定了饮食天然的重要性。对于老百姓来说，吃饱穿暖是最基本的生活需求，也是安居乐业的先决条件。因此，当政者无论做什么事情，都要把满足人民的基本需求作为头等大事，把人民的衣食冷暖放在心上，把人民的生活需求和精神需求放在心上。只有这样才能凝聚民心，才能受到人民的拥戴。

以百姓心为心

【经典原文】

圣人无常心，以百姓心为心。善者，吾善之；不善者，吾亦善之。德善。信者，吾信之；不信者，吾亦信之。德信。

——〔春秋〕老子《道德经》第四十九章

【经典释义】

道德智慧达到最高境界的人没有恒常之心，而是以百姓所想为自己所想。百姓认为是善的，我就善待它；百姓认为不善的，我也善待它。这就可使人人向善。百姓信任的，我就信任它；百姓不信任的，我也信任它。这就可使人人守信。

【河南元素】

老子，姓李，名耳，字聃，一字伯阳，春秋末年楚国苦县（今河南鹿邑）厉乡曲仁里人，中国古代著名思想家、哲学家，道家学派创始人。东周末年，老子曾任守藏史、柱下史等职。传说孔子周游列国，曾到洛阳向老子问礼。老子晚年西行，路经函谷关（在今河南灵宝），被关令尹喜留下，写成五千言《道德经》（又名《老子》）。魏晋时期，《道德经》与《周易》《庄子》并称"三玄"。今河南境内有不少老子文化遗迹，鹿邑有太清宫、明道宫和老君台等，灵宝有函谷关，栾川有老君山，都是著名的文化旅游景区。

【当代启示】

老子认为治国理政者没有固定不变的意志，而是以百姓的意志为意志。2014年9月30日，习近平总书记在庆祝中华人民共和国成立65周年招待会上的讲话中指出："我们要坚持'以百姓心为心'，倾听人民心声，汲取人民智慧，始终把实现好、维护好、发展好最广大人民根本利益作为一切工作的出发点和落脚点，让发展成果更多更公平惠及全体人民。"人民是国家的主人，是历史发展的动力。以百姓心为心，就是要坚持和发展马克思主义群众观点，坚持以人民为中心，想百姓之所想，急百姓之所急，真正做到百姓所愿我之所行，百姓所盼我之所为，紧紧依靠人民，充分发挥人民主体作用，让发展成果更多更公平地惠及全体人民。

必须先存百姓

【经典原文】

太宗谓侍臣曰:"为君之道,必须先存百姓。若损百姓以奉其身,犹割股以啖腹,腹饱而身毙。若安天下,必须先正其身,未有身正而影曲,上治而下乱者。"

——〔唐〕吴兢《贞观政要·君道》

【经典释义】

唐太宗对身边的侍臣说:"君主治国理政的原则,一定要先体恤爱护百姓。如果通过损害百姓利益来奉养自己,就好比是把大腿上的肉割下来充饥,肚子填饱了,而人也死掉了。如果要安定天下,必须先端正自己的言行,没有身子正而影子弯曲的道理,也没有上面得到了治理、下面反而动乱的现象。"

【河南元素】

吴兢(669或670—749),汴州浚仪(今河南开封)人,唐朝著名史学家。武周时,吴兢入史馆,参与修国史,先后任左拾遗、右补阙、起居郎等职。吴兢长期在朝廷任职，历武则天、唐中宗、唐睿宗、唐玄宗几朝。吴兢的一生与河南有重要联系，他不仅出生于今河南开封，还曾任相州（治今河南安阳）长史，封长垣（今属河南）县男。吴兢为人耿直豪爽，为官敢犯颜直谏。其所著《贞观政要》是一部记录唐太宗治国思想言论的政论性史书，主要记录了唐太宗贞观年间与魏徵、房玄龄、杜如晦等大臣讨论如何治国理政的一些言论，为历代帝王治国理政的必读书。

【当代启示】

治国理政必须以人为本，体恤爱护百姓，把人民的福祉放在首要地位，不能以牺牲百姓的利益来满足一己私欲。1000多年前的唐太宗就已经认识到体恤爱护百姓的重要性，对后人有重要的启示意义。2013年12月3日，习近平总书记在十八届中共中央政治局第十一次集体学习时的讲话中引用了唐太宗"必须先存百姓"这句话，提醒我们党的各级领导干部应端正自己的言行，自觉坚持全心全意为人民服务的根本宗旨，始终保持同人民群众的血肉联系，与人民同呼吸、共命运、心连心，团结带领人民续写改革新篇章，确保改革大业取得成功，让人民安居乐业，幸福安康。

民惟邦本

【经典原文】

皇祖有训：民可近，不可下。民惟邦本，本固邦宁。

——《尚书·夏书·五子之歌》

【经典释义】

皇祖大禹留有遗训：人民可以亲近，却不可以轻视。人民是一个国家的根本所在，只有这个根本安定稳固了，国家才能安宁。

【河南元素】

《五子之歌》是夏启的五个儿子创作的，创作地洛汭在今河南巩义。大禹建立的夏朝是中国古代第一个王朝，与商朝、周朝并称三代。舜把天下禅让给大禹，大禹去世时把天下传给儿子启，开启了中国古代王朝的世袭制。启去世之后把天下传给太康。太康接过了父祖传下的天下，却耽于享乐，不思进取，荒废了朝政，惹得大臣和天下百姓不满。他喜欢游猎，在洛河之外打猎，一去就是百天。在太康准备返回的时候，他的五个弟弟侍奉着母亲一起来到洛汭，等候太康，劝导太康回归正道。五个人每人作了一首歌，对太康循循善诱，加以劝导，太康不听。于是有穷后羿顺应民意，废了太康，立太康子仲康。

【当代启示】

百姓是国家的根本，百姓安居乐业了，家庭稳固了，国家才会太平。古人就已经明白这样一个朴素的道理。治国理政，最根本的原则是依靠人民，最根本的目的是让人民过上好日子。古代先贤的一些治国理念，可以作为今天的镜鉴。2014 年 10 月 13 日，习近平总书记在中共中央政治局第十八次集体学习时的讲话中指出："我国古代主张民惟邦本、政得其民，礼法合治、德主刑辅，为政之要莫先于得人、治国先治吏，为政以德、正己修身，居安思危、改易更化，等等，这些都能给人们以重要启示。"国家是由许许多多的百姓组成的，百姓是国家的根本。治理国家一定要把百姓放在首位，让百姓安居乐业。这就好比建大厦，先把根基夯实，把基础打牢，大厦才真正建得起来，不会轻易垮塌。

> 民之所好好之，民之所恶恶之

【经典原文】

《诗》云："乐只君子，民之父母。"民之所好好之，民之所恶恶之，此之谓民之父母。

——《礼记·大学》

【经典释义】

《诗经·小雅·南山有台》中说："快乐有德的君子，是民众的父母。"民众喜欢的他就喜欢，民众厌恶的他就厌恶，这样的人可以称为民众的父母。

【河南元素】

《礼记》是"三礼"之一，由西汉学者戴圣编定。戴圣，字次君，生卒年不详，西汉梁国（治今河南商丘南）人，汉宣帝时为博士，后任九江太守。《大学》相传是曾参和子思创作的，但实际上应出自秦汉时期儒者之手。戴圣编纂《礼记》时，对《大学》一书作了必要的修改加工，收录到《礼记》中，作为《礼记》的第四十二章。《礼记》

与《周礼》《仪礼》并称"三礼",是古代中国礼制的重要典籍,汉武帝时,其与《诗经》《周易》《尚书》《春秋》一道被尊为"五经"。戴圣与叔父戴德对《礼记》甚有研究,对《礼记》的成书有很大贡献。戴德编定的《礼记》被称为"大戴礼记",戴圣编定的《礼记》被称为"小戴礼记"。

【当代启示】

为政之要在得民心。得民心者得天下,失民心者失天下。水可载舟,亦可覆舟。要真正把百姓放在第一位,就应做到"民之所好好之,民之所恶恶之",想人民之所想,为人民所愿为,与人民同呼吸、共命运、心连心。2015年1月12日,习近平总书记在同中央党校第一期县委书记研修班学员座谈时的讲话中指出:"干事创业一定要树立正确政绩观,做到'民之所好好之,民之所恶恶之'。要求真务实、真抓实干。"要做到"民之所好好之,民之所恶恶之",就应坚持以人民为中心,深入贯彻党的群众路线,时刻保持与人民群众的血肉联系。

足寒伤心，民寒伤国

【经典原文】

天下国家一体也。君为元首，臣为股肱，民为手足。下有忧民，则上不尽乐；下有饥民，则上不备膳；下有寒民，则上不具服。徒跣而垂旒，非礼也。故足寒伤心，民寒伤国。

——〔东汉〕荀悦《申鉴·政体》

【经典释义】

天下和国家是一体的。君主好比人的头脑，大臣好比人的大腿和胳膊，百姓好比人的手和足。天下有忧愁的百姓，君主就不能尽情享乐；天下有饥饿的百姓，君主就不能准备丰富的膳食；天下有受冻的百姓，君主就不能置办齐全的服饰。身后跟随的人都光着脚，君主却衣冠楚楚，这不符合礼仪。因此脚受了寒会伤到心脏，百姓挨饿受冻会危及国家。

【河南元素】

荀悦（148—209），字仲豫，颍川颍阴（今河南许昌）人，东汉史学家、政论家、思想家。汉献帝时任黄门侍郎、秘书监等职，著有《汉纪》《申鉴》等。东汉时期，颍川荀氏是有名的世家大族。汉安帝时，名士荀淑曾任郎中、郎陵侯相。他有八个儿子，时号"八龙"。荀悦是荀淑的孙子，司空荀爽的侄子，经常侍讲于汉献帝左右。他所著的《汉纪》，时人有"辞约事详，论辩多美"之评。东汉末年，同为荀淑之后的荀彧和荀攸叔侄归顺曹操，成为曹操的重要谋士，为曹操统一北方建立了殊勋。

【当代启示】

百姓贫困会危及国家安全，是造成社会不安定的重要因素。消除贫困是国家的责任，是世界的责任，也是当今世界面临的最大挑战。2015年10月16日，习近平主席在2015减贫与发展高层论坛上的主旨演讲中引用"足寒伤心，民寒伤国"这句古训，说明消除贫困的迫切性和重要性。贫困及其衍生出来的饥饿、疾病、社会冲突等一系列难题困扰着许多发展中国家。在世界范围内消除贫困，任重道远，这需要世界各国领导者凝聚共识，通力合作，共同面对，积极推动人类命运共同体建设。

> 治国有常，而利民为本

【经典原文】

老子曰："治国有常，而利民为本；政教有道，而令行为右。苟利于民，不必法古；苟周于事，不必循俗。"

——〔春秋战国〕计然《文子·上义》

【经典释义】

老子说："治理国家有恒常之道，而以有利于百姓为根本；政治教化有自己的规律，而以政令通行为优先。只要有利于百姓，不必效法古人；只要做事能够周全，不必因循旧俗。"

【河南元素】

计然（又名计倪、计研、计钘），姓辛，字文子，号渔父，春秋战国之际葵丘濮上（今河南商丘民权，一说河南兰考，或说河南滑县）人。班固《汉书·艺文志》说其是老子的弟子，与孔子同时。计然曾游学于齐、楚、越等地。游于越国时，他收越国大夫范蠡为徒，授范蠡七计。范蠡辅佐越王勾践，用其五计而灭吴国。计然著作有《文子》。

《汉书·艺文志》著录《文子》九篇，今存《文子》十二篇。其书多记载老子的话，皆以"老子曰"开篇，似在转述老子当年对他说的话。

【当代启示】

"治国有常，而利民为本"是说治理国家有常规的方法，而为百姓谋福利则是根本，反映的是"以人为本"的治国理念，与我们党倡导的以人民为中心的发展思想深度契合。2016年1月18日，习近平总书记在省部级主要领导干部学习贯彻党的十八届五中全会精神专题研讨班上的讲话中引用了这句话，指出："'治国有常，而利民为本。'以人民为中心的发展思想，不是一个抽象的、玄奥的概念，不能只停留在口头上、止步于思想环节，而要体现在经济社会发展各个环节。"各级领导干部应牢固树立以人民为中心的发展思想，顺应人民群众对美好生活的向往，做到发展为了人民、发展依靠人民、发展成果由人民共享，真正把为人民谋幸福作为一切工作的出发点和落脚点。

> 得众则得国，
> 失众则失国

【经典原文】

《诗》云："殷之未丧师，克配上帝。仪监于殷，峻命不易。"道得众则得国，失众则失国。

——《礼记·大学》

【经典释义】

《诗经·大雅·文王》中这样写道："殷商没有丧失百姓拥护的时候，君主的德行能够与上天相配；殷商丧失了百姓的支持之后，就被周朝消灭了。殷商最终的结局应该引为借鉴，天命是不会更改的。"所以说，得到百姓的拥护就能够得到国家，失去百姓的拥护就会失去国家。

【河南元素】

这里《礼记·大学》引用的《诗经·大雅·文王》是赞美周文王的诗，"周虽旧邦，其命维新"二句，即出自这首诗。周文王姬昌是西周的创立者。殷纣王时，他曾经被囚禁在羑里城（今河南汤阴北）。

被囚禁期间，姬昌反复推演伏羲八卦，将伏羲八卦推演为六十四卦，奠定了《周易》六十四卦的基础。后来，经大臣散宜生等全力营救，殷纣王终于下令赦免姬昌，并赐给他弓矢、斧钺等，姬昌因此获得专征诸侯之权。

【当代启示】

人心向背，关系社会治乱、国家兴亡，所以古人有"得人心者得天下，失人心者失天下""得人者昌，失人者亡"等说法。《礼记·大学》所说的"得众则得国，失众则失国"也是这个道理。2016年7月1日，习近平总书记在庆祝中国共产党成立95周年大会上的讲话中引用了"得众则得国，失众则失国"这两句话，表明了中国共产党的根本政治立场是人民立场，中国共产党与人民风雨同舟、生死与共，始终保持血肉联系。国家要长治久安，执政者就一定要把人民摆在中心位置，通过爱民、为民、惠民、利民的政策措施，增加人民的获得感、亲和感、安全感和幸福感，从而获得人民的拥戴和支持。

> 邦畿千里，
> 维民所止

【经典原文】

龙旂十乘，大糦是承。邦畿千里，维民所止，肇域彼四海。

——《诗经·商颂·玄鸟》

【经典释义】

十辆插着龙旗的大车，满载酒食来祭享。国域疆土有千里之远，都是百姓生活居住的地方，开疆拓土，疆域达到那遥远的四海。

【河南元素】

《诗经·商颂》是一组表现商贵族征战、祭享和生活的诗歌。夏朝末年，商汤革命，推翻残暴的夏桀，建立了商政权，建都于亳。亳分北亳、南亳和西亳。北亳又称蒙亳，是商汤最早的居住之地，在今河南商丘北；西亳在今河南偃师，是商汤起兵讨伐夏桀的地方；南亳（古称谷熟）在今河南商丘睢阳区东南。《诗经·商颂·玄鸟》开篇就是"天命玄鸟，降而生商，宅殷土芒芒。古帝命武汤，正域彼四方"，记述的是商诞生的故事，其中神鸟降而生契、契建立商族、成汤建立商朝并征战四方，都是商族和商代的重大事件。

【当代启示】

中华民族是多元一体的大家庭，是在历史长期发展演进中形成的命运共同体。约 960 万平方千米的陆地领土，是各族先民留给我们的神圣故土，也是我们赖以生存发展的美丽家园。2019 年 9 月 27 日，习近平总书记在全国民族团结进步表彰大会上的讲话中引用了"邦畿千里，维民所止"这两句诗，并指出："各族先民胼手胝足、披荆斩棘，共同开发了祖国的锦绣河山。"要实现中华民族伟大复兴的中国梦，同样需要各民族手挽着手、肩并着肩，勠力同心，共同努力奋斗。因此我们要像爱护眼睛一样，爱护民族团结，促进民族团结，努力建设中华民族共同生活的美丽家园。

> 国之称富者，在乎丰民

【经典原文】

国之称富者，在乎丰民，非独谓府库盈、仓廪实也。且府库盈、仓廪实，非上天所降，皆取之于民。民困则国虚矣。

——〔三国〕钟会《刍荛论》

【经典释义】

国家可以称作富裕的情况，在于让百姓富足，而不只是府库钱财丰盈、仓库粮食充足。况且府库钱财丰盈、仓库粮食充足，不是上天掉下来的，都是从百姓那里取得的。如果百姓贫困，国家就空虚了。

【河南元素】

钟会（225—264），字士季，颍川长社（今河南长葛东北）人，三国时期名将。其父钟繇是三国名臣，官至太傅，著名书法家。钟会自幼聪敏，仕途顺利，深得秉持朝政的司马昭信任。景元三年（262），钟会任镇西将军，假节，都督关中诸军事。景元四年（263），他与邓艾分军讨伐蜀国。因讨伐蜀国有功，钟会进位司徒，封万户侯，后欲据蜀自立，图谋反叛，矫诏起兵，因部下发生兵变而失败，死于乱军。有明人张溥所辑《魏钟司徒集》存世，《刍荛论》就是其中的一篇。刍荛原指割草打柴的人，引申为草野之人。钟会文章题目为《刍荛论》，意思是以草野之人的身份对一些问题发表看法。这篇文章已经散佚，今见仅是保存在古文献里的《刍荛论》之残篇。

【当代启示】

2022年1月17日，习近平主席在2022年世界经济论坛视频会议上发表的演讲中引用了"国之称富者，在乎丰民"这句话，强调财富的创造和分配是世界各国面对的重大问题。如果国家发展了，老百姓的收入没有提高，生活水平没有改善，一定会带来很多社会问题。因此，我们既要不断解放和发展社会生产力，不断创造和积累社会财富，又要防止两极分化，防止贫富差距影响社会经济发展，要切实做好利益分配，推动全体人民共同富裕，不断满足人民对美好生活的向往，进而实现民富国强。

理天下者，以人为本

【经典原文】

贞观十一年，侍御史马周上疏曰："理天下者，以人为本。欲令百姓安乐，惟在刺史、县令。县令既众，不可皆贤，若每州得良刺史，则合境苏息。"

——〔唐〕吴兢《贞观政要·论择官》

【经典释义】

唐太宗贞观十一年（637），侍御史马周上疏说："治理天下的人，要把百姓作为国家的根本。要想让百姓安居乐业，责任就在刺史和县令身上。一个国家那么多县令，不可能都是贤才，但如果每一个州的刺史都是贤良之才，那么整个国家就会平安无事。"

【河南元素】

吴兢，汴州浚仪（今河南开封）人。吴兢本着"君依于国，国依于民"的重民思想，把唐太宗贞观年间的重大事件，依时间顺序，分门别类地加以记载，展示了唐初君臣在治国理政方面的不同理念，对后世治国理政有重要参考意义。《贞观政要》卷三《论择官》记载了唐代君臣对如何选拔任用官员的不同见解。时任侍御史的马周向唐太宗上疏指出百姓是国家的根本，而刺史和县令则肩负让百姓安居乐业的重任，因此一定要选择贤良之才出任。唐太宗从善如流，当即表示："刺史，朕当自简择；县令，诏京官五品已上各举一人。"

【当代启示】

2022年2月25日，十九届中共中央政治局进行第三十七次集体学习，内容是中国人权发展道路。习近平总书记以"理天下者，以人为本"为例，说明呵护人的生命、价值、尊严，实现人人享有人权，是人类社会的共同追求。治理天下必须以人民为本，以人为本就必须尊重和保障人权，这也是中国共产党人的不懈追求。中国共产党自成立之日起就高举"争民主、争人权"的旗帜，鲜明宣示了救国救民、争取人权的主张。中国共产党的百年奋斗史，贯穿着党团结带领人民为争取人权、尊重人权、保障人权、发展人权而进行的不懈努力。在新的历史时期，中国共产党人坚持以人为本，担负起推动我国人权事业发展的历史责任，主动做好尊重和保障人权的各项工作，切实把国家人权行动计划落实好。

> 德之所在，天下归之；
> 义之所在，天下赴之。

【经典原文】

　　免人之死，解人之难，救人之患，济人之急者，德也。德之所在，天下归之。与人同忧、同乐、同好、同恶者，义也。义之所在，天下赴之。

——〔西周〕吕尚《六韬·文师》

【经典释义】

　　免除人的死亡，解除人的危难，救治人的疾患，接济人的急难，这就是德。德所在的地方，就是天下人归顺的地方。与人同忧伤、同快乐、同喜好、同厌恶，这就是义。义所在的地方，就是天下人奔赴的地方。

【河南元素】

　　《六韬》又称《太公六韬》《太公兵法》，最早明确收录此书的是《隋书·经籍志》，旧题吕望（姜太公）撰，经后人考证，约成书于战国时期。全书以太公与周文王、周武王对话的方式编成。姜太公，姜姓，吕氏，名望，字尚父，一说字子牙，又称吕望、吕尚。商朝末年汲（今河南卫辉）人，商末周初政治家、军事家、韬略家。民间传说其垂钓于渭水之滨，被西伯侯姬昌拜为"太师"，辅佐姬昌建立霸业。周武王即位后，他被尊为"师尚父"，辅佐周武王消灭商纣，建立周朝，受封于营丘（后称临淄，今山东淄博东北）。后其又辅佐周公旦平定内乱，开疆扩土，促成成康之治。北魏郦道元《水经注·清水》载："（汲县）城西北有石夹水，飞湍浚急，人亦谓之磻溪，言太公尝钓于此也。城东门北侧有太公庙，庙前有碑。"

【当代启示】

德和义是促进经济发展的必要因素，也是保证社会公平正义的必要因素。2022年2月25日，习近平总书记在十九届中共中央政治局第三十七次集体学习时的讲话中引用了这几句话，表明了中国积极推动全球人权治理的态度。我们在全面建设社会主义现代化国家、向第二个百年奋斗目标迈进的新征程中，要深刻认识做好人权工作的重要性和紧迫性，坚定不移走中国人权发展道路，更加重视尊重和保障人权，推动我国人权事业发展。

济源王屋山愚公移山雕塑

第二章
家国情怀

> 先天下之忧而忧，后天下之乐而乐

【经典原文】

嗟夫！予尝求古仁人之心，或异二者之为，何哉？不以物喜，不以己悲，居庙堂之高则忧其民，处江湖之远则忧其君。是进亦忧，退亦忧。然则何时而乐耶？其必曰"先天下之忧而忧，后天下之乐而乐"乎？噫！微斯人，吾谁与归？

——〔北宋〕范仲淹《岳阳楼记》

【经典释义】

可叹啊！我曾经寻求古代那些仁者的心境，或许都与上述两种情况不同，为什么呢？他们不会因为外部事物或自己的境况的好坏而感到高兴或悲哀，身处朝堂之上就为百姓而担忧，身处遥远的江湖就为君主担忧。这就是身处官场也忧虑，退居江湖也忧虑。如此来说，什么时候才会快乐呢？大概会说"在天下人忧虑之前而忧虑，在天下人快乐之后而快乐"吧？唉！如果没有这样的人，我又能与何人为伴呢？

【河南元素】

范仲淹（989—1052），字希文，苏州吴县（今江苏苏州）人，北宋著名文学家、政治家、军事家。范仲淹与河南渊源颇深。他自幼在应天府（治今河南商丘）的应天书院读书。为母亲守丧期间，他应南京留守、应天府知府晏殊的邀请，在应天书院教书，并曾主持应天书院的教务。宋仁宗庆历五年（1045），范仲淹以给事中的身份出任邓州（今河南邓州）太守。到任之后，他大力兴学，修览秀亭，筑春风阁，建百花洲，设立花洲书院，闲暇时还到花洲书院讲学。时任巴陵（今湖南岳阳）太守的滕子京重修岳阳楼，致信范仲淹，请他为岳阳楼作记。范仲淹就在邓州写下了这篇千古名作《岳阳楼记》。

【当代启示】

"先天下之忧而忧，后天下之乐而乐"的政治抱负，是中国知识分子的优良传统和良好品质，体现了中华民族的优秀传统文化和民族精神。中国古代有许多范仲淹那样的人，居庙堂之上而忧其民，处江湖之远而忧其君，做到了"先天下之忧而忧，后天下之乐而乐"。在实现中华民族伟大复兴的新时期，继承和弘扬中华优秀传统文化，就是要学习和继承优秀传统文化的思想精华，培养正确的世界观、人生观、价值观，培育家国情怀和爱国精神，增强心忧天下、不负苍生的忧患意识，时刻把国家和人民的利益放在心上，在国家和人民需要的时候，冲得上，扛得起，拿得下，赢得了。

大道之行也，天下为公

【经典原文】

大道之行也，天下为公。选贤与能，讲信修睦。故人不独亲其亲，不独子其子，使老有所终，壮有所用，幼有所长，矜、寡、孤、独、废疾者，皆有所养。男有分，女有归。货恶其弃于地也，不必藏于己；力恶其不出于身也，不必为己。是故谋闭而不兴，盗窃乱贼而不作，故外户而不闭，是谓大同。

——《礼记·礼运》

【经典释义】

大道得以施行，天下是天下人的天下。选拔贤才，举荐有才能的人，讲究诚信，睦邻修好。所以人们不仅仅把自己的亲人当作亲人，也不仅仅把自己的子女作为子女，而是让老年人能够安享晚年，壮年人有发挥才能的场所，年幼者能够健康成长，使老而无妻、老而无夫、幼而丧父、老而无子和身有残疾的人，都能得到供养。男子有职分，女子有归宿。厌恶浪费财物的行为，但也不必把货物据为己有；讨厌不为公众出力的行为，但也不必为自己谋私利。因此，行奸谋邪之门就会关闭，盗窃作乱之事不发生，所以百姓家的大门都不用关闭，这就是人们所说的天下大同的理想社会。

【河南元素】

"大道之行也，天下为公"这句话，汉献帝在禅位诏书中引用过："夫大道之行，天下为公，选贤与能。故唐尧不私于厥子，而名播于无穷。朕羡而慕焉，今其追踵尧典，禅位于魏王。"汉献帝当时以许县（今河南许昌）为都城，建安二十五年（220），他见大势已去，遂效法尧舜的禅让，把天下禅让给曹丕。曹丕即位后，改国号为魏，封汉献帝为山阳公。山阳在太行山南麓，位于今河南修武县境。2013年3月5日，位于修武县七贤镇古汉村南的汉献帝禅陵，被中华人民共和国国务院公布为第七批全国重点文物保护单位。

【当代启示】

"大道之行也，天下为公"展示的是一种大同社会理想，我国古代对于大同社会的构想与共产主义有内在契合性，也有某种逻辑联系。我国选择社会主义道路，包括"大道之行也，天下为公"在内的优秀传统文化都是重要的影响因素。这些思想和理念有其鲜明的民族特色，有其永不褪色的时代价值，同时又随着时间推移和时代变迁而不断与时俱进。中华民族有自己独特的精神世界，有百姓日用而不觉的价值观。我们提倡的社会主义核心价值观，就充分体现了对中华优秀传统文化的传承和升华。

> 安得广厦千万间，大庇天下寒士俱欢颜

【经典原文】

　　安得广厦千万间，大庇天下寒士俱欢颜，风雨不动安如山。呜呼！何时眼前突兀见此屋，吾庐独破受冻死亦足！

　　——〔唐〕杜甫《茅屋为秋风所破歌》

【经典释义】

　　如何得到千万间宽敞明亮的大屋子，让天下贫寒的读书人都得到庇护，让他们露出笑脸，任凭风吹雨打也能像大山那样安稳。啊！什么时候像这样的屋子能够突然出现在眼前，哪怕只有我的草庐被大风吹破，哪怕我被冻死也心甘情愿！

【河南元素】

　　杜甫（712—770），字子美，出生于河南巩县（今河南巩义），曾任左拾遗、检校工部员外郎，世称"杜拾遗"或"杜工部"，唐代伟大的现实主义诗人，被称为"诗圣"，与李白并称"李杜"。其诗歌忠实地记录了唐代由盛转衰的社会现实，被称为"诗史"。唐代"安史之乱"后，杜甫寓居成都，在友人的帮助下，在浣花溪边盖起了一座茅草屋，有了一个暂时栖身的地方。不料，这年秋天刮起的一场大风，把新建的茅草屋刮破了。正像杜甫诗中描写的那样："八月秋高风怒号，卷我屋上三重茅。茅飞渡江洒江郊，高者挂罥长林梢，下者飘转沉塘坳。"非常可贵的是，诗人从自己的茅草屋被刮破，联想到与自己境况相似的天下贫寒的读书人，"安得广厦千万间，大庇天下寒士俱欢颜"，表现出诗人高尚的情操和博大的胸怀。

【当代启示】

2014 年 10 月 15 日，习近平总书记出席并主持了在北京召开的文艺工作座谈会。他在讲话中引用了屈原的"长太息以掩涕兮，哀民生之多艰"、杜甫的"安得广厦千万间，大庇天下寒士俱欢颜"等深刻反映人民心声的诗句。文艺事业是党和人民的重要事业，文艺战线是党和人民的重要战线。长期以来，广大文艺工作者致力于文艺创作，在各自领域辛勤耕耘、服务人民，取得了显著成绩，作出了重要贡献。能不能创作出优秀的文艺作品，关键在于能否站稳人民立场，以人民为中心，把人民作为创作之源、艺术之本、创作主体，坚持为人民创作，坚持为人民鼓与呼。所有传响当时、传之后世的文艺作品，反映的都是时代要求和人民心声。那些流传千古的名篇佳作，都充满着对人民命运的悲悯、对人民悲欢的关切、对人民幸福的祈盼，以精湛的艺术表现彰显了深厚的人民情怀。历史已经证明并将继续证明：文艺只有植根现实生活，紧跟时代潮流，才能发展繁荣；只有顺应人民意愿，反映人民关切，才能充满活力。

以身许国

【经典原文】

初,侃长子鹭为景所获,执来城下示侃。侃谓曰:"我倾宗报主,犹恨不足,岂复计此一子?幸早杀之。"数日复持来,侃谓鹭曰:"久以汝为死,犹在邪?吾以身许国,誓死行阵,终不以尔而生进退。"因引弓射之。

——〔唐〕李延寿《南史·羊侃传》

【经典释义】

当初,羊侃的大儿子羊鹭被侯景擒获,被绑至城下让守城的羊侃看。羊侃对侯景说:"我倾尽全宗族的力量来报答君主,尚且遗憾不足够,难道还会计较这个儿子?请早点杀了他吧。"过了几天,侯景又押着羊鹭前来,羊侃对羊鹭说:"我以为你早就死了,竟然还活着吗?我以一己之身报答国家,发誓要死在战场上,终究不会因为你而萌生退却之心。"于是拉弓引箭射向羊鹭。

【河南元素】

李延寿，字遐龄，相州（治今河南安阳）人，唐代著名史学家，曾任崇贤馆学士、符玺郎兼修国史等，参与修撰《隋书》《晋书》。其父熟悉前代历史，长于评论时事，仿《吴越春秋》体例，以编年体撰写南北朝史，后因事辍止，且因"所撰未毕，以为没齿之恨"。李延寿继承父亲的遗志，用了16年的时间，完成了《南史》与《北史》的修撰。《南史》《北史》都是纪传体通史，《南史》起于南朝宋武帝永初元年（420），止于南朝陈后主祯明三年（589）；《北史》起于北魏拓跋珪登国元年（386），止于隋恭帝杨侑义宁二年（618）。《新唐书》对《南史》《北史》给予较高评价："其书颇有条理，删落酿词，过本书远甚。"

【当代启示】

2015年9月2日，习近平总书记在颁发"中国人民抗日战争胜利70周年"纪念章仪式上的讲话中引用了"以身许国"这个典故。在中国人民的抗日战争中，全体同胞挺身而出，共赴国难。许多志士仁人抱着以身许国、精忠报国的决心，奔赴抗日前线，与日寇展开浴血奋战。千千万万的抗战英雄抛头颅、洒热血，谱写下惊天地、泣鬼神的爱国主义篇章，为抗日战争胜利作出了重大贡献，铸就了伟大的抗战精神。伟大的抗战精神永远是激励中国人民克服一切艰难险阻、为实现中华民族伟大复兴而努力奋斗的强大精神动力，以身许国也依然是每一个爱国者在国家和民族需要时的自觉选择。

呕心沥血

【经典原文】

恒从小奚奴,骑距驉,背一古破锦囊,遇有所得,即书投囊中。及暮归,太夫人使婢受囊,出之,见所书多,辄曰:"是儿要当呕出心始已耳!"

——〔唐〕李商隐《李贺小传》

刳肝以为纸,沥血以书辞。上言陈尧舜,下言引龙夔。

——〔唐〕韩愈《归彭城》

【经典释义】

"呕心"一词出自李商隐的《李贺小传》:李贺经常带一个小奴仆,骑一匹距驉(一种形似骡、可供乘骑的兽),背着一个破锦囊,每有所得,就写下来放进囊中。等到傍晚回家,母亲让婢女接过锦囊,把锦囊中的东西都倒出来,发现大部分是写的文字,当即说:"这孩子是要把心吐出来才肯罢休啊!""沥血"一词出自唐代著名文学家韩愈的五言排律《归彭城》,上面四句诗的意思是:剖开肝当作纸,滴血当作墨来写书信。前面先写明君尧和舜，后面写贤臣龙和夔。成语"呕心沥血"就是从李商隐的《李贺小传》和韩愈的诗《归彭城》中的相关词句演化而来的。

【河南元素】

这个成语涉及的三个人物——韩愈、李贺、李商隐都是河南人。韩愈（768—824），字退之，河南河阳（今河南孟州南）人，世称"韩昌黎""昌黎先生"，唐代思想家、散文家、诗人。韩愈是唐代古文运动的倡导者，名列"唐宋八大家"之首。李贺（790—816），字长吉，河南福昌（今河南宜阳）人，中唐著名诗人，有"诗鬼"之称。李贺的诗歌构思奇特，形象瑰丽，被称为"李长吉体"。李商隐（813—858），字义山，号玉谿生，怀州河内（今河南沁阳）人，后随祖辈移居荥阳（今河南荥阳），晚唐著名诗人，曾任弘农尉、盐铁推官等职，与杜牧并称"小李杜"。

【当代启示】

在中国革命、建设、改革的历史进程中，一代又一代共产党人为了党和人民的事业不懈奋斗，其中那些典范人物，更是殚精竭虑、呕心沥血，鞠躬尽瘁、死而后已，用拼搏奋斗的一生书写了共产党员的光荣称号，作出了彪炳史册的伟大贡献，为后人留下了弥足珍贵的精神财富。这一成语告诉我们：无论做任何工作，如果想获得成功，不仅要有认真负责的态度，而且要把心思和精力花费到工作和事业中，要有呕心沥血的精神和脚踏实地的努力，才能取得应有的成就。

天下兼相爱则治

【经典原文】

故圣人以治天下为事者,恶得不禁恶而劝爱?故天下兼相爱则治,交相恶则乱。故子墨子曰:"不可以不劝爱人者,此也。"

——〔战国〕墨子《墨子·兼爱》

【经典释义】

因此把治理天下作为事业的圣明的人,怎么能够不禁止恶行而鼓励相爱呢?因此天下人如果相互关爱,就会天下太平;天下人如果相互仇视,就会天下大乱。所以墨子说:"不可以不鼓励人们相互爱护,理由就在这里。"

【河南元素】

墨子(约前468—前376),名翟,战国初期宋国(都今河南商丘南)人,一说鲁阳(今河南鲁山)人,或说滕国(今山东滕州)人。墨子生活在春秋战国之交,这个时候周天子已丧失权威,诸侯争霸,天下大乱,不仅国与国相互交恶,人与人之间也不和睦。面对这样一种纷乱的局面，墨子把"尚同""尚贤""兼爱""非攻"作为自己的理想，穿梭于诸侯国之间，向诸侯传授治国理政的理念。他主张兼爱，反对战争，曾多次劝阻诸侯国之间将要发生的战争。

【当代启示】

2015年12月16日，习近平主席在第二届世界互联网大会开幕式上的讲话中引用了"天下兼相爱则治"这句话。在信息化的今天，互联网已经成为人们不可或缺的交流工具。各国应该推进互联网领域开放合作，丰富开放内涵，提高开放水平，搭建更多沟通合作平台，创造更多利益契合点、合作增长点、共赢新亮点，推动彼此在网络空间优势互补、共同发展，让更多国家和人民搭乘信息时代的快车、共享互联网发展成果，促进世界和谐发展。

安居乐业

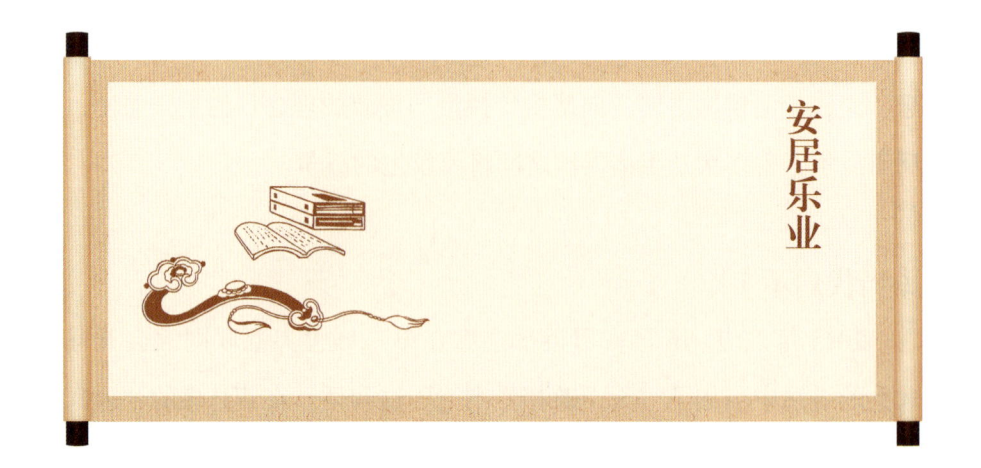

【经典原文】

　　甘其食，美其服，安其居，乐其俗。邻国相望，鸡犬之声相闻，民至老死不相往来。

——〔春秋〕老子《道德经》第八十章

　　故其父兄之教不肃而成，子弟之学不劳而能，各安其居而乐其业，甘其食而美其服，虽见奇丽纷华，非其所习，辟犹戎翟之与于越，不相入矣。

——〔东汉〕班固《汉书·货殖传》

【经典释义】

　　百姓以其食物为甘美，以其衣服为华美，以其居住的地方为安定，以其习俗为快乐。邻国之间可以互相看得见，鸡鸣狗吠的声音可以互相听得到，百姓到了老死的时候相互间还没有交往。

　　因此他们父兄的教导即使不严格也能成功，子弟们的学习即使不费力也能学有所成，大家各自以其居住的地方为安定，以其从事的职业为乐，以其食物为甘美，以其衣服为华美，即使看见了奇丽繁华的事物，因为不是他们的习俗，就像戎翟和于越这样的少数民族习俗不同一样，不能够融入。

【河南元素】

老子，春秋末年楚国苦县（今河南鹿邑）厉乡曲仁里人。东汉班固在《汉书·货殖传》中对《道德经》这段话作了一些改动，把老子的"安其居，乐其俗"修改为"各安其居而乐其业"，后人在这句话的基础上概括出"安居乐业"这个成语。老子曾在洛阳为官，任守藏史，负责管理国家的图书。班固和父亲班彪、弟弟班超也都长期在洛阳为官，班固曾任兰台令史和校书郎，参与国家图书、档案的管理工作。兰台原是战国时期的一个地名，西汉时期在宫内设置兰台，负责掌管档案、户籍、图书等。校书郎是朝廷负责档案、图书的校订整理工作的官员，其职务与老子守藏史之职相似。《汉书》就是班固在洛阳为官时完成的。

【当代启示】

人民对美好生活的向往，说到底就是希望安居乐业、民富国强。从老子到班固，都表述这样一种思想。中国古代社会是农耕社会，生产力比较低下，人们想满足安居乐业的愿望非常困难。如今的中国已经实现了由站起来、富起来到强起来的历史性跨越，人民安居乐业，国家繁荣富强。我们要倍加珍惜这来之不易的美好生活和安定团结的大好局面，心怀感恩，努力工作，积极生活，为社会的和谐稳定贡献一份力量。

修身齐家治国平天下

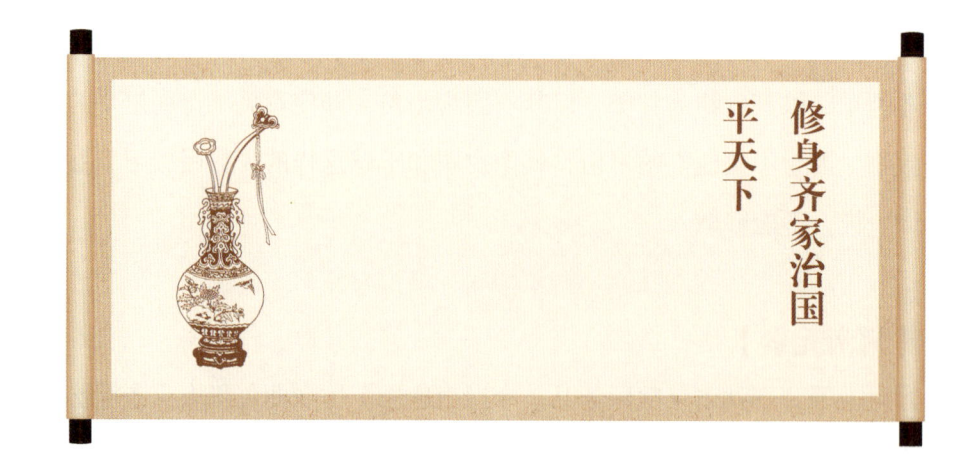

【经典原文】

古之欲明明德于天下者,先治其国;欲治其国者,先齐其家;欲齐其家者,先修其身;欲修其身者,先正其心;欲正其心者,先诚其意;欲诚其意者,先致其知;致知在格物。物格而后知至,知至而后意诚,意诚而后心正,心正而后身修,身修而后家齐,家齐而后国治,国治而后天下平。

——《礼记·大学》

【经典释义】

古代那些想要自己的美德彰明天下的人,首先要把国家治理好;想要把国家治理好,首先要把家庭管理好;想要把家庭管理好,首先要修养好自己的品德;想要把自己的品德修养好,首先要端正自己的内心;想要端正自己的内心,首先要使心意真诚;想要心意真诚,首先要使自己的认知明晰;认知明晰的方法是穷究事物的道理。事物的道理弄清楚了,然后才能认知明晰;认知明晰了,然后才能内心真诚;内心真诚了,然后才能端正思想;思想端正了,然后才能提高自身修养；自身修养提高了，然后才能把家庭管理好；家庭管理好了，然后才能把国家治理好；国家治理好了，然后才能天下太平。

【河南元素】

"修齐治平"阐述的是个人修养与国家治理的关系。西汉以来，信奉儒家思想的人常常把"修齐治平"作为人生追求，凡事先从自身做起，把自己的道德修养和处世涵养提高了，再用之于治国平天下。出生于光州光山（今河南光山）的北宋著名史学家司马光，就被世人称为"修齐治平"的典范。他长期在京师汴京（今河南开封）为官，后以西京（今河南洛阳）留司御史台的身份居洛阳长达15年，完成了《资治通鉴》的编纂。司马光非常注重自身修养，和富弼、邵雍等人来往颇多，心系国家和天下，欧阳修称赞他"德性淳正，学术通明"，《宋史》本传赞誉他"孝友忠信，恭俭正直，居处有法，动作有礼"。

【当代启示】

2016年4月26日，习近平总书记在知识分子、劳动模范、青年代表座谈会上的讲话引用了"修身齐家治国平天下"之句，对知识分子、劳动模范、青年代表提出了殷切希望。人的一生想有所作为，一定是从修身开始。修身就是增强自我修养。儒家的修身，用孟子的话说是"苦其心志，劳其筋骨，饿其体肤，空乏其身，行拂乱其所为，所以动心忍性，曾益其所不能"，是从心志、身体到行为的全面修行。个人修养达到了较高层次和水平，能力自然会提升，如果再能够抓住机遇，顺应时势，获得成功的可能性就很大。个人修养提高到更高境界，就具备了担负更大社会责任的基本条件，这才可能大有作为。

仁者，以天地万物为一体

【经典原文】

医书以手足痿痹为不仁，此言最善名状。仁者，以天地万物为一体，莫非己也。认得为己，何所不至？若不属己，自与己不相干。如手足之不仁，气已不贯，皆不属己。

——〔南宋〕朱熹《论语集注·雍也第六》引程颢语

【经典释义】

医书把手足丧失知觉称为不仁，这话形容得真是好。有仁爱之心的人，把天地万物视为一体，天地万物没有不是与自己为一体的。既然视天地万物与自己为一体，还有什么做不到的呢？如果天地万物与自己不为一体，天地万物自然和自己没有什么关系。就像手足丧失知觉一样，气血已不能贯通，手足都不属于自己了。

【河南元素】

程颢和程颐兄弟是河南伊川（今河南伊川）人，北宋著名理学家，"洛学"的代表人物，世人以"二程"称之。他们的思想和学说集中反映在《二程全书》中。在朱熹与吕祖谦共同编纂的《近思录》卷一《道体》中，也收录了上面这段话。"二程"弟子杨时编纂的《二程粹言》有一段话与此约略相同："仁者以天地万物为一体，莫非我也。知其皆我，何所不尽？不能有诸己，则其与天地万物，岂特相去千万而已哉？""程门立雪"的典故，说的就是杨时和游酢去洛阳看望老师程颐，见老师正在瞑坐，不忍打扰，站立门外等候。程颐醒来，见二人立于门外，雪已经下了一尺多深。由"程门立雪"的故事可见"二程"学说对弟子及世人的深刻影响。

【当代启示】

有仁爱之心的人，总是胸怀天下，推己及人。他们不仅善待同胞和同类，还会推恩及物，把仁爱之心用于天下万物，把天下万物作为与自己一样的一个整体。孔子说"仁者爱人"，"克己复礼为仁"，把"仁"视作为人处世的最高原则。"二程"在孔子思想的基础上把仁者的爱心推及天下万物，展示出更为博大的胸怀。在处理人与人、人与社会、人与自然的关系，以及处理国际关系时，人们如果都具有这样一种"以天地万物为一体"的胸怀，构建人类命运共同体就指日可待了。

精忠报国

【经典原文】

　　安人取笔，先在岳飞背上正脊之中写了"精忠报国"四字，然后将绣花针拿在手中，在他背上一刺，只见岳飞的肉一耸，安人道："我儿痛么？"岳飞道："母亲刺也不曾刺，怎么问孩儿痛不痛？"安人流泪道："我儿！你恐怕做娘的手软，故说不痛。"就咬着牙根而刺。刺完，将醋墨涂上了，便永远不褪色的了。

——〔清〕钱彩《说岳全传》

【经典释义】

　　"精忠报国"的故事有一个演变过程。《宋史·岳飞传》中记载："初命何铸鞫之，飞裂裳以背示铸，有'尽忠报国'四大字，深入肤理。"这里所刺之字是"尽忠报国"而非"精忠报国"。明人熊大木的《武穆精忠传》说岳飞为了自我勉励和激励众人，花钱请人在背上刺了"尽忠报国"四字。明朝末年冯梦龙改定的《精忠旗传奇》称岳飞背上有"精忠报国"四字，是岳飞部将张宪所刺。到了清朝乾隆年间钱彩的《说岳全传》，则说岳飞之母为了教育儿子报效国家，刺下

"精忠报国"四字。至此,"精忠报国"的故事开始在民间广为流传。

【河南元素】

岳飞(1103—1142),字鹏举,相州汤阴(今河南汤阴)人,著名军事家,南宋抗金名将。北宋末年岳飞投军,从1128年随宗泽守卫开封起到1141年为止的十余年间,率领岳家军同金军进行了大小数百次战斗,所向披靡。绍兴十年(1140),完颜兀术毁盟攻宋,岳飞挥师北伐,先后收复郑州、洛阳等地,又于郾城(今河南漯河)、颍昌(治今河南许昌)大败金军,进军朱仙镇。但当时宋高宗、秦桧一意求和,以十二道金牌下令退兵,岳飞在孤立无援之下被迫班师。在宋金议和的过程中,岳飞受秦桧等人的诬陷,被捕入狱,以"莫须有"的罪名,与长子岳云和部将张宪同被杀害。宋孝宗时,岳飞冤狱被平反,追谥武穆。

【当代启示】

家是最小国,国是千万家。从遥远的时代起,中华民族就有家国一体、家国同构的传统,春秋时期的许穆夫人,战国时期的屈原,宋代的岳飞、文天祥,明代的史可法等,都以其可歌可泣的事迹,谱写了精彩的爱国主义篇章。2015年9月2日,习近平总书记在颁发"中国人民抗日战争胜利70周年"纪念章仪式上的讲话中引用了"精忠报国"这个典故。每当国家面临生死存亡,都会有许许多多的英雄儿女挺身而出,扛起救亡图存的大旗,赴国难,战顽敌,拼生死,使中华民族一次次在挫折和磨难中崛起。在新的历史时期,我们也应扛起报国之职、兴国之责,为国家富强和民族复兴贡献自己的力量。

以天下为一家

【经典原文】

故圣人耐以天下为一家,以中国为一人者,非意之也。必知其情,辟于其义,明于其利,达于其患,然后能为之。

——《礼记·礼运》

【经典释义】

所以道德高尚的人能够把天下作为一个家庭、把中国作为一个人这样的情况,不是主观想象的那样。一定要了解人情,明白做人的义理,知道人的利益所在,通晓人的祸患是什么,这样以后才能做到。

【河南元素】

中华优秀传统文化向来崇尚天下大同、天下一家、协和万邦。这样的理念在以老子为代表的道家那里,是"小国寡民","甘其食,美其服,安其居,乐其俗。邻国相望,鸡犬之声相闻,民至老死不相往来",在孔子那里是"四海之内皆兄弟",在农家那里是"并耕而食",在陶渊明那里则是"阡陌交通,鸡犬相闻""不知有汉,无论魏晋"。从尧、舜、禹到东周大约1500年间，尧、舜及夏、商、东周诸君主的主要活动区域，都曾经是"天下大同""天下一家"理想的核心之地，且大部在以今河南为中心的黄河中下游地区。如大禹治水的故事发生在今河南境内；夏朝和商朝的都城如阳翟、斟鄩、帝丘、西亳、南亳、北亳等，也都在今河南境内。洛阳是东周的都城，号称"十三朝古都"。

【当代启示】

2016年12月31日，习近平主席发表的二〇一七年新年贺词使用了"天下一家"这个成语，即从《礼记》的"以天下为一家"化用而来。"以天下为一家"，意思是天下人如同一家人，大家相亲相爱、和睦相处，这就是中国传统文化所推崇的家国同构。千万家庭组成的国家，能够像一家人那样相亲相爱，那该是怎样一幅和谐和睦的景象啊！如今，交通发达了，通信发达了，地球变成了地球村，世界人民更像一家人了，"以天下为一家"成为许多向往和平的人的理想。维护家庭团结，促进家庭发展，实现家庭和睦，推动家庭进步，是每一个家庭成员的责任和义务。只有大家都秉持人类命运共同体的理念，努力建设这个家庭，呵护这个家庭，彼此相互尊重，一起努力，才能使这个家庭和睦兴旺、欣欣向荣，把人类命运共同体从理想变成现实。

投笔从戎

【经典原文】

永平五年,兄固被召诣校书郎,超与母随至洛阳。家贫,常为官佣书以供养。久劳苦,尝辍业,投笔叹曰:"大丈夫无它志略,犹当效傅介子、张骞立功异域,以取封侯,安能久事笔砚间乎?"

——〔南朝·宋〕范晔《后汉书·班超传》

【经典释义】

东汉明帝永平五年(62),班超的兄长班固被召至京师出任校书郎,班超和母亲一起随兄长班固到了洛阳。因家中贫穷,班超常常靠为官府抄书挣钱养家。这样的苦日子过了很久,一次,班超放下手头的活计,扔下手中的笔,感叹道:"大丈夫即便没有其他抱负,也应该学习傅介子、张骞在外建立功业,以博取封侯之功,怎么能够长久在笔墨之间劳碌呢?"

【河南元素】

范晔(398—446),字蔚宗,顺阳(今河南淅川南)人,出身于著名的范氏家族，南朝宋著名史学家、文学家。其所著《后汉书》，博采众书，结构严谨，论断公允，有"简而且周，疏而不漏"之评，与《史记》《汉书》《三国志》并称"前四史"。班超"投笔从戎"的故事见载于《后汉书·班梁列传》中有关班超的传记中。班超（32—102），字仲升，东汉外交家、军事家。父亲班彪、哥哥班固、妹妹班昭都是东汉著名史学家。班超和母亲一起随班固在洛阳生活期间，由于家中贫穷，不得不靠抄书赚钱养家。他不满足于抄书匠这样的生活，最终投笔从戎，先是从窦固北征匈奴，永平十六年（73）率团出使西域，巩固了汉朝在西域的统治。永元三年（91），班超任西域都护，后被封为定远侯。

【当代启示】

2017年9月23日，习近平总书记给南开大学8名新入伍大学生的回信中引用了"投笔从戎"这个典故。东汉班超投笔从戎、建功立业的故事，对文人学子始终是一种激励。文人学子向来被称为"笔杆子"，拿起笔来可以感天动地，书写精彩华章；但他们在需要的时候也可以拿起枪杆子，驰骋疆场，展示别样的风采。在抗日战争期间，许多有志于革命的学子把爱国之心化为报国之行，像班超那样投笔从戎，参加革命，抗击侵略者，谱写了一曲曲动人的乐章，建立了不朽的功勋。

> 文者,
> 贯道之器也

【经典原文】

文者,贯道之器也。不深于斯道,有至焉者不也。《易》繇爻象,《春秋》书事,《诗》咏歌,《书》《礼》剔其伪,皆深矣乎。

——〔唐〕李汉《昌黎先生集序》

【经典释义】

文章是承载道理的工具。不能深刻地寄托道理,文学技巧再高超,也不是好文章。《易》之道在于卦爻和卦象,《春秋》之道在于记述历史事件,《诗》之道在于歌咏性情,《书》《礼》之道在于剔除伪诈,"五经"在贯通道理方面都是很深刻的。

【河南元素】

韩愈,唐代河南河阳(今河南孟州南)人。李汉是陇西成纪(今甘肃秦安)人,早年师从韩愈学习古文,后进士及第,累官至汾州刺史、宗正少卿。韩愈非常喜爱李汉这个学生,把女儿嫁给了他。韩愈去世后,李汉把韩愈的诗文整理成集,名之为《昌黎先生集》,并撰写了《昌黎先生集序》。"文者，贯道之器也"概括了韩愈诗文的主要特点在于"贯道"，揭示了韩愈诗文具有的思想文化价值。苏轼在《潮州韩文公庙碑》中称赞韩愈"文起八代之衰，而道济天下之溺"。

【当代启示】

2021年12月14日，习近平总书记在中国文联十一大、中国作协十大开幕式上的讲话中引用了"文者，贯道之器也"这句话。文章必须承载大道、正道才有生命力，才能传之千古。当代文学艺术工作者为文为艺，始终应该牢记"文以载道"的优秀传统，心中装着人民，铁肩担起道义，妙手著文章，扛牢文化责任，高扬时代旗帜，讲好新时代的中国故事，奏响新时代的文化强音。

* 隋唐洛阳城国家遗址公园

第三章 治国理政

善禁者，先禁其身而后人

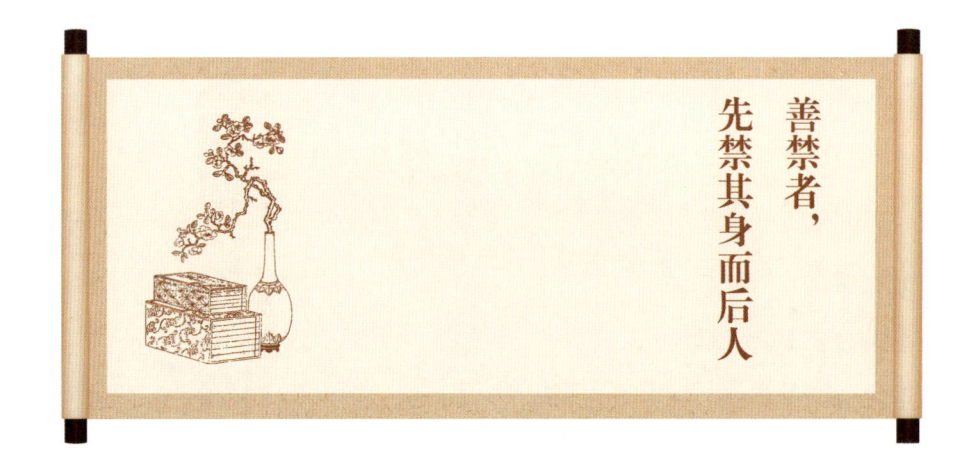

【经典原文】

善禁者，先禁其身而后人；不善禁者，先禁人而后身。善禁之，至于不禁，令亦如之。若乃肆情于身，而绳欲于众，行诈于官，而矜实于民，求己之所有余，夺下之所不足，舍己之所易，责人之所难，怨之本也。

——〔东汉〕荀悦《申鉴·政体第一》

【经典释义】

善于管理和约束社会的人，首先约束自己然后才约束别人；不善于管理和约束社会的人，首先约束别人然后才约束自己。即使是善于约束，还有不能约束的情况发生，政令也是这样。如果自己纵情任性而想约束众人，官府行为诡诈而要求百姓诚实，索求自己已经拥有的多余之物，抢夺部下所缺乏的东西，自己不做容易做的，要求别人做难以做到的，这就是（催生）百姓怨愤的根本原因。

【河南元素】

荀悦，东汉颍川颍阴（今河南许昌）人。汉献帝时为黄门侍郎，累迁至秘书监、侍中，侍讲于汉献帝左右，深得汉献帝嘉许。汉献帝因班固《汉书》繁难，令荀悦改写。荀悦依《左传》编年体改写成《汉纪》30篇。荀悦另著有《申鉴》5篇，抨击谶纬符瑞，反对土地兼并，主张为政者要兴农桑以养其性，审好恶以正其俗，宣文教以彰其化，立武备以秉其威，明赏罚以统其法，这些理念对孱弱的东汉无疑是一剂良药。可惜，此时的汉献帝已经权威尽失，只是曹操的傀儡，荀悦的社会政治思想因而无法实现。

【当代启示】

2018年12月13日，十九届中共中央政治局进行第十一次集体学习，内容是深化国家监察体制改革，习近平总书记在讲话中引用了"善禁者，先禁其身而后人；不善禁者，先禁人而后身"这几句话。中国有句古话："正人先正己，律人先律己。"要让别人端正，自己首先要端正；要约束别人，首先要约束自己。这就叫率先垂范，以身作则。要求别人不做的，自己首先不做；要求别人做的，自己首先要去做好。这才是正确的做法。纪检监察机关肩负着党和人民的重托，必须牢记打铁先得自身硬的政治要求。要求其他国家机关和公职人员做到的，纪检监察机关和纪检监察干部作为监督者，必须加强自我约束，首先做到，做遵纪守法的表率。

> 蠹众而木折，
> 隙大而墙坏

【经典原文】

　　谚曰："蠹众而木折，隙大而墙坏。"故大臣争于私而不顾其民，则下离上。下离上者，国之隙也。秩官之吏隐下以渔百姓，此民之蠹也。故有隙蠹而不亡者，天下鲜矣。

——〔战国〕商鞅《商君书·修权》

【经典释义】

　　谚语说："蛀虫多了木头就会折断，洞隙大了墙就会倒塌。"所以大臣为私利钩心斗角而不顾百姓死活，百姓就会与上层离心离德。百姓与上层离心离德，这就是国家的漏洞。享受国家俸禄的官吏隐瞒下情而鱼肉百姓，这就是百姓的蠹虫。所以有了洞隙和蠹虫而国家不灭亡的情况，天下少见。

【河南元素】

　　《商君书》，又称《商君》《商子》，其作者商鞅（约前390—前338），姬姓，公孙氏，名鞅，卫国国君后裔，故被称为公孙鞅、卫鞅，今河南内黄人，一说今河南濮阳人。商鞅因在河西之战中立大功，获封商（今陕西丹凤西北）、於（今河南西峡境内）十五邑，号商君，故又称商鞅。商鞅是战国时期政治家、改革家、思想家，法家代表人物。《商君书》是商鞅及其后学的代表性著作，《汉书·艺文志》中著录29篇，后世仅存24篇。该书全面阐述了商鞅及其后学的治国方略和改革主张，提出了变法的基本原则，对后世法家学派有深远影响。

【当代启示】

2013年4月19日，习近平总书记在十八届中共中央政治局第五次集体学习时的讲话中引用了"蠹众而木折，隙大而墙坏"这两句话。蛀虫多了木头就要折断，破洞大了墙就要倒塌。千里之堤毁于蚁穴，百尺高楼焚于突隙之烟。破坏力累积多了，就会造成无法挽回的灾难。对于贪污腐败，行贿受贿，不作为、乱作为等违法乱纪行为，我们绝不能姑息养奸，不能视而不见，而应坚决斗争，严肃处理；不然量变终会带来质变，小的贪腐终会带来大的灾难，小的错误积累多了就会导致亡党亡国，造成人亡政息的严重后果。所以，惩治腐败必须保持高压态势，反腐倡廉必须常抓不懈，拒腐防变必须警钟长鸣，做到违法必究，有案必查，有腐必惩。

> 一丝一粒,我之名节;一厘一毫,民之脂膏

【经典原文】

一丝一粒,我之名节;一厘一毫,民之脂膏。宽一分,民受赐不止一分;取一文,我为人不值一文。谁云交际之常,廉耻实伤;倘非不义之财,此物何来?

——〔清〕张伯行《禁止馈送檄》

【经典释义】

一丝布和一粒米,都关乎我的名节;一厘钱和一毫钱,都是老百姓的血汗钱。对百姓宽待一分,百姓受到的恩赐却不止一分;拿取百姓的一文钱,我的为人就会不值一文。谁说这都是人情来往的常事,这样的馈赠实际上是对礼义廉耻的伤害;假如说不是不义之财,这些财物是怎么得来的?

【河南元素】

《禁止馈送檄》,又作《却赠檄文》,其作者张伯行(1652—1725),字孝先,号恕斋,晚号敬庵,河南仪封(今河南兰考东)人,清康熙二十四年（1685）进士，官至礼部尚书。张伯行历官 20 余年，从不收受下属的礼物，以清廉刚直著称。在任福建巡抚时，为杜绝部下以馈赠之名行贿赂之实，他写下了这篇檄文，张贴在巡抚衙门门口。送礼的人见此檄文，不敢自讨没趣，便打消了向张伯行行贿的念头。这篇檄文因此不胫而走，被人们广为传颂，张伯行清廉的名声由此为世人所知，其人也成为清廉的典范。

【当代启示】

2014 年 3 月 18 日，习近平总书记在河南省兰考县委常委扩大会议上发表重要讲话，引用了张伯行这篇檄文中的"一丝一粒，我之名节；一厘一毫，民之脂膏"这几句话。张伯行是中国历史上有名的清官，他写的这篇《禁止馈送檄》，就是谢绝各方馈赠。现实社会中有不少以馈赠之名行贿赂之实的现象，为官者如果放松警惕，就很容易落入圈套。有的人认为自己只有一点小权，平时吃点收点捞点，既上不了纲，又触不了法，最多算生活小节问题；有的人看到身边的人经常搞点"小腐败"，生活滋润，逍遥自在，便心里失衡、按捺不住，于是揣摩效仿，甚至暗中较劲、试比高低；有的人认为既然为他人办了事，收点才显得随和自然，不然会被人视为"假清高"；有的人认为常在河边走，哪能不湿鞋，与其保持操守，不如随波逐流，即使查也是法不责众，检查一阵子，享受一辈子。这些干部的思想境界远不及古代的张伯行，应该好好读一读这篇《禁止馈送檄》，端正认识，纠正错误，争取做一个清廉的官员。

> 天下难事必作于易，天下大事必作于细

【经典原文】

　　为无为，事无事，味无味。大小，多少，报怨以德。图难于其易，为大于其细。天下难事必作于易，天下大事必作于细，是以圣人终不为大，故能成其大。夫轻诺必寡信，多易必多难，是以圣人犹难之，故终无难矣。

——〔春秋〕老子《道德经》第六十三章

【经典释义】

　　以无为的态度去作为，以不滋事的方法去做事，从无味中感受有味。大生于小，多源于少，对于怨恨要用德来回报。解决难事要从容易之处下手，处理大事要从小处做起。天下的难事一定要从容易处开始做，天下的大事一定要从小处开始做，所以圣人从来不自以为大，反而能够成就大事。轻易承诺必定缺少诚信，太过容易的反而会有很多困难，因此圣人正视各种困难，终能克服所有困难。

【河南元素】

老子，春秋末年楚国苦县（今河南鹿邑）厉乡曲仁里人。"天下难事必作于易，天下大事必作于细"阐释的是社会生活的一般规律。无论做什么事情，都不能好高骛远，不能眼高手低，而应由易到难，由小及大，从小处做起，从易处做起，积少成多，集腋成裘，最后成就一番大事业。庄子是战国时期宋国蒙（今河南商丘东北）人。他在《逍遥游》中也提出了"小大之辨"的问题，并有"小知不及大知，小年不及大年"的论断。可见，在大与小的问题上，同为道家学派代表人物的老子和庄子也有不同的见解。

【当代启示】

难与易，小与大，是相对关系。聚沙可以成塔，集腋可以成裘。很多事情都是从小处做起，从易处做起，积少成多，先易后难，积小胜为大胜，然后才能干成大事、成就伟业。如果大事做不了，小事又不做，知难而退，裹足不前，终将一事无成。中国的改革事业，中国的对外开放，都是从小处做起、从易处做起，逐步推进，才有了今日的辉煌成就。

> 为之于未有，
> 治之于未乱

【经典原文】

其安易持，其未兆易谋，其脆易泮，其微易散。为之于未有，治之于未乱。合抱之木，生于毫末；九层之台，起于累土；千里之行，始于足下。为者败之，执者失之。是以圣人无为故无败，无执故无失。

——〔春秋〕老子《道德经》第六十四章

【经典释义】

安定局面时容易保持，事变没有出现征兆时容易谋划，事物脆弱时容易消解，事物细微时容易消散。事情应在尚未发生时就处理妥当，治国理政应在祸乱没有产生时就做好准备。合抱的大树生长于细小的萌芽，九层的高台从每一堆泥土开始筑起，千里远行是从第一步走出来的。执意而为将会招致失败，过于执着将会遭受损失。因此圣人无所作为就不会失败，无所执着就不会损失。

【河南元素】

老子，春秋末年楚国苦县（今河南鹿邑）厉乡曲仁里人。老子提出的"为之于未有，治之于未乱"思想，与《周易》"既济"卦所说的"君子以思患而豫防之"一脉相承，君子思虑忧患而事先加以预防，这就是防患于未然。老子以后，这种思想为更多的人所接受，于是有了"防微杜渐""有备无患""未雨绸缪""防患未然"等诸多与之意思相同或相近的成语。明朝马文升（1426—1510），字负图，号约斋、三峰居士、友松道人等，河南钧州（今河南禹州）人，曾任兵部尚书、吏部尚书等职。他发展了自《周易》以来的这种传统思想，提出"防患于未然者易，除患于已然者难"，认为对于没有发生的祸患，预防起来比较容易，而对于已经发生的祸患，消除起来就比较困难了，故而请求朝廷注意已经发生的问题，并妥善加以处理。

【当代启示】

2014年10月8日，习近平总书记在党的群众路线教育实践活动总结大会上的讲话引用了"为之于未有，治之于未乱"这两句话。许多事情在尚未发生时，就应做好应对方案，防止突发事件发生。治理国家，要在祸乱发生之前就早做准备，把可能发生的祸乱消灭在未发生之时。世间之事，皆是做于细，成于严。从小处抓起，从严做起，是做好一切工作的重要保障。共产党人最讲认真，讲认真就要"严"字当头，做事不能应付，做人不能对付，要把讲认真贯彻到一切工作中去，作风建设如此，党的建设如此，党和国家一切工作都应如此。

奢靡之始，危亡之渐

【经典原文】

帝尝怪："舜造漆器，禹雕其俎，谏者十余不止，小物何必尔邪？"遂良曰："雕琢害力农，纂绣伤女工，奢靡之始，危亡之渐也。漆器不止，必金为之，金又不止，必玉为之，故谏者救其源，不使得开。及夫横流，则无复事矣。"帝咨美之。

——〔北宋〕欧阳修等《新唐书·褚遂良传》

【经典释义】

唐太宗曾经感到奇怪，说："舜制造漆器，禹雕刻切菜的案板，有人劝谏他们十多次还不停止，对于这样的小器物，何必要这么认真呢？"褚遂良说："雕琢伤害从事农业劳动的人，编织绣花损害从事针织的女工，这些都是奢靡的开始，是国家危亡的征兆。对制造漆器不加制止，就一定会制造金属器物，对制造金属器物不加制止，就一定会制造玉器，因此劝谏的人要拯救其根源，遏制奢靡之风的开端。等奢靡之风横行泛滥的时候，就什么办法也没有了（意味着国家离灭亡也就不远了）。"唐太宗听后，对褚遂良表示赞美。

【河南元素】

褚遂良（596—658 或 659），字登善，钱塘（今浙江杭州）人，一说阳翟（今河南禹州）人。唐太宗时，他初为起居郎，后为谏议大夫，累官至中书令。唐太宗去世前，将大唐江山托付给长孙无忌和褚遂良。唐高宗时，褚遂良官至尚书右仆射，封河南郡公，世称"褚河南"。褚遂良是初唐名臣，著名政治家、书法家。他博学多才，精通文史，尤精书法，初学虞世南，后取法王羲之，与欧阳询、虞世南、薛稷并称"唐初四大书家"。传世墨迹有《孟法师碑》《雁塔圣教序》等。

《新唐书》是在当时的都城开封修纂的。五代时期有刘昫等撰《唐书》（即《旧唐书》）。宋仁宗认为《旧唐书》"纪次无法，详略失中，文采不明，事实零落"，庆历四年（1044）下诏重修。《新唐书》的修纂历经前后 17 个年头，前 10 年由宋祁主持编修，后 7 年由欧阳修、宋祁共同"刊修"。总体上宋祁负责"列传"部分，欧阳修负责"本纪""志""表"部分。另有范镇、宋敏求、王畴、刘羲叟、吕夏卿和梅尧臣等人参与编修。

【当代启示】

2014 年 10 月 8 日，习近平总书记在党的群众路线教育实践活动总结大会上的讲话引用了"奢靡之始，危亡之渐"这两句话。古今中外，因为统治集团奢靡无度导致社会风气败坏而最终人亡政息的例子有很多，夏桀和殷纣王是这样，中国历史上那些亡国之君大抵也是如此。因此我们一定要引为借鉴，以最严格的标准、最严厉的举措治理作风问题，坚决杜绝奢靡之风。作风建设永远在路上，永远没有休止符，必须抓常、抓细、抓长，持续努力、久久为功。

克己奉公

【经典原文】

　　遵为人廉约小心，克己奉公，赏赐辄尽与士卒，家无私财，身衣韦绔，布被，夫人裳不加缘，帝以是重焉。

　　　　　　　　　　——〔南朝·宋〕范晔《后汉书·祭遵传》

【经典释义】

　　祭遵为人处世廉洁简约，小心谨慎，约束自己，秉公办事，朝廷有了赏赐，他就全部分给士兵，家里没有多余的钱财，自己穿的是皮套裤，盖的是布棉被，夫人穿的衣服没有任何修饰，汉光武帝因此而看重他。

【河南元素】

　　祭遵（？—33），字弟孙，颍川颍阳（今河南许昌西南）人。东汉光武帝时曾任征虏将军，封颍阳侯，明帝时图画功臣，列为"云台二十八将"之一。他生活简朴，为人谨慎，对待属下非常有爱心。打了胜仗，朝廷给予很多赏赐，他全部分给士兵，自己一点也不留，因此深得将士喜爱。"克己奉公"是范晔赞扬祭遵的话，意思是祭遵能够严格要求自己，一心为公。

【当代启示】

在实现中华民族伟大复兴的当下，党员干部也应同东汉名将祭遵一样，有克己奉公的精神，对个人的名誉、地位、利益，要想得透、看得淡、处理得好。2015年1月12日，习近平总书记在同中央党校第一期县委书记研修班学员座谈并发表重要讲话时引用了"克己奉公"这个典故，强调要着力解决好人民最关心、最直接、最现实的利益问题，特别是要下大气力解决好人民不满意的问题，多做雪中送炭的事情。要做焦裕禄式的好干部，始终做到心中有党、心中有民、心中有责、心中有戒，心中始终装着老百姓，不谋私利，克己奉公。

> 治天下也，
> 必先公，
> 公则天下平矣

【经典原文】

昔先圣王之治天下也，必先公，公则天下平矣。平得于公。尝试观于上志，有得天下者众矣，其得之以公，其失之必以偏。凡主之立也，生于公。

——〔战国〕吕不韦《吕氏春秋·孟春纪·贵公》

【经典释义】

从前先代圣贤之主治理天下，一定把公正无私放在首位，做到了公正无私，天下就太平了。公平来自公正无私。曾经尝试考察有关古代君主的记述，取得天下的人很多，如果说他们取得天下是由于公正无私，那么他们丧失天下必定是由于偏颇有私。凡是君主的确立，都是出于公正无私的。

【河南元素】

吕不韦（？—前235），姜姓，吕氏，名不韦，商人、政治家和思想家。《史记·吕不韦列传》载："吕不韦者，阳翟大贾人也。"

阳翟，当时属韩国，今河南禹州。《战国策·秦策五》："濮阳人吕不韦贾于邯郸。"濮阳，当时属卫国，一说在今河南濮阳西南，一说在今河南安阳滑县。吕不韦初为商人，后进入秦国，官至秦国丞相，封文信侯。他主持编撰的《吕氏春秋》分为十二纪、八览、六论，博采诸子百家，融会众家之论，自成一家之说。汉代学者高诱对此书评价很高，称"此书所尚，以道德为标的，以无为为纲纪，以忠义为品式，以公方为检格"。

【当代启示】

公平正义是人们的共同追求。2015年10月29日，习近平总书记在党的十八届五中全会第二次全体会议上的讲话中引用了"治天下也，必先公，公则天下平矣"这几句话。改革开放以来，中国实现了较长时间的高速发展，但同时也积累了一些社会问题，尤其是如何维护公平正义、如何共享改革发展成果等问题越来越突出。要让广大人民群众共享改革发展成果，就要有共享发展的理念，用共享发展解决社会公平正义问题。共享发展成果应"以公为先"，法律法规要公，选人用人要公，执法行政要公，领导者要公，执行者要公。只要大家都出于公心，许多矛盾就可以迎刃而解，许多事情就比较好办，即"公则天下平矣"。发展一定要兼顾公平。公平正义是社会经济发展的稳定器，权利公平，规则公平，机会公平，分配公平，就可以极大地聚合民心民意，从而形成更为强大的发展动力。

> 锄一害而众苗成，
> 刑一恶而万民悦

【经典原文】

　　大夫曰："古之君子，善善而恶恶。人君不畜恶民，农夫不畜无用之苗。无用之苗，苗之害也；无用之民，民之贼也。锄一害而众苗成，刑一恶而万民悦，虽周公、孔子不能释刑而用恶。家之有姐子，器皿不居，况姐民乎！民者敖于爱而听刑。故刑所以正民，锄所以别苗也。"

——〔西汉〕桓宽《盐铁论·后刑》

【经典释义】

　　大夫说："古时候的君子奖励善者而惩戒恶者。君主不养邪恶的人，农民不留没用的苗。没用的苗对禾苗有害，邪恶的人是百姓的公害。锄掉一棵有害的苗，其他的禾苗才有收成；惩罚一个邪恶的人，千万百姓都高兴，即使是周公、孔子那样的人，也不能丢掉刑法而容纳恶人。家里有不肖之子，会弄得全家不得安生，何况是那些寻衅滋事的奸邪之人呢？百姓因得到爱抚而生骄傲之心，因刑法而遵守法纪。所以刑法是用来让百姓服从教化的，锄头是用来铲除无用之苗的。

【河南元素】

桓宽，字次公，西汉汝南郡（治今河南上蔡西南）人，汉宣帝时举为郎，官至庐江太守丞。汉昭帝始元六年（前81），御史大夫桑弘羊召集郡国贤良、文学，就盐铁、酒榷、均输等问题进行辩论。桓宽当时负责记录会议内容并整理双方论辩之辞，最后形成《盐铁论》六十篇，为研究西汉政治、经济提供了重要史料。桓宽博览群书，擅长文辞，治《公羊春秋》。桑弘羊（前152—前80），西汉洛阳（今河南洛阳）人。武帝时为搜粟都尉，领大司农，总管天下盐铁，作平准法，以善理财著称。

【当代启示】

主持正义，惩恶扬善，对社会和民众会产生积极影响，所谓"锄一害而众苗成，刑一恶而万民悦"，说的就是这个道理。2016年1月12日，习近平总书记在第十八届中央纪律检查委员会第六次全体会议上的讲话中引用了这两句话。腐败是古今中外都存在的社会现象，历朝历代都会有腐败现象。惩治邪恶，反对腐败，纠治不法之徒，回应人民的呼声，是治国理政的必然之举。实现国家治理现代化，就要坚持有腐必惩、有贪必肃，把反腐败斗争引向深入，对腐败分子和腐败现象形成高压震慑，给腐败分子应有的惩罚。这样不仅可以净化社会环境，创造良好社会氛围，而且可以增强人民群众与腐败斗争的信心，可以为实现中华民族伟大复兴的中国梦凝聚人心、聚集力量。

> 新松恨不高千尺,
> 恶竹应须斩万竿

【经典原文】

常苦沙崩损药栏,也从江槛落风湍。新松恨不高千尺,恶竹应须斩万竿。生理只凭黄阁老,衰颜欲付紫金丹。三年奔走空皮骨,信有人间行路难。

——〔唐〕杜甫《将赴成都草堂途中有作,先寄严郑公五首》其四

【经典释义】

常常焦虑沙岸崩塌损坏药栏,同江槛一起落到湍急的水流中去。遗憾新栽的小松树生长太慢,到处蔓生的竹子需要刈除万竿。平日的生活只能依靠黄阁老,衰老的容颜需要金丹才能转变。三年流落奔走只剩下一副空皮囊,才相信人间的日子是那么艰难。

【河南元素】

杜甫,河南巩县(今河南巩义)人。这首诗是唐代宗广德二年(764)杜甫自阆州回成都的路上写给老朋友严武的。此时的杜甫与严武已分别三年,漂泊于梓州、阆州等地。此前一年,严武出任成都尹兼剑南

节度使，写信给杜甫，邀请他回成都。杜甫接信后，在回成都草堂的途中，把自己写的诗先寄给严武，述说自己因战乱离开成都后三年间的生活经历和感受。诗中的"新松"是杜甫离开草堂时栽种的，"恶竹"是指竹笋有苦味的竹，此处指影响药草和新松生长的蔓生的竹子。杜甫希望新栽种的小松树快点长成参天大树，而那些无用的恶竹应全部被斩除。

【当代启示】

杜甫的"新松恨不高千尺，恶竹应须斩万竿"，以"新松"比喻新生力量，以"恶竹"比喻邪恶的小人，具有鲜明的爱憎色彩。任何社会都有"君子"和"小人"。君子行得正，坐得端，扶危济困，乐行善事，是促进社会积极向上的力量。小人则正相反，自私自利，行为诡谲，为满足私欲不惜损害社会和他人，对社会具有破坏性。有些小人不仅私德有严重缺陷，而且是政治上的多面人，他们巧舌如簧，两面三刀，左右逢源。这样的人一旦得势，必然为所欲为，对社会造成严重危害。对这样的人，要有"恶竹应须斩万竿"的态度和决心，穷追猛打，除恶务尽，决不能给他们提供生长土壤，更不能让他们有机会危害社会。

> 欲知平直,
> 则必准绳;
> 欲知方圆,
> 则必规矩

【经典原文】

欲知平直,则必准绳;欲知方圆,则必规矩。人主欲自知,则必直士。故天子立辅弼、设师保,所以举过也。夫人故不能自知,人主犹其。存亡安危,勿求于外,务在自知。

——〔战国〕吕不韦《吕氏春秋·不苟论·自知》

【经典释义】

想要知道物体是否平直,就一定要有准绳;想要知道物体方圆与否,就一定要有规和矩。君主想要认识自己,就一定要有直言敢谏之士。所以天子设置辅佐朝政的大臣和教导王室子弟的官员,通过他们指出自己的过错。人不能正确认识自己,君主尤其不能。(国家或个人的)存亡安危,不能求于外人,务必要有自知之明。

【河南元素】

吕不韦,战国时期卫国濮阳(一说在今河南濮阳西南,一说在今河南安阳滑县)人。吕不韦所言的"欲知方圆,则必规矩",在其之前，孟子说过相似的话："离娄之明、公输子之巧，不以规矩，不能成方圆。"意思是即便有离娄那样的目力、公输般的技巧，没有画方圆的工具规矩，也画不成方圆。因此君主如果不行仁政，即便像尧舜那样贤能，也治理不好国家。吕不韦在《吕氏春秋·不苟论·自知》中的这段话，则强调了人正确认识自己的重要性。要想正确认识自己，就要像画直线和方圆图形需要准绳和规矩那样，要有直言敢谏的人指出自己的过失，并认真加以改正。

【当代启示】

2016年10月27日，习近平总书记在党的十八届六中全会第二次全体会议上的讲话中引用了"欲知平直，则必准绳；欲知方圆，则必规矩"这几句话，强调政治纪律和政治规矩是党最根本、最重要的纪律。无论做人还是做事，都需要树准绳，设规矩，立标杆。没有准绳无以衡平直，没有规矩不能成方圆，没有标杆无以定高下。准绳和规矩就是标准、标尺、准的。有了标准、标尺、准的，做人做事就有了遵循，事情是否做好就有了标准，做人是否成功就可以判断。党有党纪，国有国法，人有道德遵循。无论做人还是做事，都要有规矩意识，要坚守原则，守住底线。如果没有准绳，没有规矩，做人做事都信马由缰，恣意而为，一切都会乱套，其后果不言而喻。

> 所谓治国必先齐其家者,其家不可教而能教人者,无之

【经典原文】

所谓治国必先齐其家者,其家不可教而能教人者,无之。故君子不出家,而成教于国。

——《礼记·大学》

【经典释义】

所谓治理国家一定要先管理好家庭,一个人连自己的家人都不能教育好而能够教育好别人的情况,还没有出现过。所以君子不离开家庭,但能够对国家形成教化。

【河南元素】

《礼记》由西汉学者戴圣编定。戴圣,西汉梁国(治今河南商丘南)人。南宋理学家、思想家朱熹从《礼记》中摘出《大学》《中庸》两篇,与《论语》《孟子》合为"四书",并作注释,成《四书集注》。"修齐治平"是儒家推崇的人生模式,也是中国士人的理想人生。"修齐治平"的前提是"修身"和"齐家"。如果家庭都治理不好,治国平天下就无从谈起了。中国古代非常注重家庭教育，诸葛亮有《诫子书》，嵇康有《家诫》，都是教育子女和家人如何为人处世和兴家成业的。诸葛亮曾经躬耕于南阳，嵇康曾经寓居山阳（今河南修武），他们在治国齐家方面，都为后人留下了可贵的文化遗产。

【当代启示】

2016年12月12日，习近平总书记在会见第一届全国文明家庭代表时的讲话引用了"所谓治国必先齐其家者，其家不可教而能教人者，无之"这几句话。家庭是社会的细胞，家庭的安定和谐可以给社会带来安定和谐。一个家庭怎么才能安定和谐呢？这不仅需要一家之长有开明的态度，有公平公正之心，还要有协调各种矛盾的高超艺术，形成良好的家风、家教、家训，营造有利于个人成长的家庭文化环境。家庭文化环境搞好了，不仅子女可以健康成长，而且可以培养出对国家和社会有用的人才。古人有"求忠臣必于孝子之门"的说法。孝子是家庭教育培养的，良好的家庭教育，使他们懂得家庭伦理，恪守行为规范，明白家国关系和君臣关系，拥有"修齐治平"的能力，在家能齐家，治国是忠臣。

> 知标本者,
> 万举万当;
> 不知标本,
> 是谓妄行

【经典原文】

黄帝问曰:"病有标本,刺有逆从,奈何?"岐伯对曰:"凡刺之方,必别阴阳,前后相应,逆从得施,标本相移。故曰:有其在标而求之于标,有其在本而求之于本,有其在本而求之于标,有其在标而求之于本。故治有取标而得者,有取本而得者,有逆取而得者,有从取而得者。故知逆与从,正行无问;知标本者,万举万当;不知标本,是谓妄行。"

——《黄帝内经·素问》

【经典释义】

黄帝问岐伯:"疾病有标病和本病,针灸有逆治和顺治,这是为什么呢?"岐伯回答说:"大凡针刺的准则,一定要分别疾病的阴阳属性,先病和后病相互联系,逆治和顺治得到施治,标病和本病就可以相互转换。所以说:有病在标就治标,有病在本就治本,有的病在本却治于标,有的病在标却要治于本。治病有的靠治标得到治疗,有的靠治本得到治疗,有的靠逆治得到治疗,有的靠顺治得到治疗。因此懂得逆治与顺治的原则，就能进行正确治疗而不必有疑；懂得标本兼治的原则，就什么病都能治得好；不懂得标本兼治的原则，那就是胡乱施医了。"

【河南元素】

黄帝，姬姓，号轩辕氏，建都于有熊（今河南新郑），亦称有熊氏，古华夏部落联盟首领，中华"人文初祖"。司马迁《史记·五帝本纪》置黄帝于五帝之首。黄帝在位期间，播百谷草木，始制衣冠、建舟车、制音律、创医学。《黄帝内经》分《素问》和《灵枢》两部分，传说是黄帝与其大臣岐伯等论医道、医理、医术之作，一般以为成书于先秦至西汉间。今河南境内有关黄帝的遗迹很多，除黄帝的建都地有熊外，还有新郑的具茨山、新密的黄帝宫、灵宝的黄帝铸鼎原等。这些文化遗迹都显示了黄帝与今河南的关系十分密切。

【当代启示】

2017年6月23日，习近平总书记在深度贫困地区脱贫攻坚座谈会上的讲话中引用了"知标本者，万举万当；不知标本，是谓妄行"这几句话，对推进深度贫困地区的脱贫攻坚提出了要求。推进深度贫困地区脱贫攻坚，如同治病疗疾，需要找准导致深度贫困的主要原因，采取有针对性的脱贫攻坚政策举措。同理，应对困局，解决问题，也要搞清楚何以有此困局，产生问题的根源在哪里，这样才能针对困局之因和问题之源制定对策，有的放矢，因地制宜，因事施策，把问题解决好。

口言之，身必行之

【经典原文】

告子谓子墨子曰："我治国为政。"子墨子曰："政者，口言之，身必行之。今子口言之，而身不行，是子之身乱也。子不能治子之身，恶能治国政？子姑亡子之身乱之矣。"

——〔战国〕墨子《墨子·公孟》

【经典释义】

告子对墨子说："我可以治国理政。"墨子说："治国理政的人，不只是口中说说，而是一定要身体力行。如今你口中说治国理政，却不能身体力行，这是你自身的矛盾。你不能管好自身，怎么能够治国理政？你姑且不要这样说了，你自己都是矛盾的吧。"

【河南元素】

墨子，战国初期宋国（都今河南商丘南）人，一说鲁阳（今河南鲁山）人，或说滕国（今山东滕州）人。墨子是战国时期著名思想家，墨家学派创始人，曾任宋国大夫。墨学在战国时期和儒学一样，属于显学，有"非儒即墨"之说。墨子有不少学生，一说告子是墨子的学生，一说告子是孟子的学生。告子擅长言辩，倡言仁义，提出性无善恶论，与孟子的"性善论"对立。

【当代启示】

2017年11月10日，习近平主席在亚太经合组织工商领导人峰会上的主旨演讲中引用了墨子的"口言之，身必行之"这两句话，强调亚太地区每一个国家要身体力行，躬身实践，担负起促进亚太地区经济社会发展的责任。治国理政也需要"口言之，身必行之"。做事要有诚信，要言出令行，不能出尔反尔，更不能说一套做一套。言必信，行必果，这是做人做事应有的基本态度。同时，让别人做什么事情，自己要带头去做，身先士卒，身体力行，脚踏实地拿出行动，才能取得别人的信任，才能够有号召力。

> 如身之使臂，臂之使指

【经典原文】

令海内之势如身之使臂，臂之使指，莫不制从。诸侯之君不敢有异心，辐凑并进而归命天子，虽在细民，且知其安，故天下咸知陛下之明。

——〔西汉〕贾谊《治安策》

【经典释义】

令海内的形势如身体指挥手臂，手臂指挥手指，没有不听节制、不顺从的。诸侯不敢有二心，像车辐凑集于毂上一样一起前来而听命于天子，即使是小小老百姓，也知道天下平安，所以天下人都会知道陛下的英明。

【河南元素】

贾谊（前200—前168），洛阳（今河南洛阳）人，西汉初年著名政论家、文学家，时称贾生。文帝时任博士，迁太中大夫，受大臣周勃、灌婴排挤，谪为长沙王太傅，故后世亦称其为贾长沙、贾太傅。

三年后被召回长安,为梁怀王太傅。梁怀王坠马而死,贾谊深自歉疚,抑郁而亡,年仅33岁。贾谊擅长政论文,后人辑其文为《贾谊新书》,代表作有《过秦论》等。贾谊通过《治安策》阐述了治国主张,表现出见微知著的远见和对国家大事的深切关怀。南宋吕中《宋大事记讲义》卷二《太祖皇帝》记述宋太祖赵匡胤通过"以文臣知州,以朝官知县,以京朝官监临财赋。又置运使,置通判,置县尉,皆所以渐收其权"等措施来实施中央集权时,有与贾谊之语类似的表述:"朝廷以一纸下郡县,如身使臂,如臂使指,叱咤变化,无有留难,而天下之势一矣。"

【当代启示】

2018年7月3日,习近平总书记在全国组织工作会议上的讲话中引用了"如身使臂,如臂使指,叱咤变化,无有留难,则天下之势一矣"这几句话,阐述了党中央在组织体系中的大脑和中枢地位。党中央好比人的大脑和中枢,各级地方组织如同人的肢体,都要听从大脑和中枢的指挥。党中央必须有定于一尊、一锤定音的权威。党的地方组织的根本任务,就是确保党中央决策部署贯彻落实,有令即行、有禁即止。进入新时代,开启新征程,我们必须更加注重党的组织体系建设,不断增强党的政治领导力、思想引领力、群众组织力、社会号召力,把党员组织起来,把人才凝聚起来,把群众动员起来,为全面建设社会主义现代化国家、实现中华民族伟大复兴而团结奋斗。

欲筑室者，先治其基

【经典原文】

欲筑室者，先治其基，基完以平，而后加石木焉，故其为室也坚。

——〔北宋〕苏辙《新论》

【经典释义】

想盖房子的人，总是先整治房子的地基，地基完善而且平整，然后在地基上砌墙架梁，所以这样盖起来的房子才坚固。

【河南元素】

苏辙（1039—1112），字子由，眉州眉山（今四川眉山）人，与父亲苏洵、哥哥苏轼并称"三苏"。他长期在河南为官，死后和父亲、哥哥一起安葬在河南郏县。今河南郏县西北小峨眉山下的三苏园，就是安葬"三苏"的地方。苏辙23岁应制举，制策言语切直，仁宗仍嘉许而收之，入第四等次。苏辙心中有感恩图报之意，次年作《新论》，目的在建议朝廷革新政治。崇宁三年（1104）正月，苏辙在颍川（今河南许昌）定居，因感于元祐时人所剩无几，于是筑室曰"遗老斋"，自号"颖滨遗老",著有《颖滨遗老传》《栾城后集》《论语拾遗》等。

【当代启示】

2019年7月9日,习近平总书记在中央和国家机关党的建设工作会议上的讲话引用了"欲筑室者,先治其基"这两句话,意在说明加强党的基层组织建设的重要性。基层党组织是党执政大厦的地基,地基固则大厦坚,地基松则大厦倾。基础不牢,地动山摇。如果不能把党的基层组织建设成为人民群众信得过的坚强战斗堡垒,就很难把党的方针、路线、政策落实下去,党制定的战略目标就无法实现。因此,必须加强党的基层组织建设,以提升组织力为重点,突出政治功能,把企业、农村、机关、学校、科研院所、街道社区、社会组织等基层党组织建设成为宣传党的主张、贯彻党的决定、领导基层治理、团结动员群众、推动改革发展的坚强战斗堡垒。基层党组织的建设关乎"为政之基",只有把"地基"打牢,中华民族伟大复兴才有长治久安的基石。

知者顺时而谋

【经典原文】

浮以书质责之曰:"盖闻知者顺时而谋,愚者逆理而动。常窃悲京城太叔以不知足而无贤辅,卒自弃于郑也。"

——〔南朝·宋〕范晔《后汉书·朱浮传》

【经典释义】

朱浮写信责备彭宠说:"(你)大概听说过,聪明的人顺应时势而谋划,愚蠢的人违背事理而行动。我曾经私下为京城太叔(共叔段)感到悲伤,因为他不知道满足而又没有贤者辅佐,终于自弃于郑国。"

【河南元素】

范晔在《后汉书》里写到的朱浮和彭宠,都是东汉初年刘秀手下的大将。刘秀即位后,跟他打天下的朱浮任幽州牧,彭宠任渔阳太守,彭宠应接受朱浮的节制。但彭宠自恃兵强马壮,不听朱浮节制,还起兵攻打朱浮。于是朱浮写了一封信给彭宠,上面这段话就是信的开头几句。其中说到的京城太叔共叔段,是《左传》开篇《郑伯克段于鄢》

的故事中的人物。这个故事发生在今河南新郑。春秋时期鲁隐公元年（前722），郑庄公为了和胞弟共叔段争夺国君之位，故意放纵共叔段和母亲武姜，任由他们胡作非为。共叔段以为有机可乘，准备夺取国君之位。郑庄公于是借机打败共叔段，并把母亲武姜也囚禁起来。后来在颍考叔的规劝下，郑庄公才和母亲重归于好。郑庄公攻打共叔段的"鄢"地，即今河南鄢陵。

【当代启示】

2018年11月18日，习近平主席在亚太经合组织第二十六次领导人非正式会议上发表重要讲话时引用了"智（知）者顺时而谋"这句话，指出应该认清世界大势，把握经济脉动，明确未来方向，解答时代命题。真正有大智慧的人，都会顺应大局的变化来制定计划。时者，势也。"顺时"就是要顺应时势发展，顺应时代潮流。"谋"就是谋划、谋求，布局谋篇，谋求解决问题的办法，找出化解矛盾的路径。当今世界，全球发展深层次矛盾突出，保护主义、单边主义思潮抬头，多边贸易体制受到冲击，世界经济整体发展环境面临诸多风险和不确定性。因此，必须顺应经济全球化发展大势，不为一时的困难所阻挡，继续秉持推动区域经济一体化宗旨，把握构建开放型世界经济大方向，努力保持亚太合作势头，把构建人类命运共同体推向更高水平。

治世不一道，便国不法古

【经典原文】

公孙鞅曰："前世不同教，何古之法？帝王不相复，何礼之循？伏羲、神农教而不诛，黄帝、尧、舜诛而不怒。及至文、武，各当时而立法，因事而制礼。礼、法以时而定，制、令各顺其宜，兵甲器备各便其用。臣故曰：治世不一道，便国不必法古。"

——〔战国〕商鞅《商君书·更法》

【经典释义】

公孙鞅说："前世的教化方式不同，有什么可效法的？帝王不相重复，有什么礼仪可以遵循？伏羲和神农是教化而不惩罚，黄帝、尧、舜则是惩罚而不发怒。等到了周文王、周武王的时候，各自根据当时情况而立法，因不同的事情而制定礼仪。礼仪立法因时而定，制度法令顺应相关事宜。兵器、铠甲、器具、设备，都要各自方便使用。所以臣说：治理社会没有一定的规则，便利国家不必效法古人。"

【河南元素】

商鞅，战国时期卫国人（一说今河南内黄人，一说今河南濮阳人）。《史记·商君列传》记述商鞅劝秦孝公变法，说了一番与《商君书》中所说大致相同的话："治世不一道，便国不法古。故汤武不循古而王，夏殷不易礼而亡。反古者不可非，而循礼者不足多。"意思是说：治理国家没有一定的规则，便利国家不必效法古人。所以商汤和周武王不遵循古法而称王天下，夏朝和殷商不变更礼仪而灭亡。反对古法的人不可以非议，遵循礼制的人不足以赞美。

【当代启示】

改革意味着突破，突破旧的思想观念，突破旧有体制机制，突破已有的利益分配模式。正因为如此，一切有利于经济社会发展的改革才会阻力重重。但经济要发展，社会要进步，就必须破除一切不合时宜的思想观念和体制机制弊端，突破利益固化的藩篱，吸收人类文明有益成果，构建系统完备、科学规范、运行有效的制度体系。中华民族富有变革和开放精神。几千年前，中华民族的先民们就秉持"周虽旧邦，其命维新"的革新精神，开启了缔造中华文明的伟大实践。2018年12月18日，在庆祝改革开放40周年大会上，习近平总书记引用"治世不一道，便国不法古"来阐述改革的必要性。历史发展有其内在规律，只要把握住历史发展大势，抓住历史变革时机，奋发有为，锐意进取，人类社会就能更好前进。

尧有欲谏之鼓，舜有诽谤之木

【经典原文】

尧有欲谏之鼓，舜有诽谤之木，汤有司过之士，武王有戒慎之鼗，犹恐不能自知。今贤非尧舜汤武也，而有掩蔽之道，奚繇自知哉？

——〔战国〕吕不韦《吕氏春秋·不苟论·自知》

【经典释义】

尧有供人进谏用的鼓，舜有让人书写批评意见用的木桩，汤有记录过失的官员，周武王有告诫君主谨慎用的小鼓。就是这样，他们还担心不能发现自己的过失。如今的贤人不是尧、舜、汤、武王那样的贤者，还有遮蔽言论的途径，怎么能够发现自己的过失呢？

【河南元素】

吕不韦，战国时期卫国濮阳（一说在今河南濮阳西南，一说在今河南安阳滑县）人。《自知》主要阐述"人故不能自知"（人本来就不能了解自己的过失）。为了避免不能自知造成不可挽回的损失，尧、舜、汤、武都为人们进谏广开方便之门，谏鼓、谤木、司过之士和戒鼗，不仅表现了他们的诚意，而且方便人们指出他们的过失。后世许多君主却是讳疾忌医，害怕批评，为进谏设置许多门槛，把敢谏之士阻挡在门外，拒听逆耳忠言，甚至对敢于进谏者打击报复，罗织罪名。言路一旦被堵死，其最终结果也就可想而知了。

【当代启示】

2019年1月25日，习近平总书记在十九届中共中央政治局第十二次集体学习时的讲话中指出："大家读历史都知道，《吕氏春秋》里讲：'尧有欲谏之鼓，舜有诽谤之木。''谏鼓'、'谤木'就是为了收集舆论。"广开言路，多方听取不同意见，是防止犯错误的最好方法，批评得对就虚心接受，认真改正；批评得不对，就作为鉴戒，当作提醒，避免出现批评中出现的问题。知屋漏者在宇下，知政失者在草野。人民群众在哪里，我们就应该主动到哪里，认真听取群众意见。在融媒体迅速发展的当下，对善意的批评，对建设性的意见，也应该有这样的态度。伴随着信息社会不断发展，新兴媒体影响越来越大。要主动适应信息化要求、强化互联网思维，善于学习和运用互联网，学会从互联网上了解社情民意，了解舆论导向，以增强决策的科学性。

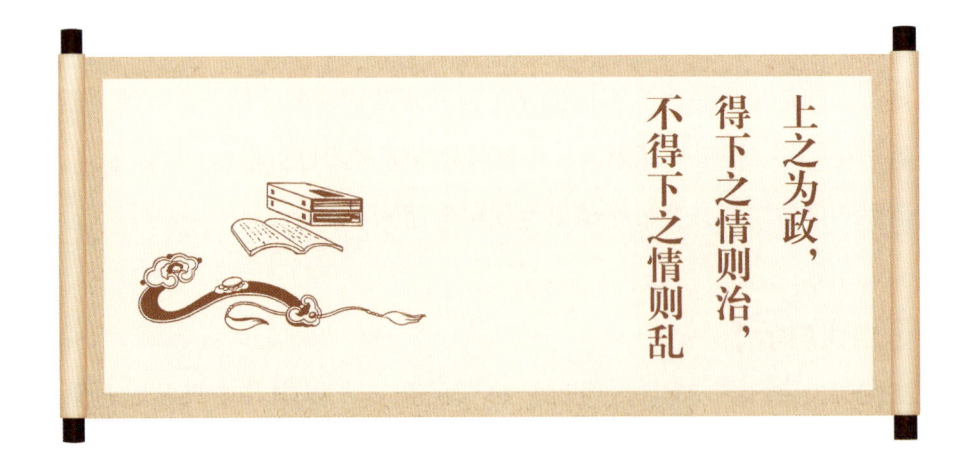

> 上之为政,
> 得下之情则治,
> 不得下之情则乱

【经典原文】

  上之为政,得下之情则治,不得下之情则乱。何以知其然也?上之为政,得下之情,则是明于民之善非也。若苟明于民之善非也,则得善人而赏之,得暴人而罚之也。善人赏而暴人罚,则国必治。上之为政也,不得下之情,则是不明于民之善非也。若苟不明于民之善非,则是不得善人而赏之,不得暴人而罚之。善人不赏而暴人不罚,为政若此,国众必乱。

——〔战国〕墨子《墨子·尚同下》

【经典释义】

  上位者治理国家,得到下面的真实情况国家就得到治理,得不到下面的真实情况国家就会动乱。凭什么知道这样的结果呢?上位者治理国家,得到下面的真实情况,这样就清楚了百姓的善恶是非。假如清楚了百姓的善恶是非,那么好人就得到奖赏,坏人就受到惩罚。好人得到奖赏而坏人受到惩罚,国家就一定会得到治理。上位者治理国家,得不到下面的真实情况,那么就不清楚百姓的善恶是非。假如不清楚百姓的善恶是非，那么好人就得不到奖赏，坏人就不会受到惩罚。好人得不到奖赏，坏人受不到惩罚，治理国家像这个样子，国家和百姓必定会乱。

【河南元素】

墨子，战国初期宋国（都今河南商丘南）人，一说鲁阳（今河南鲁山）人，或说滕国（今山东滕州）人。墨子多次谈到国家治理问题，"尚贤""尚同""兼爱""非攻"等主张至今仍有借鉴意义。在墨子看来，真实的民情就是百姓的善恶是非，也就是百姓以何为善，以何为恶，赞成什么，反对什么。只有了解这些真实情况，才能奖善惩恶，才会获得民心。如果百姓无所遵循，民心就会乱，国家就难以得到安宁。

【当代启示】

治国理政，最重要的是要全面了解基层民意，清楚百姓的所思所想，这样才能根据社情制定合乎民意的政策，施政理政才能得到百姓的拥护。调查研究是了解下面情况的有效方法，是中国共产党的重要思想方法和工作方法。党的十八大以来，习近平总书记多次强调调查研究的重要性。2019年7月9日，党中央召开中央和国家机关党的建设工作会议，这是党的历史上第一次召开这样的会议。习近平总书记引用了"上之为政，得下之情则治，不得下之情则乱"，要求中央和国家机关的同志大兴调查研究之风。中央和国家机关居"庙堂"之高，是政策的制定者和执行者，在制定和执行政策之前，应深入基层一线，了解社情民意，从基层实践中寻找解决问题的金钥匙。

六合同风，九州共贯

【经典原文】

《春秋》所以大一统者，六合同风，九州共贯也。今俗吏所以牧民者，非有礼义科指可世世通行者也，独设刑法以守之。

——〔东汉〕班固《汉书·王吉传》

【经典释义】

《春秋》之所以以天下统一为大事，是因为普天之下风俗教化相同，九州之内政令贯通划一。如今那些世俗小吏之所以能够管理百姓，并不是有世世代代可以通行的礼仪规范，而只是因为设立了刑律法令并奉行着。

【河南元素】

《汉书》创作于河南。班固编纂《汉书》前后历时20余年，后因事下狱，《汉书》尚有"八表"和《天文志》没有完成。永元四年（92）班固死于狱中，汉和帝令班固之妹班昭补写《汉书》"八表"，班固弟子马续补写《汉书》的《天文志》。班昭和马续补写的《汉书》，也是在洛阳完成的。"六合同风,九州共贯",是《汉书》所记王吉给汉宣帝上疏中的话。汉宣帝时,外戚专宠,"户异政,人殊服,诈伪萌生,刑罚亡极,质朴日销,恩爱浸薄"。为扭转时弊,王吉上疏,希望重视礼制,用礼制教化百姓,再现"六合同风,九州共贯"的景象。

【当代启示】

2019年9月27日,我国隆重召开全国民族团结进步表彰大会,习近平总书记引用"六合同风,九州共贯",形容中华民族"五方之民"共天下的交融格局。我国幅员辽阔,文明悠久,中华民族多元一体,各民族情同手足,亲如兄弟。自夏商周以来,无论哪个民族入主中原,都以统一天下为己任,以大一统的中华为追求,以中华文化的正统自居。新中国成立后,我国各族人民在中国共产党领导下,确立了民族区域自治制度,开辟了发展各民族平等团结互助和谐关系的新纪元。在新的历史时期,我们应坚持准确把握我国统一的多民族国家的基本国情,把维护国家统一和民族团结作为各民族最高利益。实现中华民族伟大复兴,需要各民族手挽手、肩并肩,共同努力奋斗。

> 善为政者，弊则补之，决则塞之

【经典原文】

夫善为政者，弊则补之，决则塞之。故吴子以法治楚、魏，申、商以法强秦、韩也。

——〔西汉〕桓宽《盐铁论·申韩》

【经典释义】

善于治国理政的人，发现弊端就及时纠正，看到漏洞就会立即堵塞。所以，吴起用法律让楚国和魏国得到治理，申不害和商鞅用法律让秦国和韩国变得强大。

【河南元素】

桓宽，西汉汝南郡（治今河南上蔡西南）人。《盐铁论·申韩》是记录贤良、文学与御史就申不害和韩非的术与法进行辩难的一篇文章。上述这段是御史对文学说的，提到的申不害和商鞅都是今河南人。申不害，亦称申子，战国时期郑国京（今河南荥阳东南）人，战国时期法家主要代表之一。申不害曾任韩昭侯的相15年，凭借黄老之术使韩变得强大起来。商鞅在秦任丞相时，劝说秦孝公实行变法，让秦强大起来。《盐铁论·申韩》之"韩"指的是韩非。韩非借鉴了吴起、商鞅等人的"法"，申不害等人的"术"，慎到等人的"势"，融法、术、势于一体，形成了自己的学说，对后世产生了深远影响。

【当代启示】

2019年12月20日，习近平主席在庆祝澳门回归祖国20周年大会暨澳门特别行政区第五届政府就职典礼上的讲话引用了"善为政者，弊则补之，决则塞之"这几句话，指出要适应现代社会治理发展变化及其新要求，推进公共行政等制度改革，提高政府管治效能，促进治理体系和治理能力现代化。现代国家治理，重要的是坚持人民立场，坚持系统性和创新性，要与时俱进，及时发现经济社会发展中的新动向、新矛盾、新问题，做到顺时而动，顺势而为，化解矛盾，解决问题，引领发展。治国理政，出问题并不可怕，可怕的是发现问题却不能及时补救，而是有意让问题扩大化，或者是对问题视而不见，熟视无睹。要善于发现问题，科学应对，及时处理，把问题消灭在萌芽状态。

> 安而不忘危，存而不忘亡

【经典原文】

子曰："危者，安其位者也。亡者，保其存者也。乱者，有其治者也。是故君子安而不忘危，存而不忘亡，治而不忘乱，是以身安而国家可保也。"

——《周易·系辞下》

【经典释义】

孔子说："危险是曾经安居其位导致的，灭亡是自以为长保生存导致的，动乱是自恃万事整治引发的。因此，君子处于安全的境况而不忘记危险，生存之时不忘记灭亡，国家得到治理的时候不忘记动乱，只有这样才是安定自身、保护家国之道。"

【河南元素】

《周易》是周文王拘于羑里（今河南汤阴北）时，根据伏羲八卦推演得出。传说伏羲在宛丘（今河南淮阳）仰观天文，俯察地理，观鸟兽草木之文，近取诸身，远取诸物，作阴阳爻，画八卦，后人称之为"一画开天";殷商末年,周文王姬昌推演伏羲八卦为六十四卦,奠定了《周易》的基础。传说周公、孔子等人完善了《周易》,撰写了《周易》的《彖传》(上下)、《象传》(上下)、《系辞》(上下)和《文言》《说卦》《序卦》《杂卦》,后人称之为《十翼》。周公名旦,周武王之弟,传说周公为六十四卦撰写了爻辞。周公辅佐周成王时,营建洛邑(今河南洛阳)为东都,使周成为幅员广大而强盛的王朝。

【当代启示】

2020年1月8日,习近平总书记在"不忘初心、牢记使命"主题教育总结大会上的讲话中指出:"越是接近民族复兴越不会一帆风顺,越充满风险挑战乃至惊涛骇浪。不忘初心、牢记使命,必须安不忘危、存不忘亡、乐不忘忧,时刻保持警醒,不断振奋精神,勇于进行具有许多新的历史特点的伟大斗争。"贤能的人治理国家,在国家安定的时候不忘记危险会随时来临,在国家存续的时候不忘记可能随时灭亡,在天下太平无事的时候不忘记动乱会在瞬间发生。古人说,思则有备,备则无患,要深刻认识党面临的执政考验、改革开放考验、市场经济考验、外部环境考验的长期性和复杂性,深刻认识党面临的精神懈怠危险、能力不足危险、脱离群众危险、消极腐败危险的尖锐性和严峻性。全党同志应居安思危,勇于变革,不断提高党的建设质量,毫不动摇把党建设得更加坚强有力,以从容应对未来可能发生的各种风浪。

凡事预则立，不预则废

【经典原文】

凡事预则立，不预则废。言前定则不跲，事前定则不困，行前定则不疚，道前定则不穷。

——《礼记·中庸》

【经典释义】

任何事情只要事先做好准备就会成功，事先不做好准备就会失败。要说什么话事先想好再说就不会磕磕巴巴，事情预先谋划好就不会遭遇困顿，行动前定好计划就不会有困惑，大的原则事先确定了就不会发生困窘之事。

【河南元素】

《礼记》由西汉学者戴圣编纂。戴圣，西汉梁国（治今河南商丘南）人。《中庸》是儒家经典著作之一，原是《礼记》中的第三十一篇，相传由战国时子思所作。该书主要阐述了中庸之道，即不偏不倚、无过无不及的处世哲学，强调天人合一、至诚尽性的思想。《中庸》

全书共 3500 余字，分为 33 章，内容涵盖人性修养、道德行为、政治哲学等多个方面。"凡事预则立，不预则废"与孔子游历卫国时所说的"工欲善其事，必先利其器"有异曲同工之妙，都意在说明无论做什么事情，都要事先做好准备。

【当代启示】

不论做什么事情，事先做好准备，才能获得成功。治国理政，推动经济社会发展，同样需要事先做好规划。从 1953 年开始，我国已经编制实施了 14 个五年规划（计划）。"十四五"时期是我国全面建成小康社会、实现第一个百年奋斗目标之后，乘势而上开启全面建设社会主义现代化国家新征程、向第二个百年奋斗目标进军的第一个五年。2020 年 8 月 24 日，习近平总书记主持召开经济社会领域专家座谈会，听取他们对"十四五"规划编制的意见和建议。其间，习近平总书记发表重要讲话时引用了"凡事预则立，不预则废"这两句古语，强调规划的重要性。"十四五"时期，我国进入新发展阶段，国内外环境的深刻变化既带来一系列新机遇，也带来一系列新挑战，可谓危中有机、危可转机。必须辩证认识和把握国内外发展大势，准确识变、科学应变、主动求变、开门问策、集思广益，推动经济社会持续健康发展。

务农重本，国之大纲

【经典原文】

攸奏议曰："臣闻先王之教，莫不先正其本。务农重本，国之大纲。当今方隅清穆，武夫释甲，广分休假，以就农业。"

——〔唐〕房玄龄等《晋书·齐王司马攸传》

【经典释义】

齐王司马攸上奏说："臣听说，先王的教导，无一不是先端正其根本。从事农业生产，重视农业这一根本，是国家的大政方针。当今天下四方边境安静，士兵都已卸去铠甲，四散休假，让他们去从事农业生产。"

【河南元素】

司马攸（246—283），字大猷，小字桃符，河内温县（今河南温县）人。晋文帝司马昭次子，晋武帝司马炎同母弟。西晋建立后，司马攸被封齐王，历任骠骑将军、司空、开府仪同三司等，所任颇有建树，可惜英年早逝。《晋书》本传对司马攸评价很高，称"若使天假之年而除其害，奉缀衣之命，膺负图之托"，"何八王之敢力争，五胡之能竞逐哉"。意思是司马攸若受托孤之命，主持朝政，哪里还有什么"八王之乱"和南迁少数民族的进攻？司马攸善书法，南齐王僧虔《论书》云"晋齐王攸书，京洛以为楷法"。有文集二卷，已佚。书法作品《望近帖》收于《淳化阁帖》。

【当代启示】

中国古代是农业社会，农业素来被视为立国之本。汉文帝曾说："农，天下之本，务莫大焉。"认为农业是天下之根本，没有比务农更大的事情了。农为邦本，本固邦宁。2020年12月28日，习近平总书记在中央农村工作会议上的讲话引用了"务农重本，国之大纲"，告诫大家"要坚持用大历史观来看待农业、农村、农民问题，只有深刻理解了'三农'问题，才能更好理解我们这个党、这个国家、这个民族"。全面建设社会主义现代化国家，实现中华民族伟大复兴，最艰巨最繁重的任务依然在农村，最广泛最深厚的基础依然在农村。稳住农业基本盘、守好"三农"基础是应变局、开新局的"压舱石"。民族要复兴，乡村必振兴。要把解决好"三农"问题作为全党工作重中之重，举全党全社会之力推动乡村振兴，促进农业高质高效、乡村宜居宜业、农民富裕富足。

> 壹引其纲，
> 万目皆张

【经典原文】

民之用也有故，得其故，民无所不用。用民有纪有纲，壹引其纪，万目皆起；壹引其纲，万目皆张。

——〔战国〕吕不韦《吕氏春秋·离俗览·用民》

【经典释义】

百姓能够为之所用是有原因的，找到这个原因，百姓就会没有什么事情不为所用。使用百姓是有纲有纪的，就像使用罗网一样，一牵引网上的大绳，所有的网眼都拉起来了；一牵引网上的大绳，所有的网眼都张开了。

【河南元素】

吕不韦，战国时期卫国濮阳（一说在今河南濮阳西南，一说在今河南安阳滑县）人。《吕氏春秋·离俗览·用民》一节所说的"壹引其纪，万目皆起；壹引其纲，万目皆张"，是成语"纲举目张"的最早出处。吕不韦之后，东汉史学家班固《白虎通义·三纲六纪》有意思相同的话："若罗网之有纪纲而万目张。"古人用罗网捕捉鸟兽，罗网有一根大绳为纲绳，拉起纲绳，罗网的网眼就都张开了。班固以纲纪作比喻，说明人有五常之性，把纲常伦理视作人们的生活准则和纲纪。东汉学者郑玄对"纲纪"作了比较恰贴的解释："以网罟喻为政。张之为纲，理之为纪。"

【当代启示】

无论做事情还是处理问题，都要抓主要矛盾，抓关键环节、关键人物、关键事件。只要抓住最重要的、有全局性影响的，事情就比较好办了。因为，主要矛盾解决了，就像打通了道路关节，一通百通，其他相关问题就会迎刃而解。2021年2月20日，习近平总书记在党史学习教育动员大会上的讲话中引用了"壹引其纲，万目皆张"这两句话，说明党的政治建设的重要性。党的政治建设是中国特色社会主义各项建设的"总纲"，牢牢抓住这个"总纲"，不仅可以健全维护党中央权威和集中统一领导的各项制度，使党的团结统一更加巩固，而且可以纲举目张，带动和促进其他各项建设。

以古为镜，可以知兴替

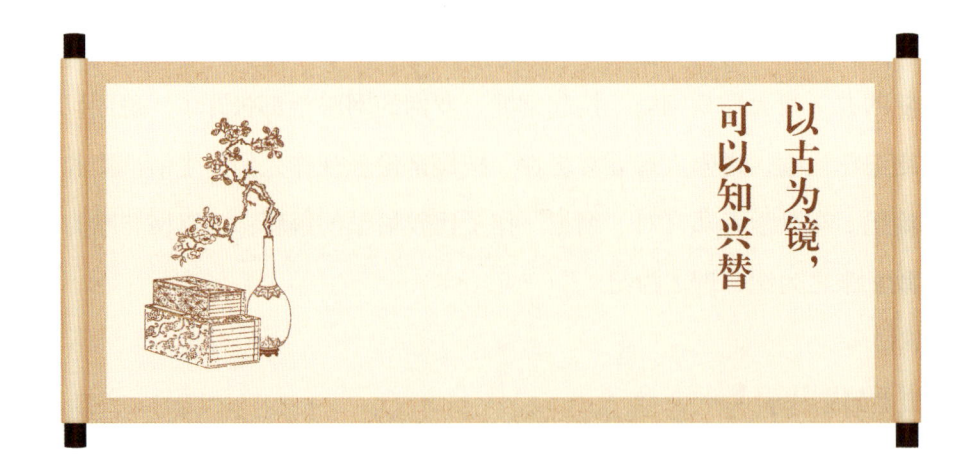

【经典原文】

太宗后尝谓侍臣曰："夫以铜为镜，可以正衣冠；以古为镜，可以知兴替；以人为镜，可以明得失。朕常保此三镜，以防己过。今魏徵殂逝，遂亡一镜矣。"

——〔唐〕吴兢《贞观政要·论任贤》

【经典释义】

唐太宗后来曾经对侍臣说："以铜为镜，可以端正自己的衣冠；以古为镜，可以知道历史兴替的规律；以人为镜，可以明白自己的得失。我经常保持这三面镜子，以防止自己出现过失。如今魏徵已经去世了，于是就失去了一面镜子。"

【河南元素】

吴兢，唐代汴州浚仪（今河南开封）人。这段话是唐太宗评价魏徵时所说。魏徵（580—643），字玄成，生于相州内黄（今河南内黄西北）。魏徵是唐太宗时的大臣，以敢于直言进谏著称。李建成为太子时，魏徵为太子洗马。他曾经劝李建成早作准备，以防太子之位被夺。"玄武门之变"后，唐太宗召见魏徵，责备魏徵离间他们兄弟之间的关系。当时在场的人都很害怕。魏徵却是直言回答："皇太子如果听从我的话，必定不会有今天这样的结果。"唐太宗善于纳谏，见魏徵敢于直言，不仅不加怪罪，反而升任魏徵为谏议大夫。唐太宗对魏徵等大臣的谏言，认真倾听，这才避免了许多过失，开创了中国历史上的"贞观之治"。

【当代启示】

2021年7月1日，习近平总书记在庆祝中国共产党成立100周年大会上的讲话化用了"以古为镜，可以知兴替"这两句言"以史为鉴，可以知兴替"。历史发展有其内在规律，历史是社会发展的一面镜子。总结历史，研究历史，进而明白历史兴衰演进的基本规律，发现历史进步的内在动力和根本原因。历史是人民创造的，得人心者得天下。历史发展与人心向背有直接关系，顺应民心，按人民的意志行事，历史就前进；违背民意，逆人民的意志而为，历史就倒退。要推动历史前进，就要顺应民心民意，以人民为中心，把维护人民的利益作为一切工作的出发点和落脚点。历史映照现实、远观未来，总结中国共产党的百年奋斗史，可以明白中国共产党为什么可以兴盛，为什么可以成功，怎么样才能够赢得未来，从而进一步坚定实现中华民族伟大复兴中国梦的信心，为实现中华民族伟大复兴的中国梦作出应有贡献。

> 见出以知入，
> 观往以知来

【经典原文】

言美则响美，言恶则响恶；身长则影长，身短则影短。名也者，响也；身也者，影也。故曰：慎尔言，将有和之；慎尔行，将有随之。是故圣人见出以知入，观往以知来，此其所以先知之理也。

——〔战国〕列御寇《列子·说符》

【经典释义】

言辞好反响就好，言辞恶反响就恶。个子高影子就长，个子低影子就短。名誉好比是反响，个人的行为好比是影子。所以说：你的言语一定要慎重，因为将会有人附和；你的行为一定要慎重，因为将会有人追随。因此，圣人看见出去的就知道进来的，观察以往就知道未来。这就是先知先觉的道理所在。

【河南元素】

列御寇，亦作"列子""圄寇"，相传战国时郑国圃田（今河南郑州）人，战国时期道家代表人物。今传《列子》共八篇，为晋人张湛辑注本。列御寇师从多位著名的道家人物，除了壶丘子林、老商氏，关尹是最重要的一位。关尹教授给列御寇道家思想和射术，师徒之间经常探讨修道的问题。上面一段话，是关尹和列御寇的对话。关尹亦作关令尹，相传曾为函谷关令，一说其姓尹名喜，春秋末思想家。

【当代启示】

人们在社会生活实践中，有许多需要观察、认识、了解的东西，也有许多需要对未来发展作出预测的时候，这就需要用到"见出以知入，观往以知来"。这是观察事物的一条行之有效的路径，一种可资借鉴的方式，能透过现象看本质，透过表象找规律，透过眼前看未来。2021年11月4日，习近平主席在第四届中国国际进口博览会开幕式上的主旨演讲中引用了"见出以知入，观往以知来"这两句话，指出："一个国家、一个民族要振兴，就必须在历史前进的逻辑中前进、在时代发展的潮流中发展。"中国国际进口博览会是中国对外开放的重要窗口，也是世界各国与中国交往的重要窗口。透过这个窗口，中国可以了解世界发展，世界各国也可以了解中国的开放程度和开放进程。中国与世界各国不仅可以借助进博会相互了解，推动贸易和文化交流，而且可以增进彼此的友谊。中国扩大高水平开放的决心不会变，同世界分享发展机遇的决心不会变，这样就有利于推动经济全球化朝着更加开放、包容、普惠、平衡、共赢的方向发展，有利于构建人类命运共同体。

正其末者端其本，善其后者慎其先

【经典原文】

　　盖损益随时，理有常然。高以下为基，民以食为天。正其末者端其本，善其后者慎其先。

——〔西晋〕潘岳《藉田赋》

【经典释义】

　　丰收还是歉收取决于是否顺应农时，这是理所当然的事情。高高在上的天子以百姓为基础，百姓把食物看得最大。要纠正商贸这种行为，就要先端正务农这个根本；要善待商贸之财货，首先就要慎重对待百姓视之为天的粮食。

【河南元素】

　　潘岳（247—300），字安仁，荥阳中牟（今属河南）人，西晋文学家，历史上著名的美男子，有"貌比潘安"之说。早辟司空太尉府，举秀才。出为河阳令，转任怀县令。泰始四年（268）正月，晋武帝按照礼仪，亲自率领后宫嫔妃群臣进行开春耕田的仪式。这样的活动，古代称作

"藉礼"，即天子或诸侯在春耕的时候，亲自到农田里耕田，表示对农业生产的重视。潘岳其时为司空荀勖的掾属，见证了这次盛大的礼仪活动，并撰写了记载这次活动的《藉田赋》。上述几句话，是潘岳记述的中牟老农对晋武帝说的话，表明了百姓对重本抑末这种传统思想的朴素认知。

【当代启示】

2021年11月11日，习近平主席在亚太经合组织工商领导人峰会上的主旨演讲中引用了"正其末者端其本，善其后者慎其先"这两句话。话语不多，道理很深刻。无论做什么事情，打好基础、开好头很重要。基础打牢了，打正了，无论在上面盖房屋还是起大厦，都丝毫不受影响。事情开始的时候多加慎重，把开头的事情开好，才能把后面的事情做好。好的开始，就是成功的一半。军事上说"慎重初战"，就是这个道理。俗话说：基础不牢，地动山摇。基础没打牢，开始的事情没有做好，后面的事情就很难做。即使勉强做了，也可能会产生许多意想不到的问题，甚至会造成重大损失。促进亚太经贸合作、构建亚太命运共同体，需要端本正末，慎先善后，应先做好包括落实反垄断法规建设和行业监管等方面的相关基础工作，以期更好地发挥亚太经合组织的作用。

开封府

第四章 循法而行

任重道远

【经典原文】

背法而治，此任重道远而无马、牛，济大川而无舡、楫也。

——〔战国〕商鞅《商君书·弱民》

【经典释义】

违背法律来治理国家，就像负重远行而没有马、牛，欲渡过大河却没有船只和划船的工具。

【河南元素】

商鞅，战国时卫国人（一说今河南内黄人，一说今河南濮阳人）。《左氏春秋》中曾讲述了一个发生在河南的"背法而治"的故事。郑国公子子都和颍考叔闹矛盾，在攻打许国都城时，公子子都放冷箭射杀颍考叔。按照当时郑国的律法，杀人者当斩。郑庄公装作不知道是谁杀的颍考叔，没有按照法律来处置公子子都，而是让士兵们摆出猪、狗、鸡，来诅咒射死颍考叔的凶手。《左氏春秋》说"君子谓：'郑庄公失政刑矣。政以治民，刑以正邪，既无德政，又无威刑，是以及邪。邪而诅之，将何益矣！"借助君子之口，来说郑庄公失掉了政和刑。政用来治理百姓，刑用来纠正邪恶。既缺乏清明的政治，又没有威严的刑法，所以才发生邪恶。已经发生邪恶而加以诅咒，有什么好处！由于对自己的儿子们和大臣疏于制度和法律上的管理，郑庄公去世后郑国很快发生了内乱。

【当代启示】

古人说："法者，治之端也。"法律是治理国家的前提和基础。2012年11月15日，习近平总书记在十八届中共中央政治局常委同中外记者见面时强调："责任重于泰山，事业任重道远。"全面依法治国是国家治理的一场深刻革命，关系党执政兴国，关系人民幸福安康，关系党和国家长治久安。必须更好发挥法治固根本、稳预期、利长远的保障作用，在法治轨道上全面建设社会主义现代化国家。商鞅的"背法而治，此任重道远而无马、牛"讲的就是依法治理的重要性，破坏了法律，人们就会感到无所遵从，给国家留下祸根。

> 国无常强,无常弱。
> 奉法者强则国强,
> 奉法者弱则国弱

【经典原文】

国无常强,无常弱。奉法者强则国强,奉法者弱则国弱。

——〔战国〕韩非《韩非子·有度》

【经典释义】

国家不会永远富强,也不会长久贫弱。执行法度的人强硬,国家就会富强;执行法度的人软弱,国家就会贫弱。

【河南元素】

韩非(约前280—前233),战国末韩国新郑(今河南新郑)人,思想家,法家主要代表人物。子产铸刑鼎就是发生在河南这片土地上的"奉法者强则国强"的故事。铸刑鼎,就是将法律条文铸刻在鼎上。"刑"指法律条文。子产执政郑国,铸大鼎,将国家法律条文铸在上边,把鼎放在城中繁华之处向世人公布。在此之前的统治者都认为"刑不可知,则威不可测",因此晋国大夫叔向专门写信批评子产,表示法律应该保密,不应该公之于众。子产不为所动。他坚定地认为,只有公布成文法，让老百姓明白法与非法的界限，才有助于社会安定和谐。子产公布法律，限制了贵族特权，老百姓知道什么能干什么不能干，郑国的犯罪案件降低了，农业和商业得到发展。

【当代启示】

2014年9月5日，习近平总书记在庆祝全国人民代表大会成立60周年大会上的讲话中指出："国无常强，无常弱。奉法者强则国强，奉法者弱则国弱。"经过长期努力，中国特色社会主义法律体系已经形成，我们国家和社会生活各方面总体上实现了有法可依，这是我们取得的重大成就，也是我们继续前进的新起点。现在国家间的竞争，既包括经济实力的竞争，也包括法律制度等方面的竞争。要想使国家屹立于世界民族之林，必须坚持依法治国。尤其是各级行政机关，要做到依法履行职责，坚持法定职责必须为、法无授权不可为，决不允许任何组织或者个人有超越法律的特权。要深入推进公正司法，深化司法体制改革，加快建设公正高效权威的社会主义司法制度，完善人权司法保障制度，严肃惩治司法腐败，让人民群众在司法案件中感受到公平正义。

道私者乱，道法者治

【经典原文】

故《本言》曰："所以治者，法也；所以乱者，私也。法立，则莫得为私矣。"故曰：道私者乱，道法者治。

——〔战国〕韩非《韩非子·诡使》

【经典释义】

所以《本言》说："所以，治理国家的是法制，扰乱国家的是私利。已经制定法律制度，就没有人能谋取私利了。"所以说：遵循私道治国国家就会动乱，遵循法制治国国家就能安定。

【河南元素】

韩非，战国末韩国新郑（今河南新郑）人。郑伯克段于鄢，讲的就是因私而导致郑国骨肉相残的故事。郑武公的妻子武姜，生了两个儿子，分别是庄公和共叔段。生老大庄公时"寤生"，武姜难产差点丢了性命，所以武姜更喜欢二儿子共叔段。从宗法上来说，立嫡立长，庄公是嫡长子，是法定的继承人，但武姜希望把庄公给废了，立共叔段。郑武公没有答应。庄公即位之后，在武姜的坚持下，共叔段被封到大城京邑。京邑在土地和人口方面都规模过大，实力过大就会威胁到国君，封在京邑是不符合法度的。后来，共叔段准备以武姜为内应，里应外合干掉郑庄公。不想庄公早已做好准备，很快大败共叔段。共叔段逃到鄢，庄公追击至鄢。共叔段于是又逃亡至共国，最终死于共国。这个故事就发生在今天的河南郑州附近。

【当代启示】

2014年10月8日，习近平总书记在党的群众路线教育实践活动总结大会上的讲话中引用"道私者乱，道法者治"，强调"纪律不严，从严治党就无从谈起"。党章是最根本的党内法规，是管党治党的总规矩。对于一个政党，党纪是"生命线"；对于一个党员，党纪是"高压线"。纪律面前一律平等，党内不允许有不受纪律约束的特殊党员。要把纪律建设作为治本之策，以党章为根本遵循，坚持纪在法前、抓早抓小，做到违纪必究、执纪必严。只有这样，才能使我们党永葆先进性和纯洁性，永远充满战斗力和执行力。

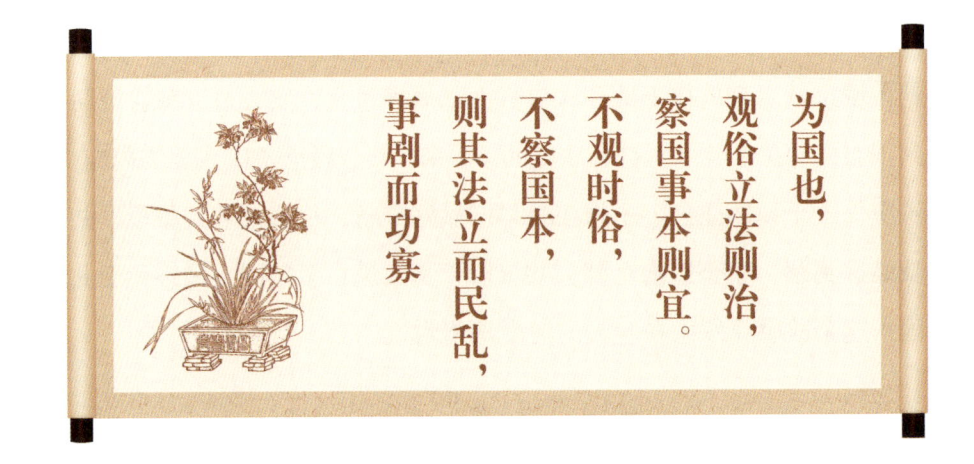

> 为国也，观俗立法则治，察国事本则宜。不观时俗，不察国本，则其法立而民乱，事剧而功寡。

【经典原文】

故圣人之为国也，观俗立法则治，察国事本则宜。不观时俗，不察国本，则其法立而民乱，事剧而功寡。此臣之所谓过也。

——〔战国〕商鞅《商君书·算地》

【经典释义】

所以说，有贤德的人治理国家，在考察风俗民情的基础上立法，才能治理好；弄清国情、抓住根本，才能制定出适宜的政策。如果不考察当时的风俗，不弄清国家的根本事务，法令政策即使制定了民众也还是会混乱，政务虽然繁忙但收效甚微。这就是我所说的过失啊。

【河南元素】

商鞅，战国时期卫国人（一说今河南内黄人，一说今河南濮阳人）。商鞅在秦国受到秦孝公的赏识，被任命为左庶长（相当于丞相），主持秦国政务。商鞅在深刻把握秦王意志和秦人风俗的基础上实施变法。他采取"立木建信"的方式赢得秦国国民的信任。取信于民后推行新法。一是实行什伍连坐制度。将居民划分为五家为一伍，十家为一什的单位，建立相互监督和连坐的法律制度。如果什伍中有犯罪行为，其他家庭有义务揭发，否则将一同受罚。二是奖励军功。通过奖励军功来激励士兵在战场上表现英勇。秦国迁都咸阳后，商鞅实施第二次变法，实行郡县制，废除井田制，统一度量衡。经过商鞅变法，秦国变得国富民强，成为战国后期最强大的集权国家。

【当代启示】

古人说"世易时移，变法宜矣"，意思是世道和时势都变了，国家的法令制度也应该随着变。2014年10月23日，习近平总书记在党的十八届四中全会第二次全体会议上作重要讲话。他强调，走什么样的法治道路、建设什么样的法治体系，是由一个国家的基本国情决定的。"为国也，观俗立法则治，察国事本则宜。不观时俗，不察国本，则其法立而民乱，事剧而功寡。"这使我们认识到，全面推进依法治国，必须从我国实际出发，同推进国家治理体系和治理能力现代化相适应，既不能罔顾国情、超越阶段，也不能因循守旧、墨守成规。只有这样，法律制度才能适应形势发展变化，才能更加有效地保障社会主义现代化建设。

法与时转则治，治与世宜则有功

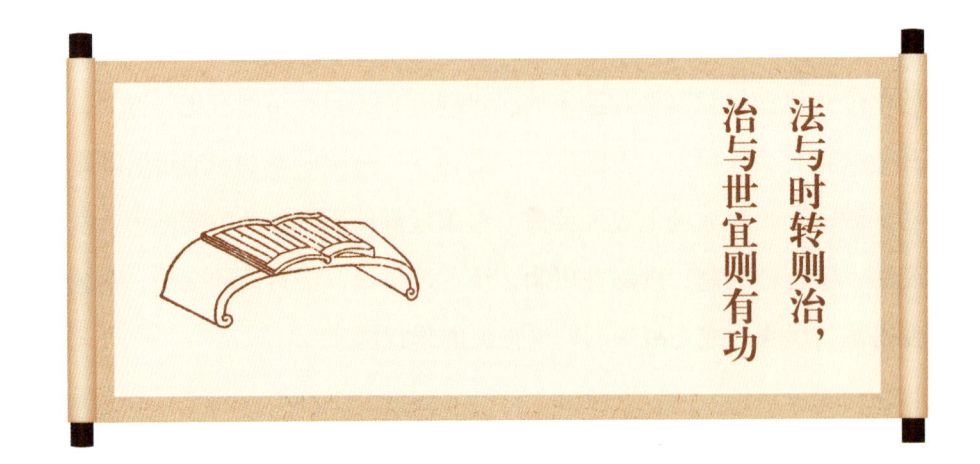

【经典原文】

故治民无常，唯治为法。法与时转则治，治与世宜则有功。故民朴，而禁之以名则治；世知，维之以刑则从。时移而治不易者乱，能治众而禁不变者削。故圣人之治民也，法与时移而禁与能变。

——〔战国〕韩非《韩非子·心度》

【经典释义】

所以，治理庶民百姓没有一成不变的常规，只有法律才能实现善治。法律随着时代而变化才能治理好，治理措施适应社会情况才有功效。因此，老百姓质朴，用道德名声来约束就能治理好；社会上智巧奸诈的人，用刑罚束缚他们才会服从。治理措施不随着时代变化而改变就要混乱，耍聪明的人多了，禁令不改变国家就会被削弱。所以，圣人治理老百姓，法律制度随着时代的变化而发展，禁令随着玩弄智巧的人的表现而改变。

【河南元素】

韩非,战国末韩国新郑(今河南新郑)人。战国时期,封建经济逐步占据主导地位,经济基础的深刻变化必然引起上层建筑的相应变化。公元前351年,韩昭侯任用申不害为相,在韩国实行变法。申不害变法的成功充分证明了"法与时转则治,治与世宜则有功"。申不害提出"修术行道""内修政教"的"术"治方略。变法整顿吏治,加强君主集权统治,有效提高了国家政权的行政效率;重视土地和农业,鼓励老百姓多开荒地,多种粮食;推动发展手工业,特别是兵器制造,以致"天下之强弓劲弩,皆自韩出"。申不害随着时代发展推行变法使贵族特权受到限制,韩国出现政局稳定、百姓富裕、国力强盛的好局面。

【当代启示】

社会变动不居,形势日新月异。法律制度必须随着时代发展变化而不断修订完善,以适应新形势,满足新要求。习近平总书记在不同场合多次引用"法与时转则治,治与世宜则有功"来说明这个道理。2016年11月2日,他在关于《关于新形势下党内政治生活的若干准则》和《中国共产党党内监督条例》的说明中再次引用这句话,强调新形势下加强和规范党内政治生活,既要坚持过去行之有效的制度和规定,也要结合新的时代特点与时俱进,拿出新的办法和规定。"苟日新,日日新,又日新。"新情况新问题层出不穷,必须因时而动,根据形势发展变化采取不同的应对策略。

法必明、令必行

【经典原文】

圣王者不贵义而贵法，法必明、令必行，则已矣。

——〔战国〕商鞅《商君书·画策》

【经典释义】

圣明的君主不看重道义而重视法律制度，制定法律一定要严明，颁布的法令一定要执行，这样就可以了。

【河南元素】

商鞅，战国时期卫国人（一说今河南内黄人，一说今河南濮阳人）。商鞅"立木建信"就是一个典型的"法必明、令必行"的故事。商鞅想在秦国实施变法，他首先要取得秦国百姓的信任和支持。为了取信于民，商鞅想了一个小计谋。他让人在都城的南门外树立一根木头，并发布命令：如果有人能将这根木头从南门搬到北门，就赏赐十金。这个消息很快传遍了全城。许多人都跑来围观，但是很多人不相信这是真的，认为任务太轻松赏赐又不少，可能是一个玩笑。商鞅见状，再次发布命令将赏金提高到五十金。重赏之下，必有勇夫。终于有一个人将木头搬到了北门，商鞅按照发布的命令赏给了他五十金。这个事情很快在秦国老百姓中传开，商鞅也取得了秦国老百姓的信任。

【当代启示】

张居正曾经说过，"天下之事，不难于立法，而难于法之必行"。这句话意思是，立法不是难事，让法律得到良好的贯彻执行才是难事。法律如果不执行，就形同废纸一张。2018年8月24日，习近平总书记在中央全面依法治国委员会第一次会议上的讲话中说："从我国古代看，凡属盛世都是法制相对健全的时期。春秋战国时期，法家主张'以法而治'，偏在雍州的秦国践而行之，商鞅'立木建信'，强调'法必明、令必行'，使秦国迅速跻身强国之列，最终促成了秦始皇统一六国。"全面依法治国，不仅要健全法律体系，做好法治宣传教育，更为重要的是坚持依法行政、依法治理。只有行使法律的机关坚持按照法治思维和法治方式解决问题，人民群众才相信法律、尊重法律，才能真正做到遵纪守法。

法不阿贵、绳不挠曲

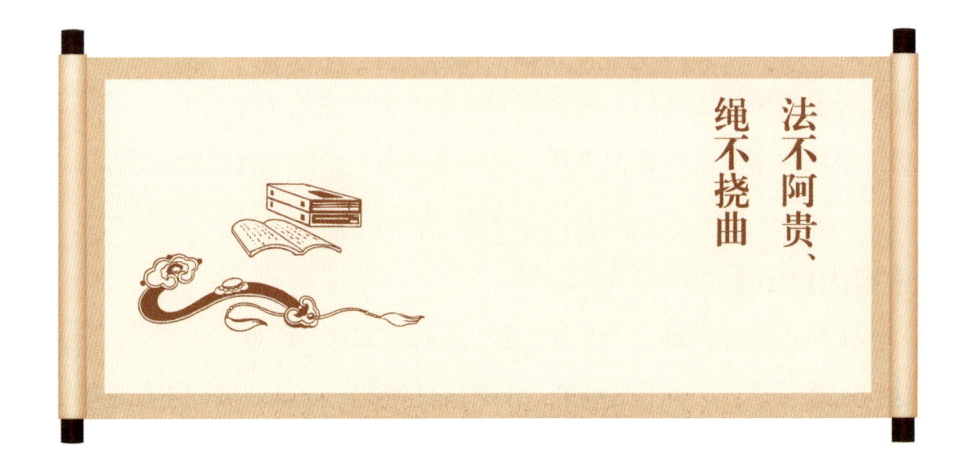

【经典原文】

故以法治国，举措而已矣。法不阿贵，绳不挠曲。法之所加，智者弗能辞，勇者弗敢争。

——〔战国〕韩非《韩非子·有度》

【经典释义】

所以，用法令治理国家，不过是制定出来、推行下去罢了。法律不偏袒有权有势的人，就像墨线不向弯曲的地方倾斜。应该受到法律制裁的人，即使他有才智也不能用言辞来搪塞，即使他英勇无比也不敢用武力来抗争。

【河南元素】

韩非，战国末韩国新郑（今河南新郑）人。历史上有一个发生在河南的著名的"法不阿贵"的故事。执法人是东汉董宣。董宣，字少平，陈留圉县（今河南杞县南）人。光武帝时曾任北海相、江夏太守，后特征为洛阳令。光武帝刘秀的姐姐湖阳公主的奴仆杀了人，藏匿在公主府中。于是董宣等候公主出行的时候，拦住公主的车马，当面指责公主的过失，并就地捕杀了那个奴仆。董宣因此被光武帝用鞭子责罚，逼迫他向公主叩头谢罪。董宣两手撑地，脖子强硬，始终不肯低头。于是有了"强项令"的称号。从此京城的豪门贵族都很震惊恐惧。当时的人称赞董宣断案公正，称他为"枹鼓不鸣董少平"。

【当代启示】

在法治社会，人人平等地享有法律规定的权利并履行法律规定的义务，不允许任何人拥有超越法律的特权。2019年10月31日，习近平总书记在党的十九届四中全会第二次全体会议上的讲话中提到，在几千年的历史演进中，中华民族创造了灿烂的古代文明，形成了关于国家制度和国家治理的丰富思想，这些思想中包括"法不阿贵、绳不挠曲的正义追求"。法律是人们的行为规范，目的在于维护社会秩序、保护人民权益。治国理政，需要秉持法律这个准绳、用好法治这个方式，使法治成为全社会共同的价值和信仰，坚持法律面前人人平等，对触犯纪法者一视同仁，以此彰显公平正义，推动社会发展进步。

> 法度者，
> 正之至也

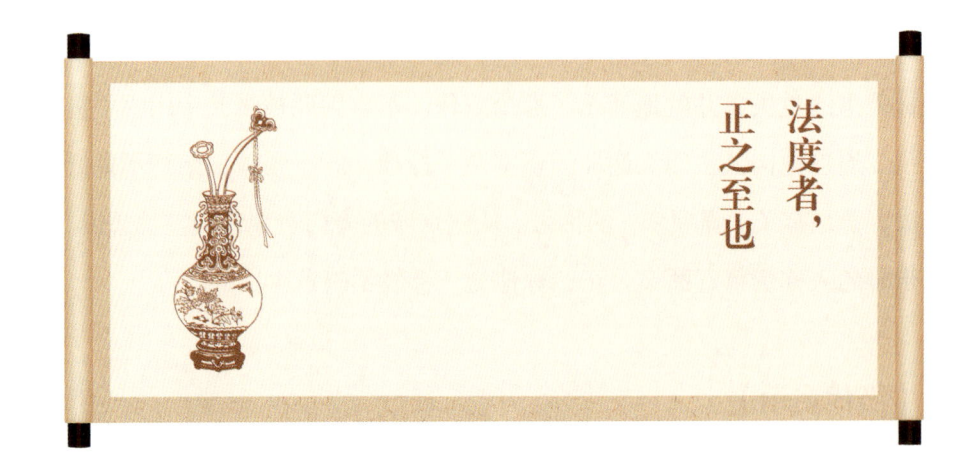

【经典原文】

法度者，正之至也。而以法度治者，不可乱也。而生法度者，不可乱也。精公无私而赏罚信，所以治也。

——《黄帝四经·经法·君正》

【经典释义】

法令制度，是至公至正的。以法度治理国家，不能肆意妄为。创立制度、颁布法律，不能随意而行。只有秉公办事，公正无私，赏罚分明，才能取信于民，从而实现大治。

【河南元素】

《黄帝四经》是托名黄帝之作。黄帝，姬姓，号轩辕氏，亦称有熊氏，中国古代部落联盟领袖，建都于有熊（故址在今河南新郑）。黄帝善于利用法制的方式治理社会。史书记载黄帝有"五法"，即"流放、斩首、枭首、狱、刑"。《史记·太史公自序》中说："维昔黄帝，法天则地，四圣遵序，各成法度。"意思是说，黄帝遵从天地四时变化规律，制定了各项法度，其后的"四圣"（颛顼、帝喾、尧、舜）都继承了黄帝的法律而又自成各自的法律。《申子》中说："黄帝之治天下，置法而不变，使民安乐其法也。"意思是说，黄帝是为民置法，而不是为统治人民置法，而且长期都不变化，因此老百姓都很乐意遵守这样的法律，由此确保了社会的稳定。

【当代启示】

2021年12月6日，习近平总书记在十九届中共中央政治局第三十五次集体学习时的讲话中指出，"法度者，正之至也"。我们党自成立之日起就高度重视法治建设。新民主主义革命时期，我们党制定了《中华苏维埃共和国宪法大纲》和大量法律法令，创造了"马锡五审判方式"，为建立新型法律制度积累了实践经验。法律是治国之重器，法治是治国理政的基本方式。党的十八大以来，党中央完善了党领导立法、保证执法、支持司法、带头守法制度，基本形成全面依法治国总体格局。同时也要看到，我国法治体系还存在一些短板和不足，这些问题必须抓紧解决。法治兴则民族兴，法治强则国家强。要坚持全面推进科学立法、严格执法、公正司法、全民守法，更好地发挥法治固根本、稳预期、利长远的作用。

> 凡将立国,
> 制度不可不察也

【经典原文】

凡将立国,制度不可不察也,治法不可不慎也,国务不可不谨也,事本不可不抟也。

——〔战国〕商鞅《商君书·壹言》

【经典释义】

凡是要建立一个国家,对于制度不能不认真审察,对于治国的法令不能不慎重对待,对于国家政务不能不严谨处理,对于根本大事不能不集中专一。

【河南元素】

商鞅,战国时期卫国人(一说今河南内黄人,一说今河南濮阳人)。商鞅变法就是从改革制度入手的。一是废井田、开阡陌。把阡陌封疆去掉,允许人们开垦无主荒地,土地可以自由买卖,赋税则按照各人所占土地的多少来平均负担。新的土地制度实际上完成了生产关系的变革,极大地推动了生产力发展,使秦国经济迅速繁荣起来。二是废分封、行县制。通过废除世卿世禄制，打击并瓦解了旧的血缘宗法制度。建立严密的户籍制度，推行郡县制，使封建国家机器的职能更加健全，中央集权制度的建设从此开始。秦统一后，秦始皇采纳李斯的建议，在全国范围内废除分封制，以郡县制作为中央控制地方的制度。郡县制加强了中央对地方的垂直管理，防止地方割据分裂，维护了多民族的"大一统"国家形态。

【当代启示】

制度建设是根本性建设。邓小平强调，制度问题更带有根本性、全局性、稳定性和长期性。2019年10月31日，习近平总书记在党的十九届四中全会第二次全体会议上的讲话中说，"凡将立国，制度不可不察也"。古今中外的历史和现实都雄辩地证明了这样一个道理：制度竞争是国家之间最根本的竞争，制度优势是一个国家的根本优势。制度稳则国家稳。一个国家的制度好不好，有没有竞争力，要看它是否与这个国家的历史文化、社会性质、经济发展水平相适应。中国特色社会主义制度是被实践证明了的行之有效的制度，要毫不动摇地坚持和巩固中国特色社会主义制度。

天知，神知，我知，子知

【经典原文】

（杨震）四迁荆州刺史、东莱太守。当之郡，道经昌邑，故所举荆州茂才王密为昌邑令，谒见，至夜怀金十斤以遗震。震曰："故人知君，君不知故人，何也？"密曰："暮夜无知者。"震说："天知，神知，我知，子知，何谓无知！"密愧而出。

——〔南朝·宋〕范晔《后汉书·杨震传》

【经典释义】

（杨震）第四次升迁为荆州刺史、东莱太守。他去赴任的路上，途经昌邑县。从前他举荐的荆州茂才王密是昌邑县令。王密拜见杨震，到了夜里，怀揣十斤金子送给杨震。杨震说："故友知道您的为人，您为什么不知道故友的为人呢？"王密说："已经是深夜，没有人会知道。"杨震说："天知，神知，我知，你知，怎能说没有人知道呢？"王密深感惭愧地离开了。

【河南元素】

范晔（398—446），字蔚宗，顺阳（今河南淅川南）人，出身于著名的范氏家族，南朝宋史学家、文学家。范晔笔下的杨震是一个好官。他为官清廉，不谋私利。正因如此，他的子孙经常吃的是蔬菜，行路没有车马代步全靠步行。杨震的一些老朋友想替他置办点产业，以便养家糊口，杨震却坚决不答应，说："使后世称为清白吏子孙，以此遗之，不亦厚乎？"他要留给子孙的是清白做人和清正廉洁的家风，而不是丰厚的家产。杨姓人以此为荣，"四知堂"由此成为杨姓的堂号。

【当代启示】

俗话说："若要人不知，除非己莫为。"任何事情无论做得怎样秘密，都不可能没有人知道。杨震一句"天知，神知，我知，子知"道破了所谓无人知晓的秘密并不存在的道理。杨震的"四知"后来演变为"你知我知天知地知"或"天知地知你知我知"，其义有二：一是说"人人都会知道"；一是说除当事人外无人知晓。2021年9月1日，习近平总书记在2021年秋季学期中央党校（国家行政学院）中青年干部培训班开班式上发表重要讲话，告诫青年干部不能在"你知我知天知地知"的花言巧语中迷了方向。世上没有不透风的墙，事情做出来了，就不可能不被人知道。每一个党员干部都要知敬畏、存戒惧、守底线，敬畏党、敬畏人民、敬畏法纪，不能乱了心智，不能迷失了方向，不能心存侥幸，不能自欺欺人，不能恣意妄为，而应清正廉洁，干净担当。

南辕北辙

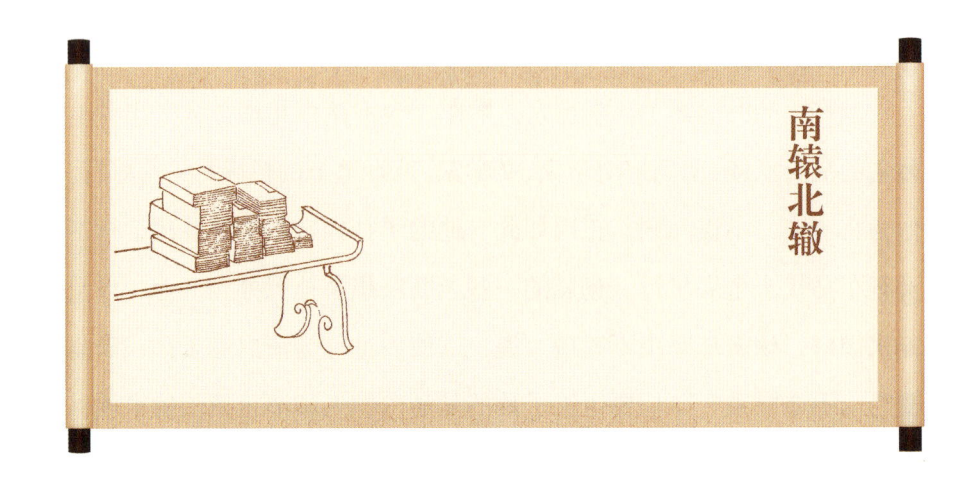

【经典原文】

今者臣来，见人于大行，方北面而持其驾，告臣曰："我欲之楚。"臣曰："君之楚，将奚为北面？"曰："吾马良。"臣曰："马虽良，此非楚之路也。"曰："吾用多。"臣曰："用虽多，此非楚之路也。"曰："吾御者善。"此数者愈善，而离楚愈远耳。

——〔西汉〕刘向《战国策·魏策四》

【经典释义】

今天我来的时候，在大路上碰到一个人，他正驾着马车向北走，他告诉我说："我要到楚国去。"我说："您要去楚国，为什么向北走呢？"他说："我的马很精良。"我说："马虽然很精良，这不是去楚国的路呀。"他说："我的路费很充足。"我说："您的路费虽然充足，这不是去楚国的路啊。"他说："我的马夫擅长驾车。"这几个条件越好，反而会离楚国越远。

【河南元素】

魏国人季梁对魏安釐王讲的这个"南辕北辙"的故事发生在今河南境内。当时魏安釐王准备攻打赵国,季梁用这个故事劝谏魏安釐王放弃进攻别的国家。季梁认为成就霸业,要通过诚信树立威望,取得天下人的拥护。如果用武力成就霸业,恰恰就像去楚国却向北走的人一样,条件越好,离目标越远。战国时期魏国疆域包括今山西南部、河南中北部、河北南部、江苏北部等区域。西与秦国为邻,东与齐国和宋国相邻,西南面与楚国接壤,北面则有赵国。魏国始都安邑(今山西夏县西北),魏国第三任国君魏惠王于公元前364年将国都从安邑迁大梁(今河南开封)。魏安釐王是魏国第六任国君,公元前276—前243年在位。

【当代启示】

"南辕北辙"的典故告诉我们一个简单而又深刻的道理:方向问题极其重要。做人和做事,首先要确立正确的方向。如果方向错了,条件越好,花的力气越大,离自己所要达到的目标就越远。习近平总书记多次使用这个典故。2014年10月23日,他在党的十八届四中全会第二次全体会议上指出,全面推进依法治国,必须走对路。如果路走错了,南辕北辙了,那再提什么要求和举措也都没有意义了。方向就是引领,方向决定路线。小到一个个体,大到一个民族、一个国家,最重要的是明确方向。坚持和拓展中国特色社会主义法治道路是一条红线,无论法治建设成就有多少条,归结起来就只有开辟了中国特色社会主义法治道路这一条。

> 以至公无私之心，
> 行正大光明之事

【经典原文】

做天下好事，既度德量力，又审势择人。"专欲难成，众怒难犯"，此八字者，不独妄动人宜慎，虽以至公无私之心，行正大光明之事，亦须调剂人情，发明事理，俾大家信从，然后动有成，事可久。

——〔明〕吕坤《呻吟语·射集·应务》

【经典释义】

做天下人认为正确的事情，既要衡量自己的品德和能力，又要审时度势选择合适的人。"专欲难成，众怒难犯"（执着于个人意愿难以成就事业，众人的愤怒难以触犯），这八个字是说，不仅轻举妄动的人应该格外谨慎，即使是用非常公平无私之心，去做光明正大的事情，也必须协调人情，说明事理，希望能够取得大家的信任和顺从，然后行动才能成功，事情才可以长久。

【河南元素】

吕坤（1536—1618），字叔简，一字心吾（或新吾），宁陵（今属河南）人，明朝文学家、思想家，与沈鲤、郭正域被誉为明万历年间天下"三大贤"。吕坤曾任山西按察使，陕西右布政使，都察院左、右佥都御史，刑部左、右侍郎等职，他为官刚正不阿，敢于为民请命，多次上疏陈说百姓疾苦，致仕后居家讲学长达20余年，去世后追赠刑部尚书。著有《实政录》《呻吟语》《小儿语》《去伪斋文集》等。

【当代启示】

2015年3月24日，中共中央政治局就深化司法体制改革、保证司法公正进行第二十一次集体学习，习近平总书记发表重要讲话，明确指出："把对司法权的法律监督、社会监督、舆论监督等落实到位，保证法官、检察官做到'以至公无私之心，行正大光明之事'，把司法权关进制度的笼子，让公平正义的阳光照进人民心田，让老百姓看到实实在在的改革成效。"由于多种因素影响，司法活动中也存在一些司法不公、冤假错案、司法腐败及金钱案、权力案、人情案等问题。这些问题如果不抓紧解决，就会严重影响全面依法治国进程，严重影响社会公平正义。深化司法体制改革，建设公正高效权威的社会主义司法制度，是推进国家治理体系和治理能力现代化的重要举措。要坚持司法体制改革的正确政治方向，坚持以提高司法公信力为根本尺度，坚持符合国情和遵循司法规律相结合，坚持问题导向、勇于攻坚克难，坚定信心，凝聚共识，锐意进取，破解难题，坚定不移地深化司法体制改革，不断促进社会公平正义。

一念收敛,则万善来同;一念放恣,则百邪乘衅

【经典原文】

一念收敛,则万善来同;一念放恣,则百邪乘衅。

——〔明〕吕坤《呻吟语·礼集·存心》

【经典释义】

收敛一个出自私心的念头,各种善行就都会来;放纵一个出自私心的念头,各种邪恶就会乘虚而入。

【河南元素】

吕坤,明代宁陵(今属河南)人。《呻吟语》是一部语录体、箴言体的探讨人生哲理的小品文集。全书一共六卷,前三卷为内篇,后三卷为外篇,内篇分为性命、存心、伦理、谈道、修身、问学、应务、养生,外篇分为天地、世运、圣贤、品藻、治道、人情、物理、广喻、词章,共十七篇。吕坤在序中称:"呻吟,病声也。呻吟语,病时疾痛语也。"故以"呻吟语"命名。清朝人尹会一称赞这本书:"推堪人情物理,研辨内外公私,痛切之至,令人当下猛省,奚啻砭骨之神针，苦口之良剂。"

【当代启示】

2018年1月5日，习近平总书记在新进中央委员会的委员、候补委员和省部级主要领导干部学习贯彻习近平新时代中国特色社会主义思想和党的十九大精神研讨班开班式上引用"一念收敛，则万善来同；一念放恣，则百邪乘衅"，告诫学员要做到心有所戒、行有所止。一个人在一刹那会生出很多的念头，这些念头有正邪善恶之别。要把法律的戒尺、纪律的戒尺、制度的戒尺、规矩的戒尺、道德的戒尺牢记于心，时刻保持善念，做到守住底线，不踩红线，不碰高压线。

防微杜渐

【经典原文】

胡、羯皆我之仇敌,今来归附,苟存性命耳。万一为变,悔之何及?请诛屏降胡,去单于之号,以防微杜渐。

——〔东晋〕韦谀《启谏冉闵》

【经典释义】

胡、羯都是我们的仇敌。今天来归降依附我们,不过是为了保全性命罢了。万一发生变化,后悔就来不急了。请用单于的名义除去那些投降的匈奴兵,把坏事情消灭在萌芽状态。

【河南元素】

冉闵(?—352),字永曾,小字棘奴,魏郡内黄(今河南内黄西北)人,十六国时期魏国开国皇帝。其父瞻为后赵皇帝石虎的养子,从姓石氏,故又名石闵。石闵果断敏锐,以勇猛著称,数从征伐,屡立战功。石虎死后,石氏内乱,石闵拥立石遵为帝,后杀石遵改立石鉴。350年,弑杀石鉴称帝,恢复冉姓,建立魏国,史称冉魏,改元永兴。

352年,被前燕太原王慕容恪击败擒获,被斩于遏陉山,追谥武悼天王。冉闵称帝后,欲消灭后赵残余势力,恢复汉人统治。但他杀戮的举动进一步激化了北方地区的民族矛盾,使其最终走向败亡。

【当代启示】

"防微杜渐",意思是在错误或坏事刚刚发生或还未显著时就加以制止,不让它发展。2014年3月5日,习近平总书记参加十二届全国人大二次会议上海代表团审议强调严明纪律时指出,"不防微杜渐就会溃于蚁穴"。纪律就好比一支队伍的安全带,如若对于纪律问题小事化了,就会丧失纪律的权威性和严肃性,而失去纪律约束的队伍必将被不良风气裹挟,从而成为害群之马,后患无穷。作风优良的队伍,是从抓好每一个小纪律做起的,只有把纪律挺在前面,防微杜渐,才能震慑腐败,消除腐败。

刑赏之本，在乎劝善而惩恶

【经典原文】

夫刑赏之本，在乎劝善而惩恶。帝王之所以与天下为画一，不以贵贱亲疏而轻重者也。

——〔唐〕吴兢《贞观政要·论刑法》

【经典释义】

刑法的本质，就在于激励人们做善事而惩罚作恶的人。帝王之所以使用天下共同遵守的刑赏标准，就在于他能够不因贵贱亲疏减轻或加重奖励和刑罚。

【河南元素】

魏徵，生于相州内黄（今河南内黄西北）。贞观十一年（637），时任特进（古代官职名，授予列侯中有特殊地位的人。隋唐以后为散官，无实职）的魏徵向唐太宗上疏，申言刑赏的作用，认为刑法和奖赏的本质是劝善和惩恶。而如今"或屈伸在乎好恶，或轻重由乎喜怒"，刑赏全依帝王的好恶与喜怒，失去了惩恶扬善的意义。唐太宗看了魏徵的上疏，非常赞赏这些建议并采纳了它们。魏徵性格刚直，才识超卓，他多次上疏劝谏皇帝居安思危、从善如流，总结了君主的"十思九德"，他的许多上疏对当时和后世都有重要影响。

【当代启示】

"刑赏之本，在乎劝善而惩恶"，意思是说，惩罚与奖赏的根本目的，在于提倡良善，铲除邪恶。2018 年 5 月 18 日，习近平总书记在全国生态环境保护大会上的讲话引用了这两句，指出对那些损害生态环境的领导干部，只有真追责、敢追责、严追责，做到终身追责，制度才不会成为"稻草人""纸老虎""橡皮筋"。生态环境保护，需要劝善惩恶式的赏罚。要发挥好惩罚与奖赏的引导作用，建立科学合理的考核评价体系，实施最严格的考核问责。要狠抓一批破坏生态环境的反面典型，严肃查处，以正视听，以儆效尤。要支持生态环境保护队伍建设，树立一批生态环境保护方面的先进典型，为敢干事、能干事、干成事的干部撑腰打气。

* 黄河小浪底水利枢纽工程

第五章

守正创新

> 苟日新，
> 日日新，
> 又日新

【经典原文】

汤之《盘铭》曰："苟日新，日日新，又日新。"

——《礼记·大学》

【经典释义】

商汤的《盘铭》说："如果能够一天自新，就应保持天天自新，每日自新。"

【河南元素】

《礼记》由西汉学者戴圣编定。戴圣，西汉梁国（治今河南商丘南）人。商汤，子姓，名履，商朝的建立者。汤继位为商族领袖时，夏朝的统治者是桀。桀暴虐无道，引起民众怨恨，夏的统治风雨飘摇。商汤将商国的国都由商丘（今河南商丘睢阳区西南）迁至亳（今有河南商丘、山东曹县、河南偃师三说），顺势灭夏。《逸周书·殷祝》说"三千诸侯"大会于亳。为了警醒自己，汤在澡盆上刻了自我告诫的铭文"苟日新，日日新，又日新"，警示自己要永不满足、与日俱新，每天都有进步。

【当代启示】

"苟日新，日日新，又日新"本义是指每天洗澡除去污垢，使自己焕然一新，引申为要持之以恒地除旧图新，旨在激励自己自强不息、创新不已。"创新"一词即滥觞于此。这句简洁隽永的古语，以动态的书写，强调了不断创新的奥义，折射出不断更新自我、主动适应时代、积极推动发展的蓬勃朝气，内化为中华民族思想基因。2013年12月31日，习近平总书记在全国政协新年茶话会上指出，中华民族是具有伟大创新精神的民族，以伟大创造能力著称于世。"苟日新，日日新，又日新"，是对中华民族创新精神的最好写照。创新观念，表现于文字，深蕴在心灵，塑造着气质，决定着命运。在历史的关键节点，这样的创新意识往往会迸发出来，成为推动社会进步的强大力量。创新精神，这一中华民族鲜明的禀赋、中华文化深沉的内蕴，正是推动我们不断前行的精神力量。

> 凡益之道，
> 与时偕行

【经典原文】

《彖》曰：益，损上益下，民说无疆，自上下下，其道大光。"利有攸往"，中正有庆。"利涉大川"，木道乃行。益动而巽，日进无疆。天施地生，其益无方。凡益之道，与时偕行。

——《周易·益》

【经典释义】

《彖辞》说：益，减损上而增益于下，减轻赋役，老百姓喜悦无穷。君上深入民间自上而居下，体察民意，他的道义盛大光明。"利于有所往"，居中得正而有吉庆。"利于涉越大河"，有木舟渡水，平安而行。益内卦动（震）而外卦顺（巽），日日增进无穷。天施（阳气）而地生万物，其效益无穷无尽。凡增益之道，皆与时并行。

【河南元素】

《周易》是周文王拘于羑里（今河南汤阴北）时，根据伏羲八卦推演得出。伏羲，即太昊，或称黄熊氏，为三皇五帝之首，中华神话中人类的始祖。相传伏羲有神圣之德，团结统一了华夏，定都陈地（今河南周口淮阳）。伏羲所创的八卦中所蕴含的"天人谐和"的整体性、直观性的思维方式和辩证法思想，是中华文化的原点。太昊伏羲陵庙是中国十八大名陵之首，被誉为"羲皇故都"。太昊陵庙会是一种古老的传统民俗及民间宗教文化活动，曾被吉尼斯总部授予"全球单日参拜人数最多的庙会"。

【当代启示】

"凡益之道，与时偕行"，这句话的意思是，变通趋时，把握时机，做出适于时代需要的判断和选择。习近平主席多次在外交场合引用这句话。2015年12月16日，习近平主席在第二届世界互联网大会开幕式上指出，"凡益之道，与时偕行"。互联网虽然是无形的，但运用互联网的人们都是有形的，互联网是人类的共同家园。当今世界正在发生深刻复杂的变化，和平、发展、合作、共赢的时代潮流更加强劲，国际社会日益成为你中有我、我中有你的命运共同体。人类只有一个地球，各国共处一个世界。面对"世界怎么了、我们怎么办"的世界之问，各国应该顺应时代发展的新变化新趋势，从人类的根本利益出发，深入思考"人类从哪里来、现在在哪里、将到哪里去"的基本问题，加强沟通、扩大共识、深化合作，共同构建人类命运共同体。

> 穷则变，
> 变则通，
> 通则久

【经典原文】

神农氏没，黄帝、尧、舜氏作。通其变，使民不倦，神而化之，使民宜之。《易》，穷则变，变则通，通则久。是以自天祐之，吉无不利。黄帝、尧、舜垂衣裳而天下治，盖取诸《乾》《坤》。

——《周易·系辞下》

【经典释义】

神农氏去世后，黄帝、唐尧、虞舜前后被推为共主。他们通达事物的变化，使民众快乐而不疲倦，用高明神奇的方法教化了万民，使民众感到适宜。《易经》的道理是：事物发展到了极点就要发生变化，变化就能通达，通达就能保持长久。所以，自会得到天的保佑，吉祥而无不利。黄帝、唐尧、虞舜垂衣拱手无为便天下大治，这大概是取法《乾》《坤》的卦理而来的。

【河南元素】

《帝王世纪》云："或言（新郑）县故有熊氏之墟，黄帝之所都也。"《括地志》云："郑州新郑县，本有熊氏之墟也。"黄帝开创了真正的大同社会。据成书于初唐年间的现存最完整的黄帝传记《轩辕黄帝传》记载："耕者不侵畔，渔者不争岸，抵市不预价，市不闭鄽，商旅之人相让于财，外户不闭，是谓大同。帝理天下十五年，犹念黎庶之不理，竭聪明，进智力，以营百姓，具修德也。考其功德，而务其法教。"

【当代启示】

"穷则变,变则通,通则久"，指事物发展到了极点，就要发生变化，而变化使事物的发展不受阻塞，事物才能不断地发展。2014年9月3日，习近平总书记在纪念中国人民抗日战争暨世界反法西斯战争胜利69周年座谈会上的讲话中指出，近代中国由盛到衰的一个重要原因，就是封建统治者夜郎自大、因循守旧，畏惧变革、抱残守缺，跟不上世界发展潮流。"穷则变，变则通，通则久。"改革开放是决定当代中国命运的关键一招，也是实现中华民族伟大复兴的关键一招。古人说"明者因时而变，知者随世而制"，当前，我国改革发展形势正处于深刻变化之中，外部不确定不稳定因素增多，改革发展面临许多新情况新问题。必须准确识变、科学应变、主动求变，把解决实际问题作为制定改革方案的出发点。

生生不息

【经典原文】

生生之谓易，成象之谓乾，效法之谓坤；极数知来之谓占，通变之谓事，阴阳不测之谓神。

——《周易·系辞上》

【经典释义】

阴阳相互转化生生不灭，这就是易。主动生成各类物象就是乾；效法而助成它就是坤。能够弄清楚天地本质，预测未来，这就是占卜。能通晓事物的变化而采取行动，这就是做事。阴阳变化莫测，难以预料，这就称作神。

【河南元素】

《周易》是周文王拘于羑里（今河南汤阴北）时，推演得出。《周易》与"河图""洛书"有很大关系。《周易·系辞上》有"河出图，洛出书，圣人则之"之说，意思是黄河出河图，洛水出洛书，圣人仿照河图、洛书，创造出《易》。河图源于天上星宿，蕴含了深奥的宇宙星象密码。洛书是远古文明的产物，是一种关于天地空间变化脉络的图案。一般认为河图为体，洛书为用；河图主常，洛书主变；河图重合，洛书重分；方圆相藏，阴阳相抱，相互为用。"河图洛书"被誉为宇宙魔方。

【当代启示】

"生生不息"意思是事物的变化和新生事物的产生没有终止。2014年10月15日，习近平总书记在文艺工作座谈会上的讲话中指出，在几千年的历史流变中，中华民族从来不是一帆风顺的，遇到了无数艰难困苦，但我们都挺过来、走过来了，其中一个很重要的原因就是世世代代的中华儿女培育和发展了独具特色、博大精深的中华文化，为中华民族克服困难、生生不息提供了强大精神支撑。文化是民族生存和发展的重要力量。人类社会每一次跃进，人类文明每一次升华，无不伴随着文化的历史性进步。中华文明之所以绵延5000多年而不绝，一个重要原因是中华优秀传统文化的支撑。文化无形，却有强大的韧性和顽强的生命力。文化自信是一个国家、一个民族发展中最基本、最深沉、最持久的力量，必须坚定文化自信，传承和弘扬中华优秀传统文化。

东施效颦

【经典原文】

故西施病心而矉其里，其里之丑人见之而美之，归亦捧心而矉其里。其里之富人见之，坚闭门而不出；贫人见之，挈妻子而去走。彼知矉美，而不知矉之所以美。

——〔战国〕庄子《庄子·天运》

【经典释义】

所以从前西施心口痛，皱着眉头走在村子里。村中有一个长得丑的人看见了，觉得西施这样做很美，回家后也捂着心口、皱着眉头走在村子里。村中富人看见了她，紧紧地关着大门不出去；穷人看见了她，带着妻子儿女赶快躲开。她只知道皱着眉头很美，却不知道皱眉头美的原因。

【河南元素】

这个典故出自《庄子·天运》，后人据此典故提炼出成语"东施效颦"。庄子（约前369—前286），名周，宋国蒙（今河南商丘东北）

人,战国时哲学家、文学家。孔子周游列国,要到卫国去。他的学生颜回去问鲁国的太师金:"我的老师这次去卫国游说怎么样?"太师金认为,礼仪法度都是顺应时代而有所变化的东西。他举例子说,在水上划行没有什么比得上船,在陆地上行走没有什么比得上车。古今的不同不就像是水面和陆地的差异,一心想用治理周王室的办法来治理当今的社会,这就如同在陆地上推船而行一样,必然是徒劳而无功的。如今捕捉到猿猴给它穿上周公的衣服,衣服必定会被咬碎或撕裂。观察古今的差异,就像猿猴不同于周公。最后,他讲了"东施效颦"的故事,并告诉颜回说,可惜呀,你的老师到卫国去很快就要陷入困境了。

【当代启示】

"东施效颦"比喻脱离实际情况一味去模仿别人,不但模仿不好,反而出丑露怯。习近平总书记多次使用这个典故。2014年12月31日,他在全国政协新年茶话会上强调,我们的事业是全新的事业,在前进的道路上,既不能因循守旧、墨守成规,也不能罔顾国情、东施效颦。我们要坚定不移走好走稳自己的路。当前,世界百年未有之大变局加速演进,新一轮科技革命和产业变革深入发展,国际力量对比深刻调整,我国发展进入战略机遇和风险挑战并存、不确定难预料因素增多的时期。推进党和国家各项工作,必须坚持问题导向,倾听人民呼声,不能照搬照抄。我们要坚持求真务实、真抓实干,积极适应国际国内形势新变化,准确把握规律,紧紧依靠人民,奋发有为,走好中国式现代化之路。

亦步亦趋

【经典原文】

夫子步亦步,夫子趋亦趋,夫子驰亦驰,夫子奔逸绝尘,而回瞠若乎后矣!

——〔战国〕庄子《庄子·田子方》

【经典释义】

先生缓步我也缓步,先生急走我也急走,先生奔跑我也奔跑,先生脚不沾地飞奔,而我只能瞠大眼睛在后面看了!

【河南元素】

庄子,战国时宋国蒙(今河南商丘东北)人。《庄子·田子方》是以人名为篇名,与篇义无关。田子方,名无择,字子方,魏国人,魏文侯的友人,拜孔子学生子贡为师,于道德学问闻名于诸侯。这一篇由十多个小故事构成。"亦步亦趋"出自颜渊与孔子的对话,本篇中还有一个孔子拜见老聃的故事。孔子问刚洗完头发的老聃,什么是神游大道之情形。老聃对道作了系统表述。在老聃看来,天地阴阳"交通成和"而生万物，万物处于死生转化的无限过程，万物统一，神游大道则为至美至乐，则为至人之德，至人之德为本性自存，不假修为。孔子见老聃后，出来对颜回赞叹道："我对于道的认识，就如同醋瓮中的飞虫般渺小。没有先生揭开我之蒙蔽，我就不知道天地大全之理啊！"真正的道哪里是亦步亦趋可以悟出的！

【当代启示】

人们常用"亦步亦趋"比喻没有主见，处处追随模仿的意思。2016年11月11日，习近平总书记在纪念孙中山先生诞辰150周年大会上指出，古今中外的历史都告诉我们，世界上没有一个民族能够亦步亦趋走别人的道路实现自己的发展振兴，也没有一种一成不变的道路可以引导所有民族实现发展振兴。创业有两条路径，一是创新，一是模仿。走模仿的路或许会省事一些，见效快一些，但既然是模仿，是跟在别人后面亦步亦趋、有样学样，因此很难超过别人。创新之路虽然艰难一些，见效也会慢得多，甚至可能会失败，但一旦走出一条创新之路，就拥有了核心竞争力，就有了战胜对手的资本，就可能迅速发展壮大。所以，与其亦步亦趋，不如改革创新，走出自己的成功之路。

邯郸学步

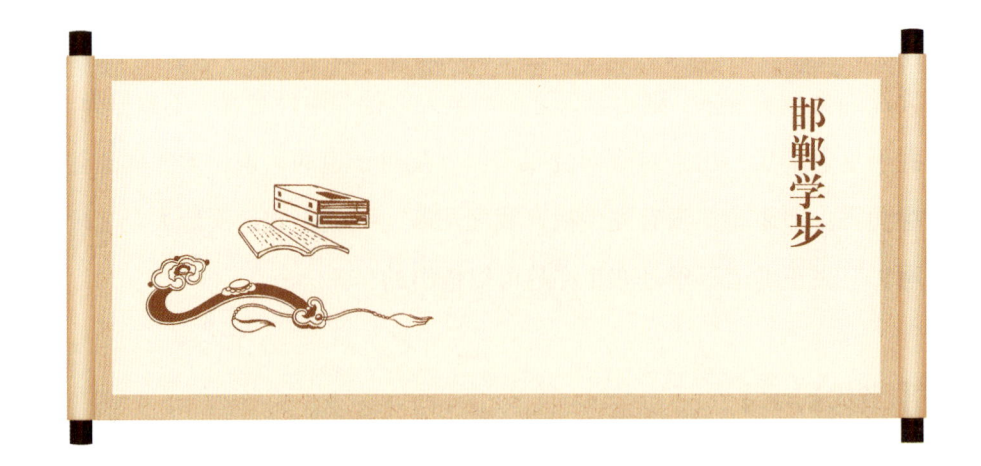

【经典原文】

且子独不闻夫寿陵余子之学行于邯郸与?未得国能,又失其故行矣,直匍匐而归耳。

——〔战国〕庄子《庄子·秋水》

【经典释义】

而且你没有听说过燕国寿陵的小子到赵国邯郸去学习走路的事吗?没有学到赵国人走路的方法,又丢掉了他原来走路的本领,只好爬着回去了。

【河南元素】

庄子,战国时宋国蒙(今河南商丘东北)人。庄子是个非常喜欢讲故事的人,他总是把深刻的道理蕴藏在有趣的故事中,让人在开怀一笑中豁然开朗。邯郸学步说的是,燕国寿陵有个青年,听说赵国邯郸人走路不紧不慢,姿势优美,风度翩翩,就决定前去学习。他不辞辛苦,跋山涉水,来到心驰神往的邯郸。大街上人来人往,每一个人走起路来都那么潇洒雅致、清新飘逸。这个年轻人就紧跟在别人后面学习。别人迈左脚，他就学着迈左脚；别人迈右脚，他就学着迈右脚。由于过于紧张，过于心切，他很快就迈错了脚步。学了几天怎么也没有学会，反而引来邯郸人的围观和嘲笑。最终，这个寿陵青年把自己原来怎么走路也忘记了，只好一路爬行回到寿陵。

【当代启示】

"邯郸学步"讲的是走路，走路如此，国家发展也是这样。"冷战"结束后，不少发展中国家被迫采纳了西方模式，结果党争纷起、社会动荡、人民流离失所，至今都难以稳定下来。2013年1月5日，习近平总书记在新进中央委员会的委员、候补委员学习贯彻党的十八大精神研讨班开班式上发表重要讲话，主题是毫不动摇坚持和发展中国特色社会主义，在实践中不断有所发现、有所创造、有所前进。他在讲话中强调，我们千万不能"邯郸学步，失其故行"。实践证明，中国特色社会主义是我国发展的唯一正确道路。我们既不能搞全盘苏化，也不能搞全盘西化或者其他什么化。必须坚持马克思主义中国化，以中国式现代化推进中华民族伟大复兴。

盘古开天

【经典原文】

天地浑沌如鸡子,盘古生其中。万八千岁,天地开辟,阳清为天,阴浊为地,盘古在其中。一日九变,神于天,圣于地,天日高一丈,地日厚一丈,盘古日长一丈。如此万八千岁。天数极高。地数极深。盘古极长。

——〔三国·吴〕徐整《三五历记》

【经典释义】

天和地浑浑沌沌像个鸡蛋一样,盘古就生在其中。过了一万八千年,天地分开了,轻而清的阳气上升为天,重而浊的阴气下沉为地,盘古在天地中间。盘古一天有多次变化,比天地都要神圣,天每日升高一丈,地每日增厚一丈,盘古也每日长大一丈。这样又过了一万八千年,天升得非常高,地沉得非常深,盘古长得极其高大。

【河南元素】

盘古是中国神话体系中最古老的神,长期流传在人们口头,直到三国时期才被徐整所创作的《三五历记》记录下来。

桐柏山是盘古文化的起源地。桐柏山区流传着这样的传说：盘古出生于一枚龙蛋，由应龙抚育出生。2005年5月，桐柏县被中国民间文艺家协会正式命名为"中国盘古之乡"。泌阳县的盘古山系桐柏山余脉，也有传说盘古在这里开天辟地、繁衍人类、造化万物。2005年12月，泌阳县被中国民间文艺家协会正式命名为"中国盘古圣地"。2008年6月，盘古神话被国务院批准列入第二批国家级非物质文化遗产名录。

【当代启示】

2018年3月20日，习近平总书记在第十三届全国人民代表大会第一次会议上的讲话中引用"盘古开天"，阐明中国人民勇于追求和实现梦想的执着精神。盘古开天，开辟了人类社会的文明发展之路。盘古干的是开天辟地的历史伟业。盘古开天的神话故事，反映的是勇于创造、持之以恒，牺牲奉献，为民造福的精神。我们应该弘扬盘古开天精神，始终为人民利益和幸福而努力奋斗。

女娲补天

【经典原文】

然则天地亦物也,物有不足,故昔者女娲氏炼五色石以补其阙,断鳌之足以立四极。其后共工氏与颛顼争为帝,怒而触不周之山,折天柱,绝地维,故天倾西北,日月辰星就焉;地不满东南,故百川水潦归焉。

——〔战国〕列御寇《列子·汤问》

【经典释义】

然而天地也是事物,事物总有不足,所以从前女娲氏烧炼五色石来修补天地的残缺,斩断鳌的脚来支撑四方。这之后,共工氏与颛顼争帝,一怒之下,撞着不周山,折断了支撑天空的巨柱,断绝了维系大地的巨绳;结果天穹倾斜向西北方,日月星辰在那里就位;大地向东南方下沉,百川积水向那里汇集。

【河南元素】

列御寇,相传为战国时郑国圃田(今河南郑州)人。列子是介于老子与庄子之间道家学派承前启后的重要传承人物。创立了先秦贵虚学派（列子学），对后世哲学、美学、文学、科技、养生、乐曲、宗教影响非常深远。列子聚徒讲学，弟子甚众，隐居郑国四十年，不求名利。相传女娲在河南西华"抟泥为人，化育万物，炼石补天，造福黎民"。西华被誉为"娲皇故都"，现有女娲城等相关遗迹。1986年，位于西华县城北聂堆镇思都岗村的女娲城被定为河南省省级文物保护单位。

【当代启示】

2018年3月20日，习近平总书记在第十三届全国人民代表大会第一次会议上的讲话中引用"女娲补天"，阐明中国人民勇于追求和实现梦想的执着精神。女娲补天的神话故事，展示了女娲非凡的勇气和智慧，寄托了古代劳动人民希望战胜自然，过上美好生活的愿望。全面建设社会主义现代化国家，以中国式现代化推进中华民族伟大复兴，是一场新的长征。前进征程上，我们面临着许多前所未有的困难和挑战，必须大力弘扬女娲补天的精神，以守正为根基，以创新为动力，书写属于我们的辉煌。

伏羲画卦

【经典原文】

古者包牺氏之王天下也，仰则观象于天，俯则观法于地。观鸟兽之文与地之宜，近取诸身，远取诸物，于是始作八卦，以通神明之德，以类万物之情。

——《周易·系辞下》

【经典释义】

古时包牺氏治理天下，仰头就观察天空的星象，俯首便察看大地的纹理。观察鸟兽花纹同大地的合宜，近的就取象于人体的各部分，远的就取象于万物的诸形象，于是创作出八卦，用来沟通领会天地造化的用意，用来衡量区别万物的情状。

【河南元素】

包牺氏即伏羲。"伏羲"在古籍中有许多写法，除"伏羲"（《庄子·人间世》）外，还有"伏戏"（《庄子·大宗师》）、"伏牺"（《法言·问题》）、"包牺"（《周易·系辞下》）、"宓犠"（《汉书·古今人表》）、"庖牺"（《水经注·渭水》）、"虙羲"（《管子·封禅》）等。写法不同，皆为同音相转。据传说，伏羲定都陈地（今河南淮阳），并在此推演八卦。今天的淮阳有著名的七台，伏羲画卦台为七台之首。其他六台分别是神农五谷台、孔子弦歌台、狄青梳洗台、苏辙读书台、秋胡台、紫荆台。伏羲画卦台是传说中伏羲创画八卦、分姓氏、制嫁娶、充庖厨、教民畋渔的古遗址，又名八卦坛，位于淮阳城北一里的龙湖中，台呈龟形，环台皆水，只有西南有小路通行。

【当代启示】

2018年3月20日，习近平总书记在第十三届全国人民代表大会第一次会议上的讲话中引用"伏羲画卦"，阐明中国人民勇于追求和实现梦想的执着精神。伏羲画卦的神话故事，源于人们对宇宙起源的追索和想象。八卦饱含人们对天地自然的敬畏，是通过观察天地万物创造出的认识万物的全新思维方式。人们通过八卦把握宇宙万物的运行规律，然后根据规律而行事。伏羲画卦启示我们既要坚守传统价值，如对自然的敬畏，又要积极创新，在各领域开创未来。

* 兰考焦裕禄纪念园

第六章 选贤举能

> 宰相必起于州部，
> 猛将必发于卒伍

【经典原文】

故明主之吏，宰相必起于州部，猛将必发于卒伍。夫有功者必赏，则爵禄厚而愈劝；迁官袭级，则官职大而愈治。夫爵禄大而官职治，王之道也。

——〔战国〕韩非《韩非子·显学》

【经典释义】

所以英明的君主任用官吏，宰相必定是从州部那样的地方基层官吏中提拔上来的，勇猛的将军必定是从士兵队伍中挑选出来的。有功劳的人一定给予奖赏，那么爵位愈高、俸禄愈多就愈能勉励到受赏的人；逐级提升官职，那么官职愈大，任职的人治理成效就愈好。用高爵厚禄大官要职来促使官员出色地完成自己的本职工作，这就是称王天下的途径。

【河南元素】

韩非，战国末韩国新郑（今河南新郑）人。史载，韩非口吃，不善言谈，但长于著述，下笔汹涌，鞭辟入里，语言简洁，生动活泼。所著《韩非子》是法家学派的代表著作，共分55篇，《显学》是其中一篇，主要讨论了当时社会上的显学——儒家与墨家，并对两者的学说进行了深入剖析。韩非子通过列举儒墨两家的代表人物及其学说分歧，指出两者虽都自称为真孔、墨或真尧、舜，但实际上取舍不同，难以判定真伪。他强调，无参验而必之者愚，弗能必而据之者诬，明主不应受愚诬之学。此外，《显学》还体现了韩非子的法治思想，他反对儒家的"仁义"治国理念，认为法治和秩序才是实现社会稳定和繁荣的关键。韩非子主张君主应通过建立健全的法制和制度来管理国家，而不是依赖个人的魅力或道德影响力。

【当代启示】

2013年3月19日，国家主席习近平在对俄罗斯、坦桑尼亚、南非、刚果共和国进行国事访问并出席金砖国家领导人第五次会晤前夕，在人民大会堂接受了中外记者的联合采访。在回答巴西《经济价值报》记者提出的问题时，习近平主席引用了"宰相必起于州部，猛将必发于卒伍"，说明中国干部的遴选机制和自己丰富的基层经历，强调国家选用人才，特别是任命高层的官员和将领，一定要从有基层实际工作经验的人中选拔，否则处理政务就可能谈优务劣，领兵作战就可能纸上谈兵，耽误国家大事。干部有了丰富的基层经历，知道人民需要什么，就能更好地树立群众观点，更好地为人民服务，切实做到从群众中来到群众中去。

尚贤者,政之本也

【经典原文】

是故子墨子言曰:"得意,贤士不可不举;不得意,贤士不可不举。尚欲祖述尧舜禹汤之道,将不可以不尚贤。夫尚贤者,政之本也。"

——〔战国〕墨子《墨子·尚贤上》

【经典释义】

所以墨子说:"顺境的时候,不可不选用贤士;逆境的时候,同样不可不选用贤士。如果想遵循尧舜禹汤的治国之道,就不能不崇尚贤才。崇尚贤才是为政的根本。"

【河南元素】

墨子,战国初期宋国(都今河南商丘南)人,一说鲁阳(今河南鲁山)人,或说滕国(今山东滕州)人。墨子认为,贤能之士是国家治理的关键,只有让贤能之士担任官职,才能确保国家的繁荣和人民的幸福。同时,墨子也强调贤能之士的选拔应该打破血统和身份的界限,从各阶层中选拔真才实学之人。墨子在《尚贤》中提到,古代圣王如尧舜等都实行禅让制度，通过选拔贤能之士来继承王位。陶唐氏的尧让位给有虞氏的舜，舜让位给夏后氏的禹，尧舜禅让的典故成为墨子尚贤思想的重要来源之一。这些禅让故事都发生在中原地区。

【当代启示】

2013年10月21日，习近平总书记在北京出席欧美同学会成立100周年庆祝大会，并发表重要讲话。他在阐明国家对待广大留学人员的方针政策时，引用了"尚贤者，政之本也"这句名言，说明发展的中国需要更多海外人才，开放的中国欢迎来自世界各地的英才。"尚贤"是指尊重有才德的人，并选拔他们来担任官职，参与国家的治理。墨子的尚贤思想在当时社会产生了深远的影响，它打破了世袭贵族的特权地位，为平民阶层争取政治权力提供了理论依据，促进了社会的公平和正义。在当今社会，墨子的尚贤思想仍然具有重要的启示意义，它提醒我们要重视人才的作用和价值，国家的繁荣和发展需要有力的人才保障。

> 为治之要，莫先于用人

【经典原文】

为治之要，莫先于用人，而知人之道，圣贤所难也。

——〔北宋〕司马光《资治通鉴·魏纪五》

【经典释义】

治理国家的关键，没有比正确地任用人才更重要的事了。而了解和善用人才的方法，即便对于圣贤也是一件困难的事。

【河南元素】

《资治通鉴》创作于河南。司马光（1019—1086），字君实，号迂叟，陕州夏县（今属山西）人，出生于光州光山（今河南光山），北宋政治家、史学家、文学家。《资治通鉴》是司马光主持编写的一部编年体史书。他因反对王安石变法，自熙宁四年（1071）至元丰七年（1084），退居洛阳13年，潜心编纂《资治通鉴》，终于完成了这部皇皇巨著。《资治通鉴·魏纪五》主要记载了三国时期魏国的重要历史事件，具体描述了魏明帝青龙三年（235）及其前后的政治、军事动态，包括任命司马懿为太尉、皇太后郭氏去世、蜀将杨仪与魏延的纷争及后续处理，以及魏明帝大兴土木等。

【当代启示】

2013年6月28日，习近平总书记在全国组织工作会议上化用"为治之要，莫先于用人"这句话言"为政之要，莫先于用人"，强调了人在国家治理中的核心地位。人才是国家发展的核心资源，选拔与培养优秀人才是治国理政的关键。我们党历来高度重视选贤任能，始终把选人用人作为关系党和人民事业的关键性、根本性问题来抓。当代社会应高度重视人才的作用和价值，秉持公正、开放的原则，构建科学的人才评价体系，加强人才选拔与培养工作，营造良好的人才发展环境，树立科学的人才观，加强人才队伍建设，为国家的长远发展提供有力的人才保障。

> 才者,德之资也;德者,才之帅也

【经典原文】

臣光曰:智伯之亡也,才胜德也。夫才与德异,而世俗莫之能辨,通谓之贤,此其所以失人也。夫聪察强毅之谓才,正直中和之谓德。才者,德之资也;德者,才之帅也。

——〔北宋〕司马光《资治通鉴·周纪一》

【经典释义】

臣司马光说:智伯之所以灭亡,是他才大德少。本来才和德是有很大差异的,但是世人不能分辨,统称它们为"贤",这就是他们失去人才的原因。聪明、敏锐、坚强、勇毅可以称为才,端正、直率、中庸、平和可以称为德。才能是德行的凭借,德行是才能的统帅。

【河南元素】

《资治通鉴》创作于河南。这段话出自《资治通鉴》中三家分晋的故事。春秋末年,晋国大夫智宣子错误地选择了才多德少的智伯为继承人,结果导致强大的智氏家族遭致灭族之祸,赵襄子把智伯的头颅做成盛酒的漆器。晋国由此被韩、赵、魏三家列卿瓜分，"三家分晋"被视为春秋、战国的分水岭。党争失败的司马光在洛阳书斋中记述了中国历史上这次非常惨痛的教训，然后抒写了长篇议论，借古喻今，透露出他对宋朝当政的改革派的看法和对时局的担忧。司马光的人才思想是以德为先，他把人才分为四类："才德全尽谓之圣人，才德兼亡谓之愚人，德胜才谓之君子，才胜德谓之小人。"并提出发人深省的观点："凡取人之术，苟不得圣人、君子而与之，与其得小人，不若得愚人。"用人当先求有德，若才德不能两全，"宁舍才而取德"。

【当代启示】

2015年12月11日，习近平总书记在全国党校工作会议上的讲话中，引用了"才者，德之资也；德者，才之帅也"，强调领导干部应该做德才兼备的人才。司马光认为，才胜德的人对社会的危害，远比一个无才无德之人要严重得多。"才者，德之资也；德者，才之帅也"这句话强调了才能与德行之间的关系。在当代社会，这句话依然具有深刻的启示意义：才能和德行是相互依存、相互促进的，要注重培养德才兼备的人才，让才能在德行的引领下发挥更大的作用，为社会的发展和进步做出更大的贡献。

> 盖有非常之功,必待非常之人

【经典原文】

盖有非常之功,必待非常之人,故马或奔踶而致千里,士或有负俗之累而立功名。夫泛驾之马,跅弛之士,亦在御之而已。其令州郡察吏民有茂材异等可为将相及使绝国者。

——〔东汉〕班固《汉书·武帝纪》

【经典释义】

要建立非同一般的功业,必须依靠非同一般的人才。有的马狂奔踢人,却能行致千里;有的人不容于世俗,却能建立功名。这些不受驾驭的马和放纵不羁的人,也在于如何驾驭他们罢了。应令各州各郡访察官吏和百姓中那些才能优异、出类拔萃的,可担任将相及出使远方的国家的人。

【河南元素】

《汉书》创作于河南洛阳。班固在任兰台令史时,继承其父班彪遗志编撰《汉书》。《汉书·武帝纪》主要记载了汉武帝刘彻的生平事迹及其统治时期的政治、经济、军事、文化等方面的重大事件，详尽描绘了汉武帝刘彻的雄才大略与文治武功。他即位后，实施了一系列改革措施，如罢黜百家、独尊儒术，兴办太学，加强中央集权等。他非常注重人才的选拔、培养和使用，通过察举制等制度打破了世卿世禄的传统束缚，为更多有才能、有德行的人提供了施展才华的机会；他兴办太学，设立五经博士，为士人提供了学习儒家经典和接受高等教育的机会。他积极开疆拓土，派遣卫青、霍去病等将领北击匈奴，大大扩展了汉朝的疆域。在文化上，他注重礼制建设，推动诗歌、音乐等艺术的发展。汉武帝统治时期，是汉朝的鼎盛时期，为后世留下了丰富的历史遗产和深刻的文化影响。

【当代启示】

2016年11月30日，习近平总书记在中国文联十大、中国作协九大开幕式上的讲话中引用了"盖有非常之功，必待非常之人"，强调要培育、发现、珍惜和凝聚文艺人才。人是事业发展的最关键因素，无论是在科技创新、经济发展、社会治理还是文化繁荣等各个领域，要实现重大突破和非凡成就，都必须依赖那些具备特殊才能和卓越品质的人才。用开放的视野和公正的标准选拔有才能、有担当之人，为人才提供广阔的舞台，使其特殊才能和卓越品质充分发挥，以人才为支撑推动社会进步和发展。

> 古之立大事者，不惟有超世之才，亦必有坚忍不拔之志

【经典原文】

古之立大事者，不惟有超世之才，亦必有坚忍不拔之志。昔禹之治水，凿龙门，决大河而放之海。方其功之未成也，盖亦有溃冒冲突可畏之患。惟能前知其当然，事至不惧，而徐为之所，是以得至于成功。

——〔北宋〕苏轼《晁错论》

【经典释义】

自古以来凡是建立大功业的人，不仅拥有出类拔萃的才能，而且一定拥有坚韧不拔的意志。当年大禹治水，凿开龙门，疏通黄河，使河水东流入海。当他的整个工程尚未最后完成时，可能也时有决堤、漫堤、洪水泛滥等可怕的灾祸发生。只是他事先就预料到会这样，灾祸发生时没有惊慌失措而能从容处理，所以最终能够取得成功。

【河南元素】

《晁错论》创作于河南，为苏轼在宋仁宗嘉祐五年至六年（1060—1061）写就并呈于朝廷的文章之一。《晁错论》的具体写作时间有两种说法：一种说法认为该文写于宋仁宗嘉祐五年，是制科考试前所上25篇《进论》之一。宋仁宗嘉祐五年，苏东坡守孝完毕，"除服"至京，被授河南府福昌县（今河南宜阳）主簿。苏轼未赴任，经欧阳修、杨畋等推荐，寓居怀远驿，精心准备制科考试。试前，苏轼上杨畋、富弼等人25篇《进策》、25篇《进论》。苏轼所上策论词理俱佳，被推荐参加秘阁考试。另一种说法认为该作品写于嘉祐六年，是苏轼在制科考试中的一篇应试文章。

晁错（前200—前154），颍川（治今河南禹州）人，西汉政治家、文学家。汉文帝时，历任太常掌故、太子舍人、太子家令；景帝即位后，累迁至御史大夫。晁错进言削藩，剥夺诸侯王的政治特权以巩固中央集权，损害了诸侯利益，以吴王刘濞为首的七国诸侯以"诛晁错，清君侧"为名，举兵反叛。景帝听从袁盎之计，腰斩晁错于东市。

【当代启示】

2018年5月2日，习近平总书记在北京大学师生座谈会上发表重要讲话。习近平总书记引用"古之立大事者，不惟有超世之才，亦必有坚忍不拔之志"强调立志的重要性。广大青年要培养奋斗精神，做到理想坚定，信念执着，不怕困难，勇于开拓，顽强拼搏，永不气馁。成功并不仅仅依赖于非凡的才能，更重要的是拥有坚定不移的意志和毅力。只有不断追求、不懈努力，我们才能实现自己的梦想和目标。

> 治本在得人，
> 得人在审举，
> 审举在核真

【经典原文】

治本在得人，得人在审举，审举在核真，未有官得其人而国家不治者也。

——〔北宋〕司马光《资治通鉴·晋纪二十五》

【经典释义】

治国的关键在于得到人才，得到人才的关键在于审慎举荐，审慎举荐的关键在于考察核实真实情况。各级官员都由真正的人才担任而国家却得不到很好治理的情况，是未曾有过的。

【河南元素】

《资治通鉴》创作于河南。苻坚（338—385），字永固，十六国时期前秦的君主，以其雄才大略和重视人才而著称。上述这段话是苻坚召见了高泰，并询问其治国之本时高泰的回答。苻坚听后深感赞同，认为高泰的见解言简意赅，道理深远，并任命高泰为尚书郎。然而，高泰却执意请求返回原职，苻坚最终也同意了他的请求。这个故事体现了苻坚对治国之道的深刻理解和他对人才的重视，同时也展示了高泰的治国理念和谦逊态度。

【当代启示】

2018年11月26日，习近平总书记在十九届中共中央政治局第十次集体学习时的讲话中引用了"治本在得人，得人在审举，审举在核真"，强调应着力培养忠诚、干净、担当的高素质干部的原则。这一论断对现代社会的人才选拔和管理具有重要的启示意义，我们应该注重人才选拔的科学性、公正性和实用性，通过深入考察和了解人才的真实情况，把好选人用人的政治关，选拔出真正有能力、有品德的人才，为国家和组织的发展提供有力保障。

为政之要，惟在得人

【经典原文】

为政之要，惟在得人。用非其才，必难致治。今所任用，必须以德行学识为本。

——〔唐〕吴兢《贞观政要·崇儒学》

【经典释义】

治理国家最重要的事情，在于得天下英才而用之。用人不当，国家必定难以达到大治。现在任用人，必须以道德品行、学问见识为根本。

【河南元素】

吴兢，唐代汴州浚仪（今河南开封）人。"为政之要，惟在得人"这句话是唐太宗李世民关于用人之道的著名论断。唐太宗深谙"为政之要"，非常擅长识人用人，知人善任。长孙无忌，河南洛阳人，唐朝宰相，是唐太宗最倚重的大臣，名列"凌烟阁二十四功臣"之首。唐太宗临终时，长孙无忌受遗诏辅佐朝政。作为唐朝的开国元勋，长孙无忌尽力协助唐太宗、唐高宗治理朝政，为唐朝的稳定与发展立下汗马功劳。长孙无忌在唐代法制建设中起到十分重要的作用，他受诏与房玄龄颁行的《贞观律》奠定了集中国封建法典之大成的《唐律》的基础，是中国古代律学的一大杰作。

【当代启示】

2018年11月26日，中共中央政治局就中国历史上的吏治举行第十次集体学习。习近平总书记在主持学习时引用"为政之要，惟在得人"，强调吏治的重要性。这句话虽然产生于古代社会，但其蕴含的深刻思想依然对当代社会具有重要的启示意义。各级政府和组织应该高度重视人才工作，把人才作为推动经济社会发展的重要支撑；在选拔和使用人才时，应该注重德才兼备；在人才培养方面，应该注重创新和实践，使人才更加符合社会发展的需要，为推动国家治理体系和治理能力现代化提供有力的人才支撑。

> 凡用人之道,
> 采之欲博,
> 辨之欲精,
> 使之欲适,
> 任之欲专

【经典原文】

凡用人之道,采之欲博,辨之欲精,使之欲适,任之欲专。

——〔北宋〕司马光《稽古录·卷十六》

【经典释义】

用人的方法,在于广泛地吸纳选拔,精准地辨别甄选,委派合适的任务,根据各自的专长任用。

【河南元素】

《稽古录》是司马光的一部重要历史著作,共20卷。创作《稽古录》期间司马光在河南开封、洛阳等地任职。司马光与王安石的故事,是这句话最好的注脚。司马光虽然与王安石在变法上持不同意见,但他在用人方面依然体现了"凡用人之道,采之欲博"的原则,认可王安石在财政、经济方面的才能,并推荐他担任重要职务;司马光"辨之欲精",能够精准地辨别王安石的才能和潜力,尽管他们政见不同,但司马光依然认为王安石是难得的治国人才;司马光坚持"使之欲适,任之欲专"的观点，建议朝廷给予王安石适当的职务，让他能够充分发挥自己的专长，为国家的发展做出贡献。

【当代启示】

2018年11月26日，在十九届中共中央政治局第十次集体学习时，习近平总书记引用了"凡用人之道，采之欲博，辨之欲精，使之欲适，任之欲专"，阐述官吏选拔和管理的办法。我们为事业而用人，不能凭领导者个人亲疏、个人好恶来取舍，也不能一味平衡照顾、论资排辈、降格以求，更不能把职务作为私相授受的个人资源。用错一个人特别是用错关键岗位的领导人，对一个地方、一个单位产生的负面影响是很大的。科学的用人方法，在于广泛吸纳人才，精准地识别人才，合理配置人才，明确职责和授权，构建良好的人才生态。只有广泛吸纳、精准识别、合理配置和充分授权人才，才能确保我们在激烈的竞争中立于不败之地。

任人唯贤 选贤与能

【经典原文】

任官惟贤才,左右惟其人。

——《尚书·咸有一德》

选贤与能,讲信修睦。

——《礼记·礼运》

【经典释义】

任命官员要选择有才能和贤德的人,自己的助手或下属也应该是这样的人。

把品德高尚的人和有才干的人选出来治理国家,人人讲求诚信,培养和睦的社会风尚。

【河南元素】

范蠡是春秋末年楚国宛(今河南南阳)人,他虽出身贫贱,但博学多才、文武双全。他与楚宛令文种相识、相交甚深，二人因不满当时楚国政治黑暗而一起投奔越国，之后被拜为上大夫、相国，辅佐越王勾践，是越王勾践的重要谋士。范蠡精通兵法，善于权谋，是越国军事行动的重要策划者，献策扶助越王勾践复国，兴越灭吴。功成名就之后，范蠡选择急流勇退，化姓名为"鸱夷子皮"，遨游于七十二峰之间。这期间三次经商成巨富，三散家财，被后世尊为财神、商圣、商祖。范蠡是中国历史上著名的政治家、军事家、谋略家、经济学家，司马迁高度评价范蠡为"忠以治国，勇以克敌，智以保身，商以致富"。范蠡入越正是越国"任人唯贤、选贤与能"的典范。

【当代启示】

在几千年的历史演进中，中华民族创造了灿烂的古代文明，形成了关于国家制度和国家治理的丰富思想。2019年10月31日，习近平总书记在党的十九届四中全会第二次全体会议上列举了"任人唯贤""选贤与能"这一儒家在国家治理中的用人标准。"任人唯贤""选贤与能"启示我们，在选拔任用人才时，要注重能力与品德的双重考量，打破身份和背景的局限，加强人才培养和引进工作，建立健全人才选拔和任用机制，营造尊重人才、崇尚创新的社会氛围。

> 贤良之士众,则国家之治厚;
> 贤良之士寡,则国家之治薄

【经典原文】

是故国有贤良之士众,则国家之治厚;贤良之士寡,则国家之治薄。故大人之务,将在于众贤而已。

——〔战国〕墨子《墨子·尚贤上》

【经典释义】

所以,国家拥有贤良的士人多了,国家的治理就会坚实;贤良的士人少了,国家的治理就会薄弱。所以,王公大人的主要任务,就在于聚集众多的贤良之士。

【河南元素】

墨子,战国初期宋国(都今河南商丘南)人,一说鲁阳(今河南鲁山)人,或说滕国(今山东滕州)人。《墨子·尚贤》是墨子的重要著述,体现了墨子的核心思想,主张"尚贤为政之本",即崇尚贤能是治理国家的根本。墨子认为贤人是国家之宝,应不拘一格选拔人才,强调德行、言谈、道术三者并重。他提倡打破世袭制,量才而用,给予贤人适当的权力和待遇，以激励其为国家效力。同时，墨子也重视教育在培养贤才中的作用，主张有教无类，拓宽教育对象范围。

【当代启示】

2018年11月26日，习近平总书记在中共中央政治局第十次集体学习时的讲话中引用了"国有贤良之士众，则国家之治厚；贤良之士寡，则国家之治薄"。这段话一方面强调了贤良之士在国家治理中的重要性，另一方面，也强调了贤良之士的数量对国家治理质量的直接影响。国家的兴衰在于人才。如果国家有众多的贤良人才，国家就会被治理得很好；如果国家只有很少的贤良人才，国家就会被治理得很差。无论是在古代还是现代，人才都是国家发展的重要支撑。只有选拔和重用贤能的人才，才能确保国家的长治久安和繁荣昌盛。在用人方面要打破界限，从各阶层中广泛地选拔有真才实学之人，以推动国家和社会的进步。今天，我们进行伟大斗争、建设伟大工程、推进伟大事业、实现伟大梦想，需要大量的人才。要坚持事业为上、依事择人、人岗相适，把更多优秀的人才选拔到合适的岗位上来。

> 德薄而位尊,
> 知小而谋大,
> 力小而任重,
> 鲜不及矣

【经典原文】

子曰:"德薄而位尊,知小而谋大,力小而任重,鲜不及矣。《易》曰:'鼎折足,覆公悚,其形渥,凶。'言不胜其任也。"

——《周易·系辞下》

【经典释义】

孔子说:"德行浅薄而地位尊贵,智慧浅陋而谋划大事,能力弱小而肩负重任,这样的人很少不遭遇灾难的。《易经》说:'鼎足折断,鼎里王公的美味佳肴撒了一地,鼎身沾满污物很难看,这是凶险之兆。'说的就是不能胜任。"

【河南元素】

《周易》为"五经"之首,《周易》的产生与河南有非常密切的关系,传说伏羲于宛丘(今河南淮阳)画八卦,周文王于羑里(今河南汤阴北)推演伏羲八卦为六十四卦,形成了《周易》。《周易》六十四卦各有卦象、彖辞、象辞、爻辞,另有《系辞》《彖》《象》《文言》

《说卦》《序卦》《杂卦》等。今河南境内与《周易》相关的文化遗迹颇多，主要有淮阳太昊陵、汤阴羑里城，以及"洛出书"之洛汭、"河出图"之孟津龙马负图寺等。

【当代启示】

一个人能够做什么样的事情、担负多大的责任，应该和他的德行、能力、智慧等相称。如果德不配位，那么一定会带来相应的灾祸。2018年11月26日，习近平总书记在十九届中共中央政治局第十次集体学习时的讲话中引用了"德薄而位尊，知小而谋大，力小而任重，鲜不及矣"这几句话，说明选人用人重德才，是古今中外治国理政的通则，所不同者只是德才的内涵差异而已。选人用人应注重德才兼备，大德大才才能堪当大任。德包括政治品德、职业道德、社会公德、家庭美德等，干部在这些方面都要过硬，最重要的是政治品德要过硬。用人以德为先，在德具备的同时，再看有无过硬的本领、出众的才能。

> 才有余而德不足，以至于颠覆者多矣

【经典原文】

自古昔以来，国之乱臣，家之败子，才有余而德不足，以至于颠覆者多矣，岂特智伯哉！故为国为家者，苟能审于才德之分，而知所先后，又何失人之足患哉？

——〔北宋〕司马光《资治通鉴·周纪一》

【经典释义】

自古以来，国家的乱臣贼子，家庭的败家子，才能有余而德行不足，以至倾覆灭亡的情况有很多，岂只有智伯一个人啊！因此治国理家的人，假如能够明察一个人的才能和德行的区别，而且知道德行与才能的先后关系，又何必担心有用人之失呢？

【河南元素】

司马光在河南洛阳完成了《资治通鉴》，这是一部"鉴于往事，有资于治道"的皇皇巨著，它上起周威烈王二十三年（前403），下迄后周显德六年（959）。在周威烈王二十三年，司马光记述了韩、赵、魏三家攻灭智氏家族、三家分晋的历史史实，并对智伯之亡作了评价。司马光从德与才的角度切入，就德与才的关系发表了很有见地的观点。他认为，德者才之帅，才者德之资。智伯之亡，是才胜于德。司马光总结历史经验教训，指出："君子挟才以为善，小人挟才以为恶。挟才以为善者，善无不至矣；挟才以为恶者，恶亦无不至矣。愚者虽欲为不善，智不能周，力不能胜，譬如乳狗搏人，人得而制之。小人智足以遂其奸，勇足以决其暴，是虎而翼者也，其为害岂不多哉！"司马光有关德才之关系的见解，在今天仍有借鉴意义。

【当代启示】

2018年11月26日，习近平总书记在十九届中共中央政治局第十次集体学习时引用了"才有余而德不足，以至于颠覆者多矣"这两句话，表明我们党在选人用人方面，政治标准是硬杠杠。如果政治不合格，能耐再大也不能用。政治上有问题的人，能力越强，职位越高，危害就越大。我们党对干部的一贯要求是德才兼备，"德"是对干部的政治素质、道德品质、思想作风等方面的首要要求。所谓"德"，就是要具有"忠诚、干净、担当"的品格，"心中有党、心中有民、心中有责、心中有戒"的素质，"铁一般信仰、铁一般信念、铁一般纪律、铁一般担当"的觉悟。德才兼备，以德为先，是选人用人的基本原则。在这个原则问题上，我们不能有丝毫的动摇。

各得其所

【经典原文】

日中为市，致天下之民，聚天下之货，交易而退，各得其所。

——《周易·系辞下》

【经典释义】

在中午开设集市，招来各地的民众，集聚天下的货物，互相交易之后，各自都得到了所需要的东西。

【河南元素】

《周易》是周文王拘于羑里（今河南汤阴北）时推演得出。有一个发生在河南这片土地上的"得其所"的故事，引人深思。郑国的国相子产，是个有智慧的人。一天，有人给子产送来一条活鱼。子产不忍杀生，让手下小吏把鱼拿到池子里放生，这人却把鱼拿回家自己偷偷煮吃了。第二天，子产问小吏："那鱼放生了吗？"小吏回答说："刚放水中时，鱼儿很疲惫的样子，不过很快就活泼起来，悠悠然游走了。"子产听了很高兴，说："得其所哉！得其所哉！"这个小吏给别人说:"谁说子产聪明呢?我明明把鱼吃到肚子里去了,他还连声称赞,说鱼儿去了该去的地方,真是可笑啊。"

【当代启示】

"各得其所",原指每个人都得到了满足,后指每一个人或事物都得到恰当的安置。2015年12月28日至29日,习近平总书记在中共中央政治局专题民主生活会上强调,要使各方面干部和人才各得其所,优秀干部能脱颖而出、健康成长。用人问题十分重要,诸葛亮在《出师表》中说:"亲贤臣,远小人,此先汉所以兴隆也;亲小人,远贤臣,此后汉所以倾颓也。"要坚持正确选人用人导向,匡正选人用人风气,坚持德才兼备、以德为先,坚持五湖四海、任人唯贤,突出政治标准,不断完善干部选拔制度、考核制度、监察制度,加快形成近悦远来的人才生态,真正把各方面优秀人才集聚到党和人民的伟大事业中来,让每个人才都能在合适的位置上发光发热。

登封观星台

第七章
道法自然

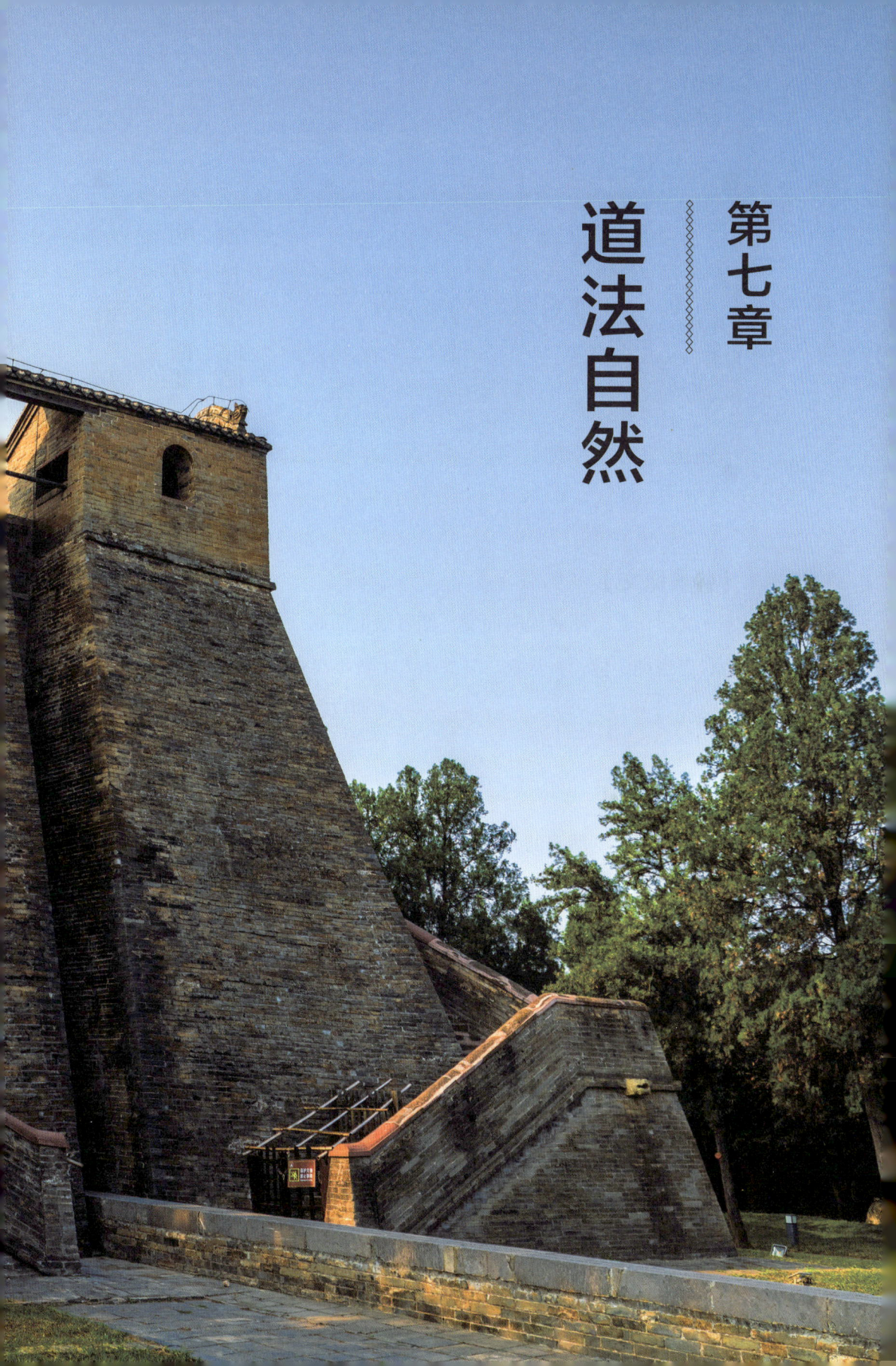

> 明者因时而变，
> 知者随世而制

【经典原文】

文学曰："明者因时而变，知者随世而制。孔子曰：'麻冕，礼也，今也纯，俭，吾从众。'故圣人上贤不离古，顺俗而不偏宜。"

——〔西汉〕桓宽《盐铁论·忧边》

【经典释义】

文学说："明智的人根据时代发展而变化，有识之士随着世道形势而重新制定策略。孔子说：'用麻布做帽子是合乎周礼的，今天改用丝绸，说这样节俭，我遵从大家的看法。'因此，圣人崇尚贤人但不远离古制，顺应习俗而不偏离时宜。"

【河南元素】

桓宽，西汉汝南郡（治今河南上蔡西南）人。所谓"忧边"，是指贤良、文学与桑弘羊就汉王朝的国防政策展开的激烈争论。桑弘羊，洛阳（今属河南）人，商人出身，是汉武帝的御史大夫，他把税收管制从初级农产品转向盐巴、铁器、白酒这些高级农产品和初级工业品，发明了这些商品的官营专卖制度，为汉武帝发动的边防战场提供财力支撑。

【当代启示】

聪明的人根据时代的变化而变化，智慧的人会随着世事的不同而采取不同的管理制度，这就是"明者因时而变，知者随事而制"的意思。2016年1月18日，习近平总书记在省部级主要领导干部学习贯彻党的十八届五中全会精神专题研讨班上的讲话引用这句话。他强调，要把适应新常态、把握新常态、引领新常态作为贯穿发展全局和全过程的大逻辑。时代在变，社会在变，世界也在变。在这个一切都在变化着的世界上，要想有所成就，不仅要付出应有的努力，而且要能够适应各种变化，根据时势变化，随时随事作出必要的调整。这样才能任凭风浪起，稳坐钓鱼船。如果因循守旧，墨守成规，不知因时而变，不懂随世而制，不仅难以有所成就，而且可能要吃大亏。

竭泽而渔

【经典原文】

　　竭泽而渔，岂不获得？而明年无鱼。焚薮而田，岂不获得？而明年无兽。诈伪之道，虽今偷可，后将无复，非长术也。

　　——〔战国〕吕不韦《吕氏春秋·孝行览·义赏》

【经典释义】

　　把池水抽干去捕鱼，哪能捉不到呢？然而第二年就没鱼了。把水少而草木茂盛的沼泽烧光了去狩猎，哪能打不到呢？然而第二年就没有野兽了。欺骗和虚假的方法，即使今天侥幸有用，以后就不可再用了，这不是长久的方法。

【河南元素】

　　吕不韦，战国时期卫国濮阳（一说今河南濮阳西南，一说今河南安阳滑县）人。春秋时期，晋文公率军在城濮与楚军对峙，他问狐偃如何战胜强大的楚军。狐偃献计用欺骗的办法。他又问雍季如何处理，雍季说用欺骗的办法就相当于把池水弄干捉鱼，到第二年就没鱼捉了，打仗还是要靠实力。晋文公用狐偃的计策打败了楚军,但在论功行赏时雍季却在狐偃之上。他说:"我们怎么能认为一时之利要比百年大计重要呢?"城濮之战后,晋军进入郑国衡雍(河南原阳西,当时在黄河南岸),并在践土(距衡雍较近,当时在黄河南岸,在河南花园口黄河北岸)修筑王的行宫,向周襄王献俘。周襄王策命晋文公为"侯伯"。晋文公要求诸侯"皆奖王室,无相害也。有渝此盟,明神殛之,无克祚国"。晋文公在"尊王"的旗帜下,顺理成章地登上了霸主宝座。

【当代启示】

2014年10月15日,习近平总书记在文艺工作座谈会上指出,人类文艺发展史表明,急功近利,竭泽而渔,粗制滥造,不仅是对文艺的一种伤害,也是对社会精神生活的一种伤害。文艺事业有其自身的发展规律,要遵循规律,尊重人才。繁荣文艺创作、推动文艺创新,需要大批德艺双馨的文艺名家,文艺名家的成长不是一蹴而就的事情,不能急功近利,要根据文艺人才成长的自身特点采取有针对性的举措,努力造就一批有影响力的各领域文艺领军人物,建设一支宏大的文艺人才队伍。"竭泽而渔"告诫我们在各个方面都要摒弃短视行为,以长远的眼光、可持续的方式来处理问题,才能实现真正的繁荣和发展。

> 万物并育而不相害，道并行而不相悖

【经典原文】

万物并育而不相害，道并行而不相悖。小德川流，大德敦化，此天地之所以为大也。

——《礼记·中庸》

【经典释义】

万物一起生长而不互相残害，道在一起施行而不相违背。小德如江河，川流不息，大德敦厚，化育万物。天地之所以伟大，就在于此。

【河南元素】

《礼记》由西汉学者戴圣编定。戴圣是西汉梁国（治今河南商丘南）人。"万物并育而不相害"体现的是中和思想。这一思想可以追溯到黄帝。尚和精神，崇尚和平、和睦与和谐，是黄帝文化的重要内容。《巾几铭》中记述有"予居民上，摇摇恐夕不至朝，惕惕恐朝不及夕。兢兢栗栗，日慎一日"。黄帝始终致力于建设和谐的君民关系，和周边部落施行亲和之策，遂"置左右大监，监于万国，万国和"。

黄帝"以人为本，中和大同"的思想理念，时至今日仍是中华民族无数仁人志士所追求的治世理念。

【当代启示】

2017年12月1日，习近平总书记在中国共产党与世界政党高层对话会上引用了"万物并育而不相害，道并行而不相悖"。他说，文明的繁盛、人类的进步，离不开求同存异、开放包容，离不开文明交流、互学互鉴。历史呼唤着人类文明同放异彩，不同文明应该和谐共生、相得益彰，共同为人类发展提供精神力量。万事万物各有各的生存之道，各有各的存在理由。既然共同生活在这个世界上，就要有开放包容的心态，各美其美，美人之美，美美与共，让世界洋溢着爱，充溢着爱，让人类的生活多些欢乐、多些笑声。

游刃有余

【经典原文】

彼节者有间,而刀刃者无厚。以无厚入有间,恢恢乎其于游刃必有余地矣。

——〔战国〕庄子《庄子·养生主》

【经典释义】

那牛的骨节之间有间隙,而刀刃几乎没有厚度。用很薄的刀刃插入有空隙的骨节,宽宽绰绰,刀刃的运转必然是有余地的。

【河南元素】

庄子,战国时宋国蒙(今河南商丘东北)人。以上经典原文出自庖丁解牛的故事。庖丁为文惠君解牛时,进刀时霍霍的,没有不合音律的,文惠君赞叹其技艺之妙。庖丁说,我追求的是道,已经不是一般的技术了。我凭精神和牛接触,依照牛生理上的天然结构,砍入牛体筋骨相接的缝隙,顺着骨节间的空处进刀。依照牛体本来的构造,筋脉经络相连的地方和筋骨结合的地方,尚且不曾拿刀碰到过,更何况大骨呢？我的刀用了十九年，所宰的牛有几千头了，但刀刃锋利得就像刚在磨刀石上磨好的一样。那牛的骨节之间有间隙，而刀刃很薄。用很薄的刀刃插入有空隙的骨节，宽宽绰绰，那么刀刃的运转必然是有余地的。文惠君听后说："好啊！我听了庖丁的这番话，懂得了养生的道理了。"

【当代启示】

2014年9月9日，习近平总书记同北京师范大学师生代表座谈时指出，知识储备不足、视野不够，教学中必然捉襟见肘，更谈不上游刃有余。"游刃有余"，形容做事熟练，轻松利落，解决问题丝毫不费力。事实上，能做到游刃有余，是因为顺应了自然规律。世界上万事万物，看起来纷繁复杂，千头万绪，实际上都有其内在的客观规律，需要在实践中认真观察，深入思考，才能把握住。文惠君能从庖丁一席话中悟出养生的道理，在于他领悟了无论干什么事情都需要把握规律、遵循规律。规律是一种客观存在，必须认识到，只有按照规律去办，做事才能得心应手，"恢恢乎其于游刃必有余地"。

实事求是

【经典原文】

修学好古，实事求是。

——〔东汉〕班固《汉书·河间献王传》

【经典释义】

研究学业，喜好古典，根据实证，求索真知。

【河南元素】

《汉书》创作于河南。班固在《汉书》中用"修学好古，实事求是"形容河间献王刘德。刘德是汉景帝刘启之子、汉武帝刘彻同父异母的兄长，在景帝二年（前155）被封为河间王。刘德好儒术，生平致力于搜求古书。他本着"实事求是"的原则对待前代文献，网罗儒生搜集整理先秦古书《尚书》《论语》《孟子》《老子》《礼记》等十一种，为先秦古籍的流传作出了重要贡献。班固对刘德这种对待学问和文献的态度给予了赞赏，称赞他"修学好古，实事求是"。

【当代启示】

2014年10月15日，习近平总书记在文艺工作座谈会上强调，把好文艺批评的方向盘，运用历史的、人民的、艺术的、美学的观点评判和鉴赏作品，在艺术质量和水平上敢于实事求是。"实事求是"，意思是根据实证，求索真理，现多用于指按照实际情况办事，不夸大不缩小。唐代学者颜师古在给"实事求是"作注时写道："务得事实，每求真是也。"意思是说必须以事实为根据，以求得正确的结论。1941年，毛泽东依据革命实践的需要，发表了《改造我们的学习》，其中借用了"实事求是"一词，并予以新的阐释："'实事'就是客观存在着的一切事物，'是'就是客观事物的内部联系，即规律性，'求'就是我们去研究。"实事求是指从实际对象出发，探求事物的内部联系及其发展的规律性。中国共产党在长期的革命实践中，确立了一条辩证唯物主义的思想路线，即一切从实际出发，理论联系实际，实事求是，在实践中检验真理和发展真理。实践证明，什么时候坚持实事求是，党的事业就兴旺发达；什么时候背离实事求是，党的事业就遭遇挫折。所以，前进征程上我们一定要坚持实事求是。

> 上善若水，水善利万物而不争

【经典原文】

上善若水，水善利万物而不争，处众人之所恶，故几于道。居善地，心善渊，与善仁，言善信，正善治，事善能，动善时。夫唯不争，故无尤。

——〔春秋〕老子《道德经》第八章

【经典释义】

至高的品性就像水一样，水善于滋润万物而不与万物相争，停留在众人都不喜欢的地方，所以最接近于"道"。居于低洼的地方，心胸保持深邃，待人真诚友爱，说话恪守信用，为政实现太平，处事发挥所长，行动把握时机。正是因为不争，所以没有过失。

【河南元素】

老子，春秋末年楚国苦县（今河南鹿邑）厉乡曲仁里人。鹿邑县城内东北隅有一高台老君台。这座高台原来叫作升仙台、拜仙台。宋真宗大中祥符七年（1014）老子被追封为"太上老君混元上德皇帝"，所以高台改称老君台。老君台以古式大砖堆砌，由二十四个平面围成圆柱形，台上环筑七十厘米高的围墙，形与城墙相似。台上有正殿三间，东西配殿各一间。正殿内原有老子铜像一尊，高两米许，铸工精巧。殿门檐下东西各嵌一碑，上书"道德真源""犹龙遗迹"。

【当代启示】

2014年11月10日，习近平主席在亚太经合组织第二十二次领导人非正式会议欢迎宴会上致辞时化用了"上善若水，水善利万物而不争"，他说："2000多年前，老子说：'上善若水，水利万物而不争'，意思就是说最高境界的善行就像水一样涓涓细流，泽被万物。"在老子看来，水是至柔至善之物，最为人所津津称道的是"不争"。正是因为它不与人相争夺，所以天下没有人能跟它相争夺。这既是水的特点，也是每一个人都应该学习的处世哲学。"水唯能下方成海，山不矜高自及天"，做人应该像水一样，涵养谦逊低调之风，处处给人带来便利，而又能放低姿态，不张扬。

一阴一阳之谓道

【经典原文】

一阴一阳之谓道,继之者善也,成之者性也。

——《周易·系辞上》

【经典释义】

一阴一阳的交感变化就是道,传承此道就能使开创万物的善功大显,成就此道就能尽性尽命地促成万物成功化育。

【河南元素】

《周易》是周文王拘于羑里(今河南汤阴北)时推演而出。相传,伏羲创"先天易",周文王推演的《周易》为"后天易"。《周礼》中说:"(大卜)掌三《易》之法,一曰《连山》,二曰《归藏》,三曰《周易》。其经卦皆八,其别皆六十有四。""三易"有不同的说法:一说《连山》为夏之易,《归藏》为商之易。一说《连山》为伏羲之易,《归藏》为神农之易。另有一说,神农氏所创"连山易",郑玄在《易赞》中说:"《连山》者,象山之出云,连连不绝。"

轩辕氏创"归藏易",有四千三百言,多已佚失,保留下来的,只有六十四卦的卦名和爻名。《周易》是周文王在前人基础上钻研、演绎而来的,总计六十四卦,三百八十四爻,囊括了自然、天地、人文等方面的知识体系,是中华文化的源头之一。

【当代启示】

2015年1月23日,习近平总书记在十八届中共中央政治局第二十次集体学习时指出,中国人早就知道矛盾的概念,所谓"一阴一阳之谓道"。"阴""阳"指事物矛盾的两个对立面,"道"指事物发展的规律。"阴""阳"两个方面、两种力量,相反相成,相互推移,这就是事物发展的规律。矛盾是普遍存在的,矛盾是事物联系的实质内容和事物发展的根本动力,人的认识活动和实践活动,从根本上说就是不断认识矛盾、不断解决矛盾的过程。问题是事物矛盾的表现形式,我们强调增强问题意识、坚持问题导向,就是承认矛盾的普遍性、客观性,就是要善于把认识和化解矛盾作为打开工作局面的突破口。要学习和掌握事物矛盾运动的基本原理,不断强化问题意识,积极面对和化解前进中遇到的矛盾。

量腹而食，度身而衣

【经典原文】

子墨子谓公尚过曰："子观越王之志何若？意越王将听吾言，用我道，则翟将往，量腹而食，度身而衣，自比于群臣，奚能以封为哉？抑越不听吾言，不用吾道，而吾往焉，则是我以义粜也。钧之粜，亦于中国耳，何必于越哉？"

——〔战国〕墨子《墨子·鲁问》

【经典释义】

墨子对公尚过说："你看越王的心志是如何的呢？如果越王听我的言论，采纳我的学说，那么我愿意前去。要根据自己的食量来吃饭，比量自己的身体来穿衣，把自己看得和群臣一样，怎么能因为有封地才去呢？如果越国不听我的言论，不采纳我的学说，我去了，就是我把'义'出卖了。同样是出卖'义'，在中原地区就好了，又何必到越国去呢？"

【河南元素】

墨子，战国初期宋国（都今河南商丘南）人，一说鲁阳（今河南鲁山）人，或说滕国（今山东滕州）人。《鲁问》是《墨子》里的一篇文章，记载了墨子与诸侯、弟子等人的对话，文中多处阐述"兼爱""非攻"的主张。比如，魏越问墨子见诸侯说什么，墨子答道，到了一个国家，选择最重要的事情进行劝导。假如一个国家昏乱，就告诉他们尚贤尚同的道理；假如一个国家贫穷，就告诉他们节用节葬；假如一个国家喜好声乐、沉迷于酒，就告诉他们非乐非命的好处；假如一个国家荒淫、怪僻、不讲究礼节，就告诉他们尊天事鬼；假如一个国家以欺侮、掠夺、侵略、凌辱别国为事，就告诉他们兼爱、非攻的益处。所以说，要量腹而食，度身而衣，根据自身情况来具体分析，选择最重要的事情进行劝导。

【当代启示】

"量腹而食，度身而衣"这句话在中国特色社会主义新时代具有重要的启示意义。中国立足自身国情，解放思想、锐意进取，创造了改革开放和社会主义现代化建设的伟大成就，经济总量跃居世界第二。实践证明，中国特色社会主义道路是适合中国国情的唯一正确道路，我们必须坚定不移地走中国特色社会主义道路，坚持以中国式现代化推进中华民族伟大复兴。

揠苗助长

【经典原文】

宋人有闵其苗之不长而揠之者,芒芒然归,谓其人曰:"今日病矣,予助苗长矣。"其子趋而往视之,苗则槁矣。

——〔战国〕孟子《孟子·公孙丑上》

【经典释义】

宋国有个人担忧他的禾苗不长而把禾苗往上拔了拔,一天下来十分疲劳地回到家,对他的家人说:"今天可把我累坏了!我帮助禾苗长高了!"他的儿子赶快跑去看禾苗,禾苗却都枯萎了。

【河南元素】

孟子讲的"揠苗助长"的故事发生在春秋战国时期的宋国,即今河南商丘南。孟子所说的"宋人",是指宋国人。宋国是周朝的一个诸侯国,国都商丘。武王伐纣,商朝覆亡。按照分封制的礼法,国家虽然覆亡,胜利者仍然不能让以前的贵族宗祀灭绝。周武王分封诸侯,封纣王的儿子武庚于殷,以奉其宗祀。武王死后,武庚叛乱,被周公平叛杀死。为了不让殷商贵族覆宗灭祀，封纣王的兄长微子启于商朝旧都商丘周围地区，建立宋国，爵位公爵，特准其用天子礼乐奉商朝宗祀。所以，微子成为周朝宋国的始祖，后世因之称为宋微子。

【当代启示】

2016年1月4日至6日，习近平总书记深入重庆港口、企业考察调研，就贯彻落实党的十八届五中全会精神和中央经济工作会议精神进行指导。习近平总书记在讲到精准扶贫时，引用"揠苗助长"这个成语。揠苗助长比喻不顾事物的发展规律，急于求成，最后事与愿违。启示我们无论干什么事情，都要遵循事物发展的内在规律，如果违背事物发展的内在规律，就可能好心办坏事。做事情要循序渐进，循着事情的发展脉络扎实推进，逐步达到目标，而不能头脑发热、急躁冒进，否则就可能欲速则不达，反而延缓事情的发展进程，甚至把事情的结果推向反面。必须清醒地认识到，很多事情都不是一蹴而就的，要一步一个脚印地干。

> 夫道不欲杂，杂则多，多则扰，扰则忧，忧而不救

【经典原文】

仲尼曰："嘻！若殆往而刑耳！夫道不欲杂，杂则多，多则扰，扰则忧，忧而不救。古之至人，先存诸己而后存诸人。所存于己者未定，何暇至于暴人之所行？"

——〔战国〕庄子《庄子·人间世》

【经典释义】

孔子说："唉！你恐怕去到卫国就会遭到杀害啊！推行大道是不宜掺杂的，杂乱了就会事绪繁多，事绪繁多就会心生扰乱，心生扰乱就会产生忧患，忧患多了也就自身难保。古时候道德修养高尚的人，总是先使自己日臻成熟方才去扶助他人。如今在自己的道德修养方面还没有什么建树，哪里还有什么工夫到暴君那里去推行大道呢？"

【河南元素】

庄子，战国时宋国蒙（今河南商丘东北）人。庄子因崇尚自由而不应楚威王之聘，仅在蒙担任过漆园吏，史称"漆园傲吏"。《史记·老子韩非列传》记载，楚威王听说庄周贤能，派遣使臣带着丰厚的礼物去请他出任楚国的宰相。庄周笑着对使臣说："千金，确是厚礼；卿相，确是尊贵的高位。您难道没见过祭祀天地用的牛吗？喂养它好几年，给它披上带有花纹的绸缎，把它牵进太庙去当祭品，在这个时候，它即使想做一头孤独的小猪，难道能办得到吗？您赶快离去，不要玷污了我。我宁愿在小水沟里身心愉快地游戏，也不愿被国君所束缚。"

【当代启示】

2016年5月17日，习近平总书记在哲学社会科学工作座谈会上，讲到坚持以马克思主义为指导时引用了"夫道不欲杂，杂则多，多则扰，扰则忧，忧而不救"。"道"是事物的本源，也是事物发展的规律，对事物发展具有规定性和引领性作用。从大的方面讲，"道"影响的是人们的世界观和方法论；从小的方面看，它影响的是人们的处世态度和行为方式。"道不欲杂"，说的是一个非常朴素的道理，"道"一旦杂驳和混乱，人们就会失去本源和方向，变得无所遵循、无所适从，故而将一事无成。哲学社会科学研究既要坚持马克思主义这一根本，更需要马克思主义的指导和引领。事关根本性和指导性，不能杂驳，不能混乱，否则就会造成各种困扰，最终则会丧失根本，失去引领，迷失方向。

> 观乎天文,以察时变;观乎人文,以化成天下

【经典原文】

刚柔交错,天文也;文明以止,人文也。观乎天文,以察时变;观乎人文,以化成天下。

——《周易·贲》

【经典释义】

刚强和柔弱相互交错,这是天体在宇宙间运行的法则;用礼乐典章教化约束,这是诗书礼乐。观察天地运行规律,以认知时节的变化;注重诗书礼乐,用教化推广于天下。

【河南元素】

为了观测日影,发现季节变化的规律,周公旦建测景台,这个台建在嵩山之南十多公里处,离禹都阳城约一公里。《周礼》上说,测景台,周迹也。"土圭之法,测土深,日景以求地中。"中国传统节气冬至、夏至、春分、秋分,都是周公旦通过在测景台的实地观测划定的。后来,郭守敬在这里建观星台,通过实地观察掌握了地球运转的规律，准确地测出二十四节气的时间，编制出当时世界上最先进的历法《授时历》。观星台不仅是我国现存最早的天文台，也是世界上现存最古老的天文遗址之一。1961年，观星台被国务院公布为第一批国家重点文物保护单位。2010年，包含观星台在内的登封"天地之中"历史建筑群被列为世界文化遗产。

【当代启示】

2018年5月18日，习近平总书记在全国生态环境保护大会上发表重要讲话，引用了"观乎天文，以察时变；观乎人文，以化成天下"这句话。中华民族向来尊重自然，热爱自然，绵延5000多年的中华文明孕育着丰富的生态文化。这些观点都强调把天地人统一起来，按大自然的规律活动。天地运行有其自身规律，这个规律不会因为尧的圣明或者桀的暴虐而改变。只有正确处理人与自然的关系，遵循天地运行的自然规律，尊重自然，热爱自然，才能达到人与自然和谐相处的状态，确保人类的永续发展。

> 人法地，
> 地法天，
> 天法道，
> 道法自然

【经典原文】

故道大，天大，地大，王亦大。域中有四大，而王居其一焉。人法地，地法天，天法道，道法自然。

——〔春秋〕老子《道德经》第二十五章

【经典释义】

所以道大，天大，地大，君王也大。天地之间有这四大，君王为四大之一。人们依据于大地而生活劳作，繁衍生息；大地依据于上天而寒暑交替，化育万物；上天依据于大"道"而运行变化，排列时序；大"道"则依据自然之性，顺其自然而成其所以然。

【河南元素】

老子，春秋末年楚国苦县（今河南鹿邑）厉乡曲仁里人，曾任周朝守藏室之史。孔子听说老子很博学，想到洛阳向他问礼，对学生南宫敬叔说："周之守藏室史老聃，博古通今，知礼乐之源，明道德之要。今吾欲去周求教，汝愿同去否？"南宫敬叔同意陪同，于是，二人一起前往东周洛阳。孔子拜见老子后回到鲁国，他的弟子们问他："先生拜访老子，可得见乎？"孔子道："见之！"弟子问："老子何样？"孔子道："鸟，我知它能飞；鱼，我知它能游；兽，我知它能走。兽可用网缚之，鱼可用钩钓之，鸟可用箭取之，至于龙，我不知它能乘风云而上九天！我今日见老子，犹如见到龙！"孔子认为老子学识渊深而莫测，志趣高邈而难知；如蛇之随时屈伸，如龙之应时变化。

【当代启示】

2018年5月18日，习近平总书记在全国生态环境保护大会上引用"人法地，地法天，天法道，道法自然"，强调中华民族向来尊重自然、热爱自然。生态文明建设是关系中华民族永续发展的根本大计，绵延5000多年的中华文明孕育着丰富的生态文化。这些生态文化同科学社会主义价值观是高度契合的。马克思、恩格斯认为，"人靠自然界生活"，人类在同自然的互动中生产、生活、发展，人类善待自然，自然也会馈赠人类。我们要从中得到启示，把天地人统一起来、把自然生态同人类文明联系起来，按照大自然规律活动，做到尊重自然、顺应自然、保护自然，与自然和谐共生。

> 天地与我并生，而万物与我为一

【经典原文】

天下莫大于秋毫之末，而大山为小；莫寿于殇子，而彭祖为夭。天地与我并生，而万物与我为一。既已为一矣，且得有言乎？既已谓之一矣，且得无言乎？

——〔战国〕庄子《庄子·齐物论》

【经典释义】

假如把整个天下缩小到比动物秋天毛发的毛尖还小，那么泰山就是小的了；假如把天下最长的寿命缩短到比夭折的婴儿还短，那么彭祖也算是短命的了。大自然造就了天地，也造就了我，我与天地万物共同存在，统一于大自然中，已浑然一体。既然已经浑然一体了，还要有我的言论吗？既然已经说了"浑然一体"，还能说我没有言论吗？

【河南元素】

庄子，战国时宋国蒙（今河南商丘东北）人。《齐物论》中有一个著名的故事。庄周在草地上睡觉，做了一个梦。他梦见自己变成了一只蝴蝶，蝴蝶在空中翩翩然飞舞着，四处游荡，快乐得忘记了自己本来的样子。庄周醒后梦境还清晰地印在脑海里。他起身看了看自己，又想了想梦中的事情，有些迷惘，竟然弄不清自己到底是庄周还是蝴蝶。这件事让庄周很有感触，他觉得人生中的梦境和真实是很难区分开的，世间万物就是这样不断变化着。庄周与蝴蝶在梦中互化，必然是在不同的心力下所产生的不同的物类及个体，这就是形身在心力的作用下从一个物类个体又转化为另一个物类个体的物化现象。

【当代启示】

2018年5月18日，习近平总书记在全国生态环境保护大会上引用"天地与我并生，而万物与我为一"，来说明人与自然是生命共同体。恩格斯说："我们不要过分陶醉于我们人类对自然界的胜利。对于每一次这样的胜利，自然界都对我们进行报复。每一次胜利，起初确实取得了我们预期的结果，但是往后和再往后却发生完全不同的、出乎预料的影响，常常把最初的结果又消除了。"必须清醒地认识到，当人类合理利用、友好保护自然时，自然的回报常常是慷慨的；当人类无序开发、粗暴掠夺自然时，自然的惩罚必然是无情的。一定要像保护眼睛一样保护自然和生态环境。

取之有度，用之有节

【经典原文】

　　夫地力之生物有大限，取之有度，用之有节，则常足。取之无度，用之无节，则常不足。生物之丰败由天，用物之多少由人，是以圣王立程，量入为出，虽遇灾难，下无困穷。

　　——〔北宋〕司马光《资治通鉴·唐纪五十》

【经典释义】

　　自然界所创造的资源是有限的，有计划地索取，有节制地消费，就会常保富足。无计划地索取，无节制地消费，就会经常不够用。物产多与寡是上天决定的，使用多少是由人决定的。所以贤明的君主制定章程，从来都是量入为出，这样即使遇到灾难，也不会陷于困难之中。

【河南元素】

　　《资治通鉴》，是由北宋司马光撰，刘攽、刘恕、范祖禹等协助编撰的。治平二年（1065），英宗任命司马光为龙图阁直学士，为皇帝讲读经史。治平三年（1066），司马光将其编写的八卷本《通志》

进呈英宗。英宗下令在崇文院（地址在今开封）设立书局，由司马光等人继续编写。神宗继位后认为其书"鉴于往事，有资于治道"，赐书名《资治通鉴》。王安石变法后，因政见不合，司马光自请离京，后退居洛阳任西京留司御史台。熙宁五年（1072）正月，《资治通鉴》书局迁至洛阳，到元丰七年（1084），历时19年《资治通鉴》终于完成。《资治通鉴》在开封开始编撰，在洛阳完成编撰。

【当代启示】

2019年4月28日，习近平主席在中国北京世界园艺博览会开幕式上讲话时强调，"取之有度，用之有节"是生态文明的真谛。良好生态本身蕴含着无穷的经济价值，能够源源不断地创造综合效益，实现经济社会可持续发展。但是，如果无序开发、粗暴掠夺，一定会遭到大自然的无情报复。要坚持"绿水青山就是金山银山"的理念，合理利用自然，友好保护自然，这样才能获得大自然的慷慨回报。

* 信阳南湾湖

第八章

修身养性

> 从善如登，
> 从恶如崩

【经典原文】

谚曰："从善如登，从恶如崩。"昔孔甲乱夏，四世而陨；玄王勤商，十有四世而兴。

——〔春秋〕左丘明《国语·周语下》

【经典释义】

谚语说："学好难如登山，学坏易似山崩。"过去孔甲扰乱夏朝，四代之后夏就灭亡了；商自玄王勤政治理，经过十四代后而兴盛。

【河南元素】

"从善如登，从恶如崩"，是周敬王十年（前510）彪傒到都城洛邑与单穆公对话所引的谚语。彪傒是卫国大夫，卫国都城在今河南濮阳。"刘文公与苌弘欲城周"的事件发生在今河南洛阳，说的是刘文公和苌弘计划大规模扩建成周作为周的都城。典故征引的人物故事——孔甲乱夏、玄王勤商均发生在今河南。孔甲是夏王朝国君，在位时都城在今河南偃师二里头附近。他在位期间，肆意淫乱，沉湎于歌舞美酒之中，又笃信鬼神。各诸侯国由此心生不满，纷纷叛离，大夏朝盛极而衰，开始出现崩溃的苗头。"玄王"即商人的始祖契。《诗经·商颂·玄鸟》中有"天命玄鸟，降而生商"的传说。契辅佐大禹治水有功，受封于商（今河南商丘西南），其部落因此得名。契传十四世至汤，商族的实力逐渐强大起来。

【当代启示】

"从善如登，从恶如崩"比喻学好很难，学坏极容易。习近平总书记多次引用这句话。2014年3月18日，他在河南省兰考县委常委扩大会议上说，"从善如登，从恶如崩"，思想的口子一旦打开，那就可能一泻千里。干部不论大小，都要努力做到慎独慎初慎微。善恶在一念之间，一贯坚持原则，从善而行，并非易事。每一名党员干部都应该常修从政之德，常怀律己之心，常思贪欲之害，常戒非分之想，做到勿以善小而不为，勿以恶小而为之。

> 知无不言，
> 言无不尽

【经典原文】

知无不言，言无不尽，如献可者，于其职业，可谓无所愧负矣。

——〔北宋〕司马光《〈吕献可章奏〉序》

【经典释义】

（别人向他请教）他知道的没有不说的，说起来毫无保留。像吕献可这样，对于自己的职业，可以说没有什么羞惭负疚的啊。

【河南元素】

"知无不言，言无不尽"出自司马光为好友吕诲的《吕献可章奏》所写的序。《宋史·吕诲传》记载："吕诲字献可，开封人。"宋神宗时，王安石变法。时任御史中丞的吕诲认为王安石不通时事，大用之，则非所宜。他上书弹劾王安石说："大奸似忠，大佞似信，安石外示朴野，中藏巧诈，陛下悦其才辨而委任之。安石初无远略，惟务改作立异，罔上欺下，文言饰非，误天下苍生，必斯人也。如久居庙堂，必无安静之理。"然而，宋神宗信任王安石。吕诲被贬出京任邓州知州，后改任河南知府。

【当代启示】

2013年2月6日，习近平总书记同党外人士共迎新春时强调，对中国共产党而言，要容得下尖锐批评，做到有则改之，无则加勉；对党外人士而言，要敢于讲真话，敢于讲逆耳之言，真实反映群众心声，做到知无不言、言无不尽。各民主党派、全国工商联和无党派人士是中国共产党肝胆相照、风雨同舟的诤友和挚友，长期以来，通过政治协商制度发挥了很好的参政议政、民主监督的作用。要鼓励党外人士大胆行使民主监督权利，积极建言，帮助执政的共产党查找问题、分析问题、解决问题，切实改进中国共产党的工作作风，不断提高中国共产党的工作水平。

海纳百川，有容乃大

【经典原文】

景山恢诞，韵与道合。形器不存，方寸海纳。和而不同，通而不杂。

——〔东晋〕袁宏《三国名臣序赞》

尔无忿疾于顽，无求备于一夫。必有忍，其乃有济；有容，德乃大。

——《尚书·周书·君陈》

【经典释义】

景山（徐邈）浮夸怪诞，风度合乎大道。没有物质形态的困扰，即使方寸之地也可容纳像海一样大的东西。和睦相处而不盲目苟同，贯通古今而不庞杂。

对于顽固不化的人，你不要愤然忌恨，不能对每一个人都求全责备。一定要有所忍耐，事情才能成功；有所宽容，德行才算高尚宏大。

【河南元素】

袁宏（328—376），字彦伯，小字虎，时称袁虎，东晋陈郡阳夏（今河南太康）人。《三国名臣序赞》作为袁宏的佳作，收录于《昭明文选》，该文以儒家君臣大义为标尺，赞颂了三国时期众多名臣的品德与功绩。唐代李周翰为袁宏《三国名臣序赞》作注，将"形器不存，方寸海纳"解释为"方寸之心，如海之纳百川也，其言包含广也"，突出了"海纳百川"之意。

"有容乃大"出自《尚书·周书·君陈》。这是周公去世后，成王命令君陈治理成周（今河南洛阳）时对君陈说的话，意思是有宽容之心，才可以称得上大德。君陈，姬姓，本名姬陈，君是尊称。君陈是周公旦的次子。

清末政治家林则徐任两广总督时，化用上述典故，在总督府衙题写了堂联："海纳百川，有容乃大；壁立千仞，无欲则刚。"

【当代启示】

2013年10月3日，习近平主席在印度尼西亚国会发表重要演讲时引用"海纳百川，有容乃大"。中国坚持开放包容，与东盟国家人民相互学习、相互借鉴、相互促进，共同造福于本地区人民和世界各国人民。对"海纳百川，有容乃大"，人们通常是从人的胸怀和气量的角度去理解。但这句话的本义，既讲心胸宽广，又讲道德高度。有胸怀，有气量，能容难容之人、难容之事，才可以称为大德。我们要保持宽阔的胸怀，要善于把不同意见统一起来，把各种分散意见中的真知灼见提炼概括出来，把符合事物发展规律、符合广大人民群众根本利益的正确意见集中起来，作出科学决策。

> 胜而不骄,
> 败而不怨

【经典原文】

　　王者之兵,胜而不骄,败而不怨。胜而不骄者,术明也;败而不怨者,知所失也。

——〔战国〕商鞅《商君书·战法》

【经典释义】

　　称霸天下国家的军队,打了胜仗不骄傲,打了败仗不抱怨。打了胜仗不骄傲,是因为战术高明;打了败仗不抱怨,是因为知道了打败仗的原因。

【河南元素】

　　商鞅,战国时期卫国人(一说今河南内黄人,一说今河南濮阳人)。《战法》主要讲的是战争策略。商鞅认为,战争的策略必须以政治上的胜利为根本。有政治上的胜利,人民才不争夺。人民不争夺,才不逞个人的意志,以君上的意志为意志。所以成就王业的国君的政治,使人民乡里械斗就胆怯,和敌人作战就勇敢。人民习惯于用力量攻打凶险的地方和强悍的敌军，所以没有怕死的心情。军队一动，先要衡量敌国。政治赶不上敌国，就不要和它作战；粮食赶不上敌国多，就不要和它相持；敌兵比我们多，就不要做进攻的客军；敌国一切都赶不上我们，就向它进攻，不必犹豫。所以说：用兵的重大法则在于谨慎，研究敌情，考察双方兵力的多少，或胜或败，是可以预先知道的。

【当代启示】

"胜而不骄，败而不怨"，说的是对于胜负的态度。有竞争就会有胜负，职场竞争、体育比赛，都会有脱颖而出者，也都会有失意溃败者。2014年2月7日，习近平总书记在俄罗斯索契看望参加第二十二届冬季奥林匹克运动会的中国体育代表团时化用这句话言"胜不骄、败不馁"，强调以良好的赛风赛纪和文明礼仪，充分展示中国的良好形象。胜利一次，并不意味着永远胜利；偶尔的失败，也并不意味着没有东山再起的机会。人生道路上会面临大大小小的竞争。对待每一次竞争，都要做好充分准备。很多时候，竞争的结果是能预测到的。谁的准备充分，谁考虑得细密周全，谁就能在竞争中胜出。所以，不要太在意结果，胜利了不冲昏头脑，失败了不意志消沉。积聚力量，随时做好准备，一定会成为最后的胜者。

> 言为士则，行为世范

【经典原文】

陈仲举言为士则，行为世范，登车揽辔，有澄清天下之志。

——〔南朝·宋〕刘义庆《世说新语·德行》

【经典释义】

陈仲举的言论是读书人的准则，行为是世人的模范。他初到职任做官，就整肃政治，有使天下太平的志向。

【河南元素】

刘义庆的《世说新语》是一部志人小说集。其开篇第一门隆重推出的就是汝南平舆（今河南平舆）人陈蕃。陈蕃（？—168），字仲举，东汉末年人。他自幼有不凡志向，称"大丈夫当扫除天下"。长大成人之后，他"言为士则，行为世范"，成为士人学习和敬重的人物，被称为"不畏强御陈仲举"。陈蕃后来因与大将军窦武谋除宦官不成而入狱被害，但他的精神品格却对后世产生了深刻影响。王勃《滕王阁序》中"徐孺下陈蕃之榻"，讲的就是陈仲举的故事。徐孺子即徐穉，一贯崇尚"恭俭义让，淡泊明志"，世人称"南州高士"。陈蕃任豫章郡太守期间从不接待宾客，但徐穉来的时候，他却特地为其摆设了一榻，两人在榻上秉烛夜谈。徐穉走后，陈蕃就将榻悬挂起来，再也没用过。

【当代启示】

2014年10月15日，习近平总书记在文艺工作座谈会上希望文艺界人士"努力做到言为士则、行为世范"。仅仅八个字，要求却很高。文艺是铸造灵魂的工程，文艺工作者是灵魂的工程师。好的文艺作品就应该像蓝天上的阳光、春季里的清风一样，能够启迪思想、温润心灵、陶冶人生。新时代的文艺工作者，应像陈蕃一样不仅在文艺创作上追求卓越，而且在思想道德修养上追求卓越，身体力行地践行社会主义核心价值观。

半途而废

【经典原文】

君子遵道而行,半途而废,吾弗能已矣。

——《礼记·中庸》

【经典释义】

那些德行高尚的人,遵守正道而行,但是半途而废,不能坚持下去。我是绝不会停止的。

【河南元素】

《礼记》由西汉学者戴圣编定。戴圣是西汉梁国（治今河南商丘南）人。这句话使人想起乐羊子妻劝夫求学的故事。乐羊子妻是一位贤惠的女子，东汉梁国谷丘（今河南虞城谷熟）人，姓氏不详。乐羊子外出求学，一年后归来，原因是"出门时间长了想家，没有其他缘故"。乐羊子的妻子为了劝说他继续求学，就拿着刀子到织布机前，用织布为喻，指出如果半途而废，就像割断织丝一样，前功尽弃。乐羊子被妻子的话深深触动，于是再次外出求学，并一连七年没有回过家，最终功成名就。乐羊子因为不能持之以恒而导致初次求学的失败，是典型的"半途而废"。然而，在妻子的教诲下，他认识到了自己的错误，并最终通过坚持取得了成功。

【当代启示】

2016年1月18日，习近平总书记在省部级主要领导干部学习贯彻党的十八届五中全会精神专题研讨班上强调，"遇到思想阻力和工作阻力，要努力排除，不能退让和妥协，不能松懈斗志、半途而废"。想要干成一件事情，一定要有持之以恒的决心和勇气，畏首畏尾不行，浅尝辄止不行，半途而废也不行。任何一件事情，只要坚持干下去，一定会遇到这样那样的困难和问题。如果遇到困难就躲开，碰到问题就绕行，那就很难干成事、干好事。只要有耐心，有恒心，有韧劲，坚持不懈，持续做下去，最终会取得成功。

好高骛远

【经典原文】

病学者厌卑近而骛高远,卒无成焉。故其言曰:"道之不明,异端害之也。"

——〔元〕脱脱、阿鲁图等《宋史·程颢传》

【经典释义】

为学者常犯的错误是看不起基础的东西,追求不切实际的高远目标,最终却一无所成。所以他说:"圣人之道不能昌明,是异端邪说所导致的。"

【河南元素】

程颢(1032—1085),字伯淳,世称"明道先生",北宋洛阳(今属河南)人,理学家、教育家,与胞弟程颐同为理学的奠基人,世称"二程",在洛阳讲学十余年。提出"天者理也"和"只心便是天,尽之便知性"的命题,认为知识、真理的来源,只是内在于人的心中。二程的学说为南宋朱熹所继承和发展,世称程朱学派。

【当代启示】

现实生活中总是有一些好高骛远的人，订计划、树目标、立志向不切实际，大而无当，乍一看志向恢宏远大，实际上却无法落实，难以实现。2017年6月23日，习近平总书记在深度贫困地区脱贫攻坚座谈会上强调，"要实事求是，不要好高骛远，不要吊高各方面胃口"。人生应有奋斗目标，不论是为自己、为集体还是为社会，总是要确定一个目标才是。但目标要切合实际，可以定得稍高一点，但不能好高骛远，不切实际。不切实际的所谓目标，最终无法实现，因而都是虚无缥缈的，都是幻想。所以，无论做事情还是干事业，既需要远大之志，更需要脚踏实地，从能够做的事情开始，一件一件地做，踏踏实实地做。积少成多，积小为大，时间一久，回头看一下，会对已经取得的成就感到惊讶。

爱子，教之以义方

【经典原文】

公子州吁，嬖人之子也。有宠而好兵，公弗禁，庄姜恶之。石碏谏曰："臣闻爱子，教之以义方，弗纳于邪。骄、奢、淫、泆，所自邪也。四者之来，宠禄过也。"

——〔春秋〕左丘明《左传·隐公三年》

【经典释义】

公子州吁，是卫庄公爱妾生的儿子。他得到庄公的宠爱又喜欢军事，庄公不加禁止，庄姜很厌恶他。石碏规劝庄公道："我听说，爱自己的儿子，一定要以正确的礼法来教导约束他，这样才能使他不走上邪路。骄傲、奢侈、无度、放荡，就是走向邪路的开端。这四个方面的产生，都是宠爱和赏赐太过的缘故。"

【河南元素】

石碏是卫国（都今河南淇县）人。春秋时期，卫庄公特别宠信庶出的公子州吁，对州吁的种种劣行不加禁止。大臣石碏知道州吁劣迹斑斑，于是劝说卫庄公。石碏的话是在劝说卫庄公，爱护孩子应以正确的方式给他们正能量，教给他们为人处世的正道。溺爱不是真正的爱孩子，而恰恰是害了他们。

【当代启示】

2016年12月12日，习近平总书记在会见第一届全国文明家庭代表时引用了"爱子，教之以义方"。怎样的家教才是科学合理的家教？家教应该教育子女什么内容？不同的人肯定有不同的回答。2000多年前的石碏给出了他的答案，那就是要教给他们为人处世的道理和规矩。他的话指出了家教的根本——教育子女怎样做人，怎样做一个对家庭和社会有用的人。家庭是人生的第一个课堂，父母是孩子的第一任老师，家教既要有文化教育，更要有思想道德教育。石碏所说的家教，是一个人安身立命的教育，这样的教育，某种意义上说比文化知识教育更为重要。

> 爱之不以道，
> 适所以害之也

【经典原文】

　　司徒申钟谏曰："赏刑者，人君之大柄，不可以假人，所以防微杜渐，消逆乱于未然也。太子职在视膳，不当豫政；庶人邃以豫政致败，覆车未远也。且二政分权，鲜不阶祸。爱之不以道，适所以害之也。"虎不听。

——〔北宋〕司马光《资治通鉴·晋纪十八》

【经典释义】

　　司徒申钟劝谏说："赏赐和刑罚，是君主的大权，不可以授之于他人，这是为了防微杜渐，在叛逆作乱没有发生时消除它们。太子的职责在于照顾君王的饮食，不应该参与政事。被贬为平民的石邃当初就是因为干政导致失败，前车之鉴，并不遥远。况且两个人分权，很少有不出祸端的。爱他们方式方法不对，反而会害了他们。"石虎不听。

【河南元素】

　　《资治通鉴》创作于河南。东晋时期，后赵石虎把朝中大权授予太尉秦公石韬和太子石宣，让二人可以在刑赏方面专权决断，不用禀报。如此一来，就有可能面临着石韬和石宣专权的局面。司徒申钟认为，石虎是出于爱护二子才这样作，但方式不对，反而可能害了他们。结果正如司徒申钟预料的那样，石韬因为得宠而不把石宣放在眼里，石宣因石韬受宠而派人刺杀他，而石宣也因杀害石韬之事败露而被石虎杀害。石虎不听司徒申钟的劝告，因溺爱而害了两个儿子，教训深刻。

【当代启示】

2016年12月12日，习近平总书记在会见第一届全国文明家庭代表时引用了"爱之不以道，适所以害之也"。对子女不能溺爱，很多人都懂得这个道理，但是，一遇到具体问题，总是要偏爱子女几分，甚至对子女格外宽容。如果仅仅是一些枝节性的问题，无关大局，倒也可以理解。但有时候，父母对子女的溺爱和宽容到了失去底线的程度，这就是"爱之不以道"，其结果反而是害了他们。所以，对子女的爱，一定要坚守"道"，该严的时候，一定要严格起来。

正心修身

【经典原文】

所谓修身在正其心者:身有所忿懥,则不得其正;有所恐惧,则不得其正;有所好乐,则不得其正;有所忧患,则不得其正。心不在焉,视而不见,听而不闻,食而不知其味。此谓修身在正其心。

——《礼记·大学》

【经典释义】

所谓修身首先要端正心念:我们有所愤怒的时候,心念就不能够端正;有所恐惧的时候,心念就不能够端正;有所喜好逸乐的时候,心念就不能够端正;有所忧患的时候,心念就不能够端正。心不专注,看到东西如同没有看见,听到声音也如同没有听见,吃东西也不知道滋味。这就叫作修身在于端正心念。

【河南元素】

《礼记》由西汉学者戴圣编定。戴圣是西汉梁国(治今河南商丘南)人。《大学》是一篇论述儒家修身齐家治国平天下思想的散文,是《礼记》的第四十二篇。《大学》提出"三纲领",即明明德、亲民、止于至善;"八条目",即格物、致知、诚意、正心、修身、齐家、治国、平天下;强调修己是治人的前提,修己的目的是治国平天下,说明治国平天下和个人道德修养具有一致性。河南大学校训"明德新民,止于至善"就取自《大学》开篇"大学之道,在明明德,在亲民,在止于至善"。

【当代启示】

2017年1月6日,习近平总书记在中国共产党第十八届中央纪律检查委员会第七次全体会议上强调,要坚持治标不松劲,不断以治标促进治本,既猛药去疴、重典治乱,也正心修身、涵养文化,守住为政之本。修身的目的在于正心,人心是最容易受到外物干扰的。功名利禄、声色犬马,对人有很大的诱惑力。如果人心不能达到静虚状态,面对鸟鸣犬吠、世事喧哗,随时随地都可能心虚气躁起来。再加上人自身具有的七情六欲,人心很难归于正途。所以,儒家和道家都非常注重修身的作用,都强调通过修身来纯正人们的心灵、升华人们的精神。一个人要想有所作为,修身正心是必经的途径。

> 欲无度者,其心无度;心无度者,则其所为不可知矣。

【经典原文】

事随心,心随欲。欲无度者,其心无度;心无度者,则其所为不可知矣。

——〔战国〕吕不韦《吕氏春秋·恃君览·观表》

【经典释义】

事从心出,心随欲来。欲望没有限度的人,心也是没有限度的;一旦人的心没有限度,那么他的所作所为也就难以预料了。

【河南元素】

吕不韦,战国时期卫国濮阳(一说今河南濮阳西南,一说今河南安阳滑县)人。《吕氏春秋·恃君览·观表》要表述的意思大概是透过表象洞察事物本质。《观表》中有这样一个故事。鲁国的大夫郈成子,在出使晋国的时候,路过卫国。卫国大夫右宰谷臣留下他并宴请他。谷臣陈列上乐器奏乐,乐曲却不欢快。正当酒酣之际,谷臣将一块璧玉送给了郈成子。郈成子从晋国回来再次路过卫国,却没有向右宰谷臣告别。他的车夫感到很不解。邱成子说，他宴请我时，席间看不到应有的欢乐，那是在向我表示他有忧愁啊。他送我璧玉是有事想托付于我。由此看来，卫国怕是要出乱子了。邱成子离开卫国三十里，听说宁喜作乱杀了卫国国君，谷臣为君殉难。邱成子立刻下命令掉转车头赶回卫国，再三祭拜谷臣后才返回鲁国。邱成子派人迎接谷臣的家人，并将自己的住宅分出一部分给他们住，自己的俸禄也分一部分来供养他们，等到谷臣的儿子长大后，又将璧玉归还他们。

【当代启示】

2018年1月5日，习近平总书记在新进中央委员会的委员、候补委员和省部级主要领导干部学习贯彻习近平新时代中国特色社会主义思想和党的十九大精神研讨班开班式上引用了"欲无度者，其心无度；心无度者，则其所为不可知矣"。《菜根谭》中有这样一段话："胸中即无半点物欲，已如雪消炉焰冰消日。眼前自有一段空明，时见月在青天影在波。"心中没有半点对物质的欲望，已经像炉火将雪消融、像太阳将冰融化一样。自己的心中有一片空旷的景象，就仿佛皓月当空水中映出其倒影一样。邪生于无禁，欲生于无度。从近年查处的腐败案件看，那些落马的领导干部出大事、栽大跟头，都与贪念有关。我们要将其引为镜鉴，常怀律己之心，常思贪欲之害，常戒非分之想。

> 莫见乎隐,
> 莫显乎微,
> 故君子慎其独也

【经典原文】

是故君子戒慎乎其所不睹,恐惧乎其所不闻。莫见乎隐,莫显乎微,故君子慎其独也。

——《礼记·中庸》

【经典释义】

所以君子在别人眼睛看不到的地方也要小心谨慎,在别人听不到的地方也要忧惧警惕。没有什么隐秘的事情能不被人发现的,没有什么细微的事情能不显露出来的,所以君子在个人独处的时候也要谨慎警惕。

【河南元素】

《礼记》由西汉经学者戴圣编定。戴圣是西汉梁国(治今河南商丘南)人。《中庸》为《礼记》第三十一篇。该篇认为"中庸"是道德行为的最高标准,"至诚"是人生的最高境界,提出"博学之,审问之,慎思之,明辨之,笃行之"的学习过程和认识方法。很多学者认为《中庸》是春秋战国时期的子思所作。司马迁《史记·孔子世家》中说："子思作《中庸》。"郑玄《三礼目录》中说："《中庸》，孔子之孙子思作之，以昭明圣祖之德也。"李翱在《李文公集·复性书》中说："子思著《中庸》四十七篇，传于孟轲。"朱熹在《中庸章句·序文》中说："中庸何为而作也？子思子忧道学之失其传而作也。"

【当代启示】

2018年1月5日，习近平总书记在新进中央委员会的委员、候补委员和省部级主要领导干部学习贯彻习近平新时代中国特色社会主义思想和党的十九大精神研讨班开班式上引用了"莫见乎隐，莫显乎微，故君子慎其独也"，强调"加强自律关键是在私底下、无人时、细微处能否做到慎独慎微"。很多领导干部走上贪污腐败的不归路，都是从小事小节开始的，都是在自以为隐秘无人知晓的情况下进行的。所以，不要在别人见不到、听不到的地方放松对自己的要求，也不要因为细小的事情而"不拘小节"，要慎独慎微，即使一个人独处、没有人注意，也要谨言慎行。

> 蒙以养正,圣功也

【经典原文】

"匪我求童蒙,童蒙求我",志应也。"初筮告",以刚中也。"再三渎,渎则不告",渎,蒙也。蒙以养正,圣功也。

——《周易·蒙》

【经典释义】

"不是我去求那些蒙昧的学童,应该是学童来求教于我",这样才能志趣相应。"初次占问时就告知",因为阳刚居于中正之位。"如果再三地来问就是亵渎,亵渎就不能告之",因为这是亵渎启蒙之道。对于童蒙内心固有的淳朴心性,予以正确启蒙,培养其走上正道,这是神圣而重要的事业。

【河南元素】

《周易》是周文王拘于羑里(今河南汤阴北)时推演得出。蒙卦是《易经》六十四卦之一,展示"蒙"的形势下各种变化的可能性。蒙卦象征启蒙:亨通。山水蒙,艮为山,坎为泉,山下出泉。泉水始流出山，则必将渐汇成江河，正如蒙稚渐启，又山下有险，因为有险停止不前，所以蒙昧不明，事物发展的初期阶段，必然蒙昧，所以教育是当务之急，培养孩童纯正无邪的品质，是治蒙之道。古代文献中有许多童蒙养正类的书籍，比较著名的有《三字经》《百家姓》《千字文》《千家诗》《弟子规》等。其中的《千字文》是南朝梁人周兴嗣编撰。周兴嗣祖籍陈郡项（今河南沈丘），博学多闻，所著《千字文》流传很广。

【当代启示】

2019年3月18日，习近平总书记在学校思想政治理论课教师座谈会上指出："青少年阶段是人生的'拔节孕穗期'，这一时期心智逐渐健全，思维进入最活跃状态，最需要精心引导和栽培。'蒙以养正，圣功也。'就是说青少年教育最重要的是教给他们正确的思想，引导他们走正路。"儿童的心性如一面明镜，物欲未染，纯净无垢；儿童的心智却是蒙昧懵懂，一片混沌。古人说："少成则若性也，习惯成自然也。"要给青少年的心灵埋下真善美的种子，引导他们扣好人生第一粒扣子。

> 惟以改过为能，
> 不以无过为贵

【经典原文】

是则圣贤之意较然著明，惟以改过为能，不以无过为贵。盖为人之行己，必有过差，上智下愚，俱所不免，智者改过而迁善，愚者耻过而遂非；迁善则其德日新，遂非则其恶弥积。

——〔北宋〕司马光《资治通鉴·唐纪四十五》

【经典释义】

所以圣贤的意思是非常明显的，有错能改才是真正的能力，而不是不犯错才可贵。一个人的行为，必然会出现差错，从智者到一般人，都在所难免。有智慧的人改正过失趋向于善，愚蠢的人以改正错误为耻而坚持错误。趋向于善品德会一天天好起来，坚持的错误，坏毛病就日益严重。

【河南元素】

《资治通鉴》创作于河南。上述这段话是唐朝宰相陆贽上疏德宗时，谈论如何对待过错的问题。孟子有"子路，人告之以有过则喜"

之说,是成语"闻过则喜"的出处。陆贽赞成孟子的说法,在上疏中,他指出:"以补过为心,以求过为急,以能改其过为善,以得闻其过为明。"一个人面对过错,不仅需要正确认识错误,有失必纠、错必改的态度和勇气,而且要有即知即改、立行立改的行动和自觉,要善于听取各种批评意见,查找自身存在的不足,早改正、早纠偏、早补救,防止小错酿成大错,真正做到"以得闻其过为明"。

【当代启示】

2019年6月24日,习近平总书记在十九届中共中央政治局第十五次集体学习时引用了"惟以改过为能,不以无过为贵"这句话。他告诫说:"各种违背初心和使命、动摇党的根基的危险无处不在,如果不严加防范、及时整治,久而久之,必将积重难返,小问题就会变成大问题,小管涌就会沦为大塌方,甚至可能酿成全局性、颠覆性的灾难"。古人说,君子之过也,如日月之食焉。过也,人皆见之;更也,人皆仰之。个人是这样,政党也是这样。如果讳疾忌医、有病不治,本来可以医好的病症就会拖成不治之症。要在自我净化上下功夫,通过过滤杂质、清除毒素、割除毒瘤,不断纯洁党的队伍,保证党的肌体健康。

> 君子检身,常若有过

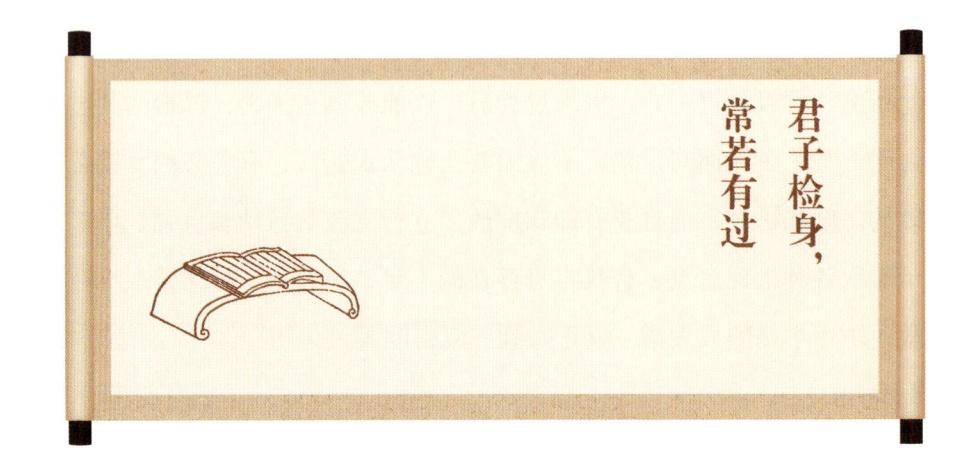

【经典原文】

人有偏蔽恶乎,不自知哉?是故君子检身,常若有过。

——〔春秋〕亢仓子《亢仓子·训道》

【经典释义】

人有偏执不明的地方,怎么能自己不知道呢?所以,君子检点自身,随时反省,就像常有过失一样。

【河南元素】

亢仓子,生卒年不详,又名亢桑子、庚桑子、庚桑楚,春秋时期陈国(建都宛丘,今河南淮阳)人,道教祖师,被尊为洞灵真人,哲学家、教育家。亢,古音读作gēng,因此讹字为"庚"。隋朝史学家王劭将其记作"庚桑"。在史籍《庄子·杂篇·庚桑楚》中记载:老聃有个弟子叫庚桑楚,独得老聃真传。所著《亢仓子》(《洞灵真经》)主要继承和发展了道家"道"的学说,唐天宝年间被尊为"道教四子真经"之一。

【当代启示】

2019年6月24日，习近平总书记在十九届中共中央政治局第十五次集体学习时强调"要以'君子检身，常若有过'的态度来检视发现自身不足，做到知耻而后勇"。人非圣贤，孰能无过。古人说，一日不知非，即一日安于自是；一日无过可改，即一日无步可进。在快节奏的现代生活中，人们容易被各种欲望和诱惑所左右，这句话提醒我们应停下脚步，反思自我的言行，不断检视自己，不掩饰缺点，不文过饰非，真刀真枪解决问题、改进不足。只有这样，才能实现自我净化、自我完善、自我革新、自我提高。

> 君子之过也,如日月之食焉:过也,人皆见之;更也,人皆仰之

【经典原文】

子贡曰:"君子之过也,如日月之食焉:过也,人皆见之;更也,人皆仰之。"

——《论语·子张》

【经典释义】

子贡说:"君子的过错,就像日食和月食一样:他犯了错误,人们都看得见;他改正了错误,人们都会景仰他。"

【河南元素】

这是《论语》中记载的子贡的话。子贡(前520—前456),复姓端木,名赐,字子贡,春秋末年卫国黎(今河南浚县)人。子贡是孔子的得意门生,儒家杰出代表,孔门十哲之一,善于雄辩,且有干济才,办事通达,曾任鲁国、卫国的丞相。子贡善于经商,是孔子弟子中的首富,儒商鼻祖。"端木遗风"之说,指子贡遗留下来的诚信经商的风气。唐开元二十七年(739)追封子贡为"黎侯",北宋大中祥符二年（1009）加封为"黎公"，明嘉靖九年（1530）改称"先贤端木子"。

【当代启示】

2020年1月8日，习近平总书记在"不忘初心、牢记使命"主题教育总结大会上指出："不忘初心、牢记使命，必须以正视问题的勇气和刀刃向内的自觉不断推进党的自我革命。'君子之过也，如日月之食焉：过也，人皆见之；更也，人皆仰之。'敢于直面问题、勇于修正错误，是我们党的显著特点和优势。"列宁说过："公开承认错误，揭露犯错误的原因，分析产生错误的环境，仔细讨论改正错误的方法——这才是一个郑重的党的标志。"勇于自我革命，是我们党最鲜明的品格，也是我们党最大的优势。必须用好批评和自我批评这个锐利武器，坚决同一切错误现象作斗争。

> 畏则不敢肆而德以成，无畏则从其所欲而及于祸

【经典原文】

自天子以至于庶人，未有无所畏而不亡者也。天子者，上畏天，下畏民，畏言官于一时，畏史官于后世。百官畏君，群吏畏长吏，百姓畏上，君子畏公议，小人畏刑，子弟畏父兄，卑幼畏家长。畏则不敢肆而德以成，无畏则从其所欲而及于祸。

——〔明〕吕坤《呻吟语·乐集·修身》

【经典释义】

从天子以至于庶人，没有无任何敬畏而不灭亡的。天子上畏惧天，下畏惧民，畏惧言官于当时，畏惧史官于后世。满朝官员畏惧天子，群吏害怕他们的长官，老百姓畏惧上级，有德才的人害怕社会舆论，一般的人害怕刑罚，子弟敬畏父亲和兄长，晚辈和年龄幼小者敬畏家长。敬畏就不敢肆意妄为，这样就能成就道德。无所敬畏就随心所欲，这样就会招致祸殃。

【河南元素】

吕坤，明代宁陵（今属河南）人。吕坤一生经历丰富，对国家、社会、民生有深入了解，对治国理政有独到见解，对人情世故有深刻感悟，对修身养性有独特理解。他认为，人要有所畏惧。这与孔子所说的"君子有三畏"有相通之处。吕坤说"自天子以至于庶人，未有无所畏而不亡者也"，既是对历史经验教训的总结，也是对各种人生世事的警示。

【当代启示】

2021年9月1日，习近平总书记在2021年秋季学期中央党校（国家行政学院）中青年干部培训班开班式上引用了"畏则不敢肆而德以成，无畏则从其所欲而及于祸"。他告诫学员说："没有敬畏之心，就什么乱七八糟的事都干得出来。有的人干了那么多骇人听闻的事，一个重要原因就是不知敬畏！"党的十八大以来，在高压反腐态势下仍有一些领导干部我行我素、顶风违纪，走上贪污腐化的不归路。他们不是不知道纪律规矩，而是根本没有敬畏之心。心有所畏，方能言有所戒、行有所止。讲规矩、守底线，首先要有敬畏心。要做到手握戒尺，心存敬畏，始终敬畏人民、敬畏权力、敬畏法纪。

> 己所不欲，勿施于人

【经典原文】

子贡问曰："有一言而可以终身行之者乎？"子曰："其恕乎！己所不欲，勿施于人也。"

——《论语·卫灵公》

【经典释义】

子贡问孔子说："有没有一句话可以终身奉行的呢？"孔子说："大概是'恕'罢！自己所不想要的，不要施加给别人。"

【河南元素】

春秋末年，孔子周游列国，大致到了卫国、曹国、宋国、齐国、郑国、晋国、陈国、蔡国、楚国等地。孔子的第一站是与鲁国接壤的卫国，见到的第一个诸侯国君是卫灵公。卫国国都当时在朝歌（今河南淇县），随孔子周游列国的子贡是卫国人。"己所不欲，勿施于人"在《论语》中出现了两次，另一次是《论语·颜渊》中孔子在回答仲弓问仁时说："己所不欲，勿施于人。在邦无怨，在家无怨。"

【当代启示】

2021年11月22日,习近平主席在中国–东盟建立对话关系30周年纪念峰会上说:"东方文化讲究'己所不欲,勿施于人',平等相待、和合与共是我们的共同诉求。"但在现实生活中,真正能够做到这一点的人却不多。许多人总是有意无意地想把自己的意志强加给别人,而不会在意别人是否愿意。一开始或许意识不到,但在造成了一定的后果之后,即便意识到了,也不愿意去改变了。要真正做到"己所不欲,勿施于人",必须从开始做起,持续做下去,否则很容易半途而废。

吐辞为经，举足为法

【经典原文】

昔者孟轲好辩，孔道以明，辙环天下，卒老于行；荀卿守正，大论是弘，逃谗于楚，废死兰陵。是二儒者，吐辞为经，举足为法，绝类离伦，优入圣域，其遇于世何如也？

——〔唐〕韩愈《进学解》

【经典释义】

从前孟轲喜欢与人辩论，因而儒家学说得以广泛传扬，他乘车环游天下，最终在奔走劳碌中老去；荀卿坚持正道，使儒家学说得到弘扬，在齐国遭谗而不得已逃到楚国，郁郁而终在兰陵令任上。这两位儒学大师，讲出的话被人奉为经典，举止被视为可以效法的准则，超群出众进入了圣哲的境界，然而在当时的处境又怎么样呢？

【河南元素】

韩愈，唐代河南河阳（今河南孟州南）人。六朝以来，中国文坛开始盛行辞藻华丽、内容空洞的骈文。为抵制这种文风，韩愈发起古文运动，提出文以载道，并身体力行之，他在文学上的主张为后人推崇和效法，这直接影响了北宋的文学革新运动。用"吐辞为经，举足为法"来形容韩愈，一点也不为过。欧阳修继承了韩愈的道统和文统，提出文道统一、道先于文的观点。

【当代启示】

2018年5月2日，习近平总书记在北京大学师生座谈会上的讲话中引用这句话。他说，在学生眼里，老师是"吐辞为经、举足为法"，一言一行都给学生以极大影响。这既是对老师的期许，更是对老师的勉励。俗话说，"德高为师，身正为范"。也就是说，德行高尚的人才能成为老师，行为端正的人才能成为榜样。教育部发布《2023年全国教育事业发展统计公报》显示，全国有专任教师1891.78万人。教师是人类灵魂的工程师，一定要严格要求自己，不断提升自身素质，严谨治学，言传身教，始终做学生的人生楷模。

> 义以为质，礼以行之，孙以出之，信以成之

【经典原文】

子曰："君子义以为质，礼以行之，孙以出之，信以成之。君子哉！"

——《论语·卫灵公》

【经典释义】

孔子说："君子把义作为行为准则，按照礼的规范去行动，用谦逊的言语表达出来，用诚信的态度去完成。这样的人就是君子啊！"

【河南元素】

春秋末年，孔子带领弟子从鲁国来到卫国，开始了长达14年的周游列国之行。孔子周游的列国，多在今河南境内，如卫国、宋国、郑国、陈国、蔡国等。但孔子在卫国时间最长，前后达8年之久。《论语》中的许多内容，都是孔子在卫国时和其弟子问答的记录。孔子最为推崇的是仁和礼，但他对义也非常看重，"义以为质""信以成之"强调了"义"和"信"的重要性。另外在《论语·阳货》中，子路曾经问孔子："君子尚勇乎？"孔子回答说："君子义以为上。君子有勇而无义为乱，小人有勇而无义为盗。"意思是说：君子把义作为最高的行为准则。君子如果有勇而没有义就会作乱，小人如果有勇而没有义就会成为强盗。

【当代启示】

孔子思想的核心是"仁"，围绕"仁"这个核心，孔子又提出了"礼""义""智""信"，与"仁"合称为"五常"。这是儒家最基本的思想范畴，代表了儒家的思想观念，也是后世人们普遍遵守的行为规范。"义"是公平正义，是坚持道义，是行为的根本原则；"信"是诚实守信，是待人以诚，是处世的基本准则。无论做什么事情，都应坚守正义，恪守诚信。在人际交往中，应以义为先，诚信为本，要言出必行，一诺千金，做一个讲道义、守诚信的人。在贸易往来中，也要"义以为质""信以成之"。

礼序乾坤、乐和天地

【经典原文】

乐者,天地之和也;礼者,天地之序也。

——《礼记·乐记》

【经典释义】

乐所表现的是天地间的和谐之音;礼所表现的是天地间的秩序。

【河南元素】

《礼记》由西汉学者戴圣编定。戴圣是西汉梁国(治今河南商丘南)人。《乐记》是《礼记》49篇中的一篇。《礼记》中题作《乐记第十九》,包括《乐本篇》《乐论篇》《乐礼篇》《乐施篇》《乐言篇》《乐象篇》《乐情篇》《魏文侯篇》《宾牟贾篇》《乐化篇》《师乙篇》等,约5000字。《乐记》是我国较早的音乐理论著作,总结了先秦时期儒家的美学思想,以"礼乐"思想为中心,阐述了音乐与礼仪、政治、社会、人生等方面的关系,对后世影响深远。

【当代启示】

2021年7月13日,习近平总书记在会见庆祝中国共产党成立100周年活动筹办工作各方面代表时,化用这句话言"礼序乾坤、乐和天地"。中国是礼仪之邦,礼仪体现在各种场合,默化在每个人身上。虽然人类社会已经跨入21世纪,但古老的中华传统礼仪在当代中国依然得到了传承。很多人通过传统礼仪,明白了礼乐的主要功能在于奉天地、序长幼、明尊卑、定秩序、和众声。对于个人来说,礼乐还具有提高修养、完善形象的作用。作为中华民族的一员,每一个人都应做到懂礼仪、行礼仪、遵守礼仪,让中华民族的优秀传统文化世代传承下去。

忠言逆耳

【经典原文】

夫良药苦于口,而智者劝而饮之,知其入而已己疾也;忠言拂于耳,而明主听之,知其可以致功也。

——〔战国〕韩非《韩非子·外储说左上》

【经典释义】

能够治病的药味道是苦的,但聪明的人为了治病而努力把它喝下去,因为知道喝下苦药能够把自己的病治好;诚恳的劝告听起来不那么顺耳,英明的君主却能够认真倾听,因为诚恳的劝告可以用来取得功绩。

【河南元素】

韩非,战国末韩国新郑(今河南新郑)人。《韩非子·外储说》中的这段话,在同为韩国人的张良那里有了回声。据《史记·留侯世家》记载,秦末战争中,各路义军事先约定,先入咸阳者为王。刘邦率军先入咸阳,想把咸阳的金银珠宝和后宫美人留为己用。樊哙劝说他不要这样做，刘邦不听。张良也劝说刘邦，如果刚入咸阳就满足于奢侈享乐的生活，这就是"助纣为虐"了。他认为，"忠言逆耳利于行，毒药苦口利于病"，希望刘邦能够听从樊哙的劝说，不要耽于享乐。刘邦最终听从了张良的劝说，还军灞上。正是由于刘邦听从了张良等人的建议，才占据了道义制高点，并在楚汉战争中取得了胜利。张良这两句话后来演变为"忠言逆耳利于行，良药苦口利于病"，并广为流传。

【当代启示】

忠言逆耳，也就是俗话所说的"好话不好听"。忠言常常是大实话，是客观公正的话，是实事求是的话，是一针见血的话，是不顾情面的话。听者也许认可进言者说的是真话实话，但由于听起来不舒服，往往听不进去，甚至根本不愿听。就像能够治病的良药，味道是苦的，难以下咽。忠言是有益的言论，怎么对待忠言，是认真倾听，还是拂袖而去，既反映一个人的度量和胸怀，也可以看出一个人的见识与修养。如果能够认识到忠言的价值和作用，以宽容的态度、博大的胸怀接纳之，那么再逆耳的忠言也能够虚心听取，甚至还可以有则改之，无则加勉。如果只是因为忠言听起来不舒服而放弃甚至排斥，就很容易犯错误，甚至造成重大损失。

登封嵩阳书院

第九章

劝学励志

愿乘长风破万里浪

【经典原文】

叔父炳，高尚不仕。悫年少时，炳问其志，悫曰："愿乘长风破万里浪。"炳曰："汝不富贵，即破我家矣。"

——〔南朝·梁〕沈约《宋书·宗悫传》

【经典释义】

宗悫的叔父宗炳品德高尚，不肯做官。宗悫年少时，有一次宗炳问他将来长大后要干什么，宗悫回答说："希望驾着大风冲破万里巨浪。"宗炳说："你如果不能获得荣华富贵，就必定败坏我们家族。"

【河南元素】

宗悫（？—465），字元幹，南阳涅阳（今河南邓州东北）人，东晋书画家宗炳之侄，南朝宋名将。宗悫出身于儒学之家，但偏好武事，且好勇斗狠，少有大志。元嘉九年（432），他被荆州刺史江夏王刘义恭辟入军府，随其移镇广陵（今江苏扬州），并在其军府前后效力15年，官至江夏王国上将军。元嘉二十六年（449），他参与平定雍州境内蛮族叛乱，与柳元景等将领分兵进剿，大破沔北诸山蛮。元嘉三十年（453），太子刘劭弑父篡位，宗悫参与拥立武陵王刘骏为帝，随其讨平刘劭，升任左卫将军，封洮阳县侯。孝建元年（454）和大明三年（459），他先后平定南郡王刘义宣、竟陵王刘诞的叛乱。前废帝时官至雍州刺史，病逝后被追赠征西将军。

【当代启示】

宗悫的"愿乘长风破万里浪"，展现了他对于未来的无限憧憬和追求，更凸显了他不畏困难、敢于挑战的精神风貌。诗人李白在名作《行路难》中，化用宗悫的典故，写下了"长风破浪会有时，直挂云帆济沧海"的名句，突出表现了李白对理想的执着追求及从苦闷中挣脱出来的强大精神力量，激励着无数人在面对困难和挑战时，敢于迎难而上、奋发向前，追求更高的目标和更远的未来。2012年11月29日，习近平总书记在参观"复兴之路"展览时的讲话中，在谈及中华民族的发展前景时，引用了"长风破浪会有时"这句话。我们中华民族经过鸦片战争以来180多年的持续奋斗，现在比历史上任何时期都更接近中华民族伟大复兴的目标，因此我们比历史上任何时期都更有信心、有能力实现这个目标。

> 博学之，审问之，
> 慎思之，明辨之，
> 笃行之

【经典原文】

博学之，审问之，慎思之，明辨之，笃行之。有弗学，学之弗能，弗措也；有弗问，问之弗知，弗措也；有弗思，思之弗得，弗措也；有弗辨，辨之弗明，弗措也；有弗行，行之弗笃，弗措也。人一能之，己百之，人十能之，己千之。果能此道矣，虽愚必明，虽柔必强。

——《礼记·中庸》

【经典释义】

要广博地学习，对学问要详细地探究，要审慎地思考，要明白地辨别，要切实地力行。不学则已，既然要学，不学到通达晓畅绝不终止；不求教则已，既然求教，不问到彻底明白绝不终止；不思考则已，既然思考了，不想出一番道理绝不终止；不辨别则已，既然辨别了，不分辨明白绝不终止；不做则已，既然做了，不做到圆满绝不终止。别人用一分努力能做到的，我用一百分的努力去做；别人用十分努力能做到的，我用一千分的努力去做。如果真能够做到这一点，即使愚笨，也一定可以聪明起来，即使柔弱，也一定可以刚强起来。

【河南元素】

《礼记》由西汉学者戴圣编定。戴圣,西汉梁国(治今河南商丘南)人。戴圣的父亲戴行和叔父戴德都热衷于礼学研究。戴圣的母亲也是大家闺秀,知书达理,在戴圣小时候就教育他学习礼仪。他从小受到家庭的影响,对礼学产生了浓厚的兴趣。在叔父戴德和后苍的指导下,他勤奋学习,不断进取。戴圣辑录古《礼记》47篇,即今之《小戴礼记》。《礼记》集礼之大成,成为后世科举考试的官定书籍之一,戴圣最终成为西汉时期的礼学大师。

【当代启示】

这段话强调了学习、思考、实践的重要性,提倡了锲而不舍、勤奋努力的学习态度,并向我们倡导一种科学的、行之有效的学习方法:一要好学乐学,把学习作为一种爱好、一种生活习惯,广泛涉猎,博览群书;二要对问题详细地考究,彻底学透学懂学通;三要周全地思考,做到举一反三;四要明白地辨别,形成清晰的判断力;五要切实地力行,用学习所得的知识和思想指导实践。2013年3月1日,习近平总书记在中央党校建校80周年庆祝大会暨2013年春季学期开学典礼上的讲话中引用了"博学之,审问之,慎思之,明辨之,笃行之"这段话,强调我们党历来重视抓全党特别是领导干部的学习,尤其要把学习作为一种追求、一种爱好、一种健康的生活方式。

自强不息、厚德载物

【经典原文】

天行健，君子以自强不息；地势坤，君子以厚德载物。

——《周易·乾》

【经典释义】

天的运行刚强劲健，君子应像天一样，主动作为，刚毅坚韧，发愤图强，永不停息；大地的气势宽广厚实，君子应像地一样，厚植美德，包容万物。

【河南元素】

《周易》是周文王拘于羑里城时据伏羲八卦推演而成的。羑里，在今河南汤阴北。现存的羑里城遗址，是一处龙山文化至商周时期的文化遗址，存有一个高出地面约丈余的土台，面积达万余平方米。台上有文王庙，坐北向南。另有建筑演易坊、周文王演易台等，还有《周文王羑里城》《禹碑》《文王易》等碑刻十余通。1996年，羑里城遗址被国务院公布为第四批全国重点文物保护单位。

【当代启示】

2013年9月26日，习近平总书记在北京会见第四届全国道德模范及提名奖获得者时发表重要讲话引用了"自强不息、厚德载物"这句话，阐述精神的力量是无穷的，道德的力量也是无穷的。自强不息指自加压力，努力上进，永不懈怠，形容一种积极的人生态度。厚德载物指有德之人应如大地一般宽广厚实，可以承载万物，委以重任。自强不息、厚德载物的思想是中国元典文化的精髓，是中华民族数千年历尽劫难而依旧兴旺发达的强大精神力量，它在当代社会仍然鼓励我们不断追求进步和成长，同时也提醒我们要有宽容和包容的心态、责任感和担当精神。这些品质不仅有助于我们个人的成长和发展，也有助于社会的和谐与进步。

悬梁刺股

【经典原文】

孙敬字文宝,好学,晨夕不休。及至眠睡疲寝,以绳系头,悬屋梁。

——〔北宋〕李昉、李穆、徐铉等《太平御览》

(苏秦)读书欲睡,引锥自刺其股,血流至足。

——〔西汉〕刘向《战国策·秦策》

【经典释义】

孙敬字文宝,非常好学,从早到晚读书不息。等到他疲倦想睡觉时,就用绳子系住自己的头发,悬挂在房梁上。

苏秦读书困倦想睡觉时,就用锥子刺自己的大腿,鲜血一直流到脚跟。

【河南元素】

"头悬梁"的故事发生在洛阳。《文选》注引晋代《楚国先贤传》

说孙敬到洛阳，在太学附近一小屋安置其母后入学，"编杨柳简以为经"。《太平御览》亦引《楚国先贤传》曰："孙敬入学，闭户牖，精力过人，太学号曰闭户先生。"可见其闭门读书之刻苦。

"锥刺股"的故事也发生在洛阳，讲的是苏秦。苏秦（？—前284），字季子，洛阳（今河南洛阳）人，战国时期著名纵横家、外交家和谋略家。《史记·苏秦列传》中载他早年投入鬼谷子门下，学习纵横之术，学成游历多年，说秦惠王连横之策，未成，潦倒而归。随后，他刻苦攻读《阴符》，"引锥自刺其股"。苏秦读成后再次游说列国，提出"合纵"六国以抗秦的战略思想，并最终组建合纵联盟，任"从约长"，兼佩六国相印，使秦国15年不敢出兵函谷关。其著作有《苏子》31篇，收于《汉书·艺文志》，早佚。《战国纵横家书》存有其游说辞及书信16篇，其中11篇不见于现存传世古籍。

【当代启示】

学习是立身做人的永恒主题，也是报国为民的重要基础。梦想从学习开始，事业从实践起步。2013年10月21日，习近平总书记在欧美同学会成立100周年庆祝大会上的讲话中引用"悬梁刺股"和"韦编三绝""凿壁借光""囊萤映雪"的例子来激励大家，"希望大家矢志刻苦学习"。当今世界，知识信息快速更新，学习稍有懈怠，就会落伍。因此顽强的毅力、严格的自我管理、正确的学习方法和态度及面对困难不退缩的精神，都是我们应有的品质和能力，我们只有掌握报效祖国的真能耐、硬本领，才能为实现中华民族伟大复兴的中国梦书写出无愧于时代、无愧于人民、无愧于历史的绚丽篇章。

> 大学之道，
> 在明明德，
> 在亲民，
> 在止于至善

【经典原文】

　　大学之道，在明明德，在亲民，在止于至善。知止而后有定，定而后能静，静而后能安，安而后能虑，虑而后能得。物有本末，事有终始。知所先后，则近道矣。

——《礼记·大学》

【经典释义】

　　大学的宗旨，在于弘扬光明正大的品德，在于使人自我革新，在于使人达到至善的境界。知道应达到的境界才能够志向坚定，志向坚定才能够镇静自若，镇静自若才能够心底安定，心底安定才能够思虑周详，思虑周详才能够有所收获。每样东西都有根本有末节，每件事情都有开始有终结。明白了事物的先后次序，就接近事物的发展规律了。

【河南元素】

　　《礼记》由西汉学者戴圣编定，戴圣，西汉梁国（治今河南商丘南）人。《礼记·大学》提出了"三纲领"，即明明德、亲民、止于至善;"八条目",即格物、致知、诚意、正心、修身、齐家、治国、平天下,强调了个人道德修养与治国平天下的内在联系,即修己是治人的前提,修己的目的是治国平天下。这一思想对中国古代教育产生了深远的影响,成为古代读书人的理想追求和行为准则。《礼记·大学》全文文辞简约,内涵深刻,不仅概括总结了先秦儒家道德修养理论,还系统论述了儒家政治哲学,对做人、处事、治国等具有深刻的启迪性。其思想主张积极入世,注重个人修养与社会责任,对形成良好的社会风气与促进社会发展具有积极意义。

【当代启示】

2018年5月2日,习近平总书记在北京大学师生座谈会上的讲话中引用了"大学之道,在明明德,在亲民,在止于至善"这句话,用以阐明"教育必须培养社会发展所需要的人"的道理。这句话是《大学》中阐述儒家教育理念和人生追求的重要纲领之一,强调了个人品德修养的重要性,以及通过不断追求和完善自我,达到最高的人生境界。其中,"止于至善"意味着在道德和学问上达到尽善尽美,是一种至高无上的追求。我们应该认真学习和实践这一理念,不断提升自己的道德修养和社会责任感,为实现个人价值而不懈努力。

> 千淘万漉虽辛苦,
> 吹尽狂沙始到金

【经典原文】

莫道谗言如浪深,莫言迁客似沙沉。千淘万漉虽辛苦,吹尽狂沙始到金。

流水淘沙不暂停,前波未灭后波生。令人忽忆潇湘渚,回唱迎神三两声。

——〔唐〕刘禹锡《浪淘沙词》

【经典释义】

不要说谗言如同急浪一样幽深,不要说被贬谪的人好像泥沙一般沉沦。要经过千遍万遍的过滤,历尽千辛万苦,最终才能淘尽泥沙得到闪闪发光的黄金。

波涛汹涌的流水不停地淘洗着沙子,前头的波浪尚未退去后面的波浪又起。这不禁让我忽然想起湘江边上的沙洲,仿佛听到迎神曲声响起,一声接着一声。

【河南元素】

刘禹锡（772—842），字梦得，籍贯河南洛阳，生于河南郑州荥阳，自述"家本荥上，籍占洛阳"，是唐代中晚期著名的文学家、哲学家，有"诗豪"之称。刘禹锡因参与"永贞革新"失败，被贬至安徽和州（今安徽和县）。在和州期间，他屡遭知县刁难，从宽敞的住所逐渐搬迁至仅能容下一床、一桌、一椅的斗室。然而，刘禹锡并未因此消沉，反而以乐观豁达的心态面对困境，愤然提笔写下《陋室铭》："山不在高，有仙则名；水不在深，有龙则灵。斯是陋室，惟吾德馨……"此文以简洁而优美的语言，表达了作者不慕荣华、安贫乐道的生活态度，以及高洁傲岸的节操。文章通过对陋室环境的描绘，展现了作者内心的富足与高雅情趣，成为流传千古的文学名篇。

【当代启示】

2014年5月4日，习近平总书记同北京大学师生座谈，在谈及"五四精神"时使用了"千淘万漉虽辛苦，吹尽狂沙始到金"这句话。在追求目标的过程中，我们会遇到各种各样的困难和挑战，但只要我们保持坚定的信念和毅力，不断努力、不断奋斗，就一定能够克服困难、战胜挑战，最终实现自己的目标。

> 山积而高,
> 泽积而长

【经典原文】

山积而高,泽积而长。圣人之后,必大而昌。由圣与贤,或为霸强。

——〔唐〕刘禹锡《唐故监察御史赠尚书右仆射王公神道碑》

【经典释义】

高山由土石日积月累而高耸入云,大泽由水点滴汇聚而浩瀚无涯。圣人的后代,必然会枝繁叶茂、昌盛兴隆。他们之中有的会成为圣贤,有的会成为称霸一方的强者。

【河南元素】

刘禹锡,河南洛阳人,生于河南郑州荥阳。《唐故监察御史赠尚书右仆射王公神道碑》是刘禹锡为纪念王公(名俊,字真长)所撰写的一篇重要碑文。王公出身显赫,系黄帝后裔,家族世代为官,人才济济。他本人才华出众,曾任监察御史,为官清廉正直,深受时人敬仰。然而,天不假年,王公在55岁时离世,后被朝廷追赠礼部尚书右仆射,以表彰其生前的卓越贡献。刘禹锡在碑文中以生动的笔触描绘了王公的生平事迹和家族背景，展现了他高尚的道德品质和卓越的政治才能。同时碑文还通过对王公家族历史的追溯，展现了其家族在多个朝代中的显赫地位和辉煌成就。这篇碑文不仅具有很高的文学价值，也是研究唐代历史、政治、文化等方面的重要资料。

【当代启示】

2020年9月30日，习近平主席在联合国生物多样性峰会上的讲话中用"山积而高，泽积而长"来倡议各国为加强生物多样性保护贡献力量。这句话表达了积累的重要性，任何伟大的成就都不是一蹴而就的，而是需要时间的沉淀与个人不懈的努力。无论是个人能力的提升，还是社会文明的进步，都如同山峰之高耸、泽水之绵长，需要一点一滴的积累与坚持。因此，我们应当保持耐心与毅力，不畏艰难，持之以恒地追求自己的目标；同时也要认识到，每个人都是社会不可或缺的一部分，只有共同努力，才能推动社会不断向前发展。

石可破也，
而不可夺坚；
丹可磨也，
而不可夺赤

【经典原文】

　　石可破也，而不可夺坚；丹可磨也，而不可夺赤。坚与赤，性之有也。性也者，所受于天也，非择取而为之也。

　　——〔战国〕吕不韦《吕氏春秋·季冬纪·诚廉》

【经典释义】

　　石头可以被击破，但无法改变它本身的硬度；朱砂可以被磨损，但无法改变它鲜红的底色。硬度和红色是石头和朱砂所固有的本质属性。这种本质是天生的，不是经过人的选取而形成的。

【河南元素】

　　吕不韦，战国时期卫国濮阳（一说今河南濮阳西南，一说今河南安阳滑县）人。《吕氏春秋·季冬纪·诚廉》是吕不韦与其门客编著的《吕氏春秋》中的一篇重要文章。该篇以品格操守为主题，通过经典故事赞美了那些坚守节操、不为外界所动的志士仁人。文章强调了本性、名节的重要性，指出高洁品质如同石之坚、丹之赤，不可改变。

这一思想不仅是对古代贤士的颂扬，也为后世树立了崇高的道德标杆，成为中国传统文化中不可或缺的一部分。《吕氏春秋·季冬纪·诚廉》中记录了伯夷、叔齐不食周粟的故事。伯夷和叔齐是商朝末年孤竹国君的两个儿子，他们在周武王伐纣后，认为以暴易暴是道德的衰落，因此不食周粟，隐居在位于今河南境内的首阳山，最终饿死在那里。他们宁愿选择死亡，也不愿改变自己的操守和信仰，这种坚守体现了"石可破也，而不可夺坚；丹可磨也，而不可夺赤"的精神。

【当代启示】

2016年10月21日，习近平总书记在纪念红军长征胜利80周年大会上讲到理想信念时，引用了"石可破也，而不可夺坚；丹可磨也，而不可夺赤"这句话，来阐述共产党人应具有坚定的理想信念。无论外界环境如何变迁，个人应坚守内心的信念与原则，保持坚韧不拔的精神和正直的品格，在追求梦想或面对挑战时，即便遭遇失败与困境，也不应放弃自我，因为真正的价值在于那份不可磨灭的坚韧与纯真。这句话鼓励我们在复杂多变的社会中保持自我本色，勇于担当，不懈奋斗，让生命之石虽经磨砺，依然坚不可摧；让心灵之丹历经考验，更加鲜艳夺目。

> 事辍者无功，
> 耕怠者无获

【经典原文】

功业有绪，恶劳而不卒，犹耕者倦休而困止也。夫事辍者无功，耕怠者无获也。

——〔西汉〕桓宽《盐铁论·击之》

【经典释义】

事业已经有了头绪，如果因为厌恶辛劳而不愿将它完成，这就好像耕田的人因为疲倦而休息，导致有始无终。事情如果半途而废就无法成功，农田如果懈怠耕作就不会有所收获。

【河南元素】

桓宽，西汉汝南郡（治今河南上蔡西南）人。《盐铁论》一书主要基于汉昭帝时期著名的"盐铁会议"记录整理而成，是研究西汉经济史、政治史的重要史料。《击之》作为其中的一卷，具体围绕当时的国家大政方针，特别是抗击匈奴、外交策略及盐铁官营等问题进行了深入的辩论。在《盐铁论·击之》中，辩论双方以御史大夫桑弘羊为代表的政府官员为一方，以贤良文学为代表的民间知识分子为另一方。前者主张强化军事力量，继续抗击匈奴，并坚持盐铁官营，以巩固国家经济；而后者则倾向于通过外交手段如和亲、修文德等来解决边患，同时反对盐铁官营等经济政策，认为这些政策与民争利，不利于社会经济的发展。通过研读《盐铁论·击之》，我们可以更深入地理解西汉时期的国家政策、社会思想及不同阶层之间的利益冲突和妥协。

【当代启示】

2016年10月27日，习近平总书记在党的十八届六中全会第二次全体会议上，引用了"事辍者无功，耕怠者无获"这句话，强调全党一定要保持战略定力，坚持"严"字当头、真管真严、敢管敢严、长管长严，把严的要求贯彻到管党治党全过程、落实到党的建设各方面。我们在事业和生活中，也只有坚持不懈地努力，有恒心，不懈怠，才能收获成果；无论在哪个领域或阶段，我们都要树立坚定的信念，制定明确的目标，并付诸持续的努力和行动，只有这样，才能在竞争激烈的现代社会中立足并实现自己的价值和梦想。

> 遇事无难易,而勇于敢为

【经典原文】

　　师鲁为文章,简而有法。博学强记,通知今古,长于《春秋》。其与人言,是是非非,务穷尽道理乃已,不为苟止而妄随,而人亦罕能过也。遇事无难易,而勇于敢为,其所以见称于世者,亦所以取嫉于人,故其卒穷以死。

——〔北宋〕欧阳修《尹师鲁墓志铭》

【经典释义】

　　师鲁写文章,简洁而富有法度。他记忆超强,学识渊博,通晓古今,尤其擅长《春秋》。他与人交谈时,是非曲直对错,一定要搞得明明白白才肯罢休,不会随便停止或轻率地附和别人,别人也很少能超过他。他无论遇到什么事,无论难易,都勇于作为,敢于承担责任,这是他被世人称道之处,也正是因为这一点,他招来了别人的嫉妒,所以最终在穷困潦倒中去世。

【河南元素】

欧阳修所写的这篇墓志铭的主人师鲁,即尹洙。尹洙(1001—1047),字师鲁,西京河南府(今河南洛阳)人,世称河南先生,北宋古文运动的先驱之一,与范仲淹、韩琦、欧阳修、蔡襄等人是终身挚友。他为人正直,不畏权贵,范仲淹因向朝廷提出一系列政治经济改革措施而被反对派诬为朋党而遭贬时,尹洙立即上奏为其求情,并自称范仲淹之党,因此被贬监唐州酒税。他任职西北边陲数年,深谙边事。在宋夏战争中,他多次上书论兵事,提出"减并栅垒,招募士兵,省骑军增步卒"等攻守之计,为北宋边防做出了重要贡献。在好水川之战中,他更是率兵救援,展现了他的军事才能和爱国情怀。

【当代启示】

在面对挑战和困难时,我们应保持积极态度,勇敢地面对并寻求解决办法。面对挑战的勇气、不畏艰难的决心、敢于担当的精神、积极进取的态度和坚持正义的信念不仅能帮助我们实现个人价值和社会价值,也能推动社会的进步和发展。2014年3月18日,习近平总书记在河南省兰考县委常委扩大会议上的讲话中提到,亲民爱民、艰苦奋斗、科学求实、迎难而上、无私奉献的焦裕禄精神,是任何一个民族都需要的强大精神力量,无论时代发展到哪一步都不会过时。焦裕禄精神即体现了"遇事无难易,而勇于敢为"的勇气,以及为人民谋福利的坚定信念,充分展示了河南人民在面对困难和挑战时的毅力。焦裕禄精神不仅是河南人民的宝贵精神财富,也是中国共产党人精神谱系的重要组成部分。

水滴石穿

【经典原文】

泰山之霤穿石,单极之绠断干。水非石之钻,索非木之锯,渐靡使之然也。

——〔东汉〕班固《汉书·枚乘传》

【经典释义】

泰山上流下的水能将石头滴穿,细细的井绳可以把井上的栏杆磨断。水并不是钻石头的钻子,井绳也不是锯木头的锯子,但是它们靠着日积月累的努力,最终达到了石穿木断的效果。

【河南元素】

《汉书·枚乘传》记载了西汉辞赋家枚乘的生平事迹与文学成就。枚乘(?—前140),字叔,是西汉著名辞赋家。初为吴王刘濞郎中,因吴王有叛心而两次上书劝谏,吴王不纳,遂投奔梁孝王刘武,长期在今河南商丘的梁园进行文学创作。景帝时,吴王参与七国之乱,枚乘再次上书劝阻未果,吴王兵败身死。枚乘因此显名,后拜为弘农都尉，但称病离职，复游于梁，为梁王文学侍从。枚乘文学造诣深厚，所作之赋才情横溢，尤以《七发》著称，该赋不仅奠定了汉大赋的基础，还开创了"七体"这一独特赋体，对后世文学产生了深远影响。

【当代启示】

班固在《汉书·枚乘传》中所说的"泰山之溜穿石，单极之绠断干"，宋人罗大经在《鹤林玉露》中将其简化为"绳锯木断，水滴石穿"。"水滴石穿"常用来比喻坚持不懈，集细微的力量也能成就难能的功劳。坚持和毅力是成功的关键。无论面临多么困难的任务或挑战，只要我们有决心和毅力，持之以恒地去努力，就能够克服一切困难，实现我们的目标；在日常生活和工作中，不要忽视任何一个看似微小的细节或努力，因为正是这些细节的积累，才能推动我们不断前进，实现更大的成就；在追求目标的过程中，要有足够的耐心和毅力，不要急于求成，而是要稳扎稳打，一步一个脚印地前进。

志不求易,
事不避难

【经典原文】

诩笑曰:"志不求易,事不避难,臣之职也。不遇盘根错节,何以别利器乎?"

——〔南朝·宋〕范晔《后汉书·虞诩传》

【经典释义】

虞诩笑着说:"志向不追求容易达成的目标,做事不回避困难,这是做臣子的职责。如果没有遇到盘根错节的难题,又怎么能识别出能臣的卓越之处呢?"

【河南元素】

虞诩(?—137),字升卿,小字定安,陈国武平(今河南鹿邑西北)人,是东汉时期的杰出名将和名臣。他精学《尚书》,事亲至孝,早年因祖母年迈而推辞官职,后得太尉李修赏识,被辟选至太尉府,拜为郎中。虞诩在军事上展现出非凡的才能,他曾任武都太守,面对羌人叛乱,以增灶之计迷惑敌军,大破羌军,安定一郡,政绩卓著。他的战术智慧不仅体现在战场上，更在治理地方时得到充分发挥，深受民众爱戴。他为官清正廉明，刚正不阿，多次举劾官吏，讥刺朝政，不畏权贵，因此一生九次被谴责审治，三次遭到刑罚，但刚正之性至老不屈。他担任司隶校尉时更是大力反腐，使得朝中百官侧目，号为苛刻。虞诩的一生充满了传奇色彩，他凭借军事才能和政治智慧为东汉王朝的稳定和发展做出了重要贡献，他也以刚正不阿和清廉自守为后世树立了楷模。

【当代启示】

"志不求易，事不避难"这句话鼓励我们：一要挑战自我追求卓越。在设定目标时，不要仅仅追求容易达成的目标，而是要敢于设定更高的目标。只有不断挑战自己的极限，我们才能不断成长和进步。二要积极面对困难。人生难免会遇到各种困难和挑战，我们不应该回避这些困难，而是应该积极面对。通过克服困难增强自己的能力和信心。三要培养解决问题的能力。我们要通过不断学习和实践，提高自己的综合素质，从而更好地应对各种挑战。

积厚成器

【经典原文】

韩弘降神挺材,积厚成器,中蕴深闳之量,外标严重之姿。有匡国济时之心,推诚不耀;有夷凶禁暴之略,仗义益彰。

——〔后晋〕刘昫等《旧唐书·韩弘传》

【经典释义】

韩弘天赋异禀,经过长期的积累和磨砺,形成了卓越的品质和才能,内心蕴藏着宽宏博大的度量,外表展现出庄重威严的姿态。他怀有匡扶国家、救济时局的雄心,对人推诚置腹,从不炫耀;他拥有平定凶乱、禁止暴行的策略和手段,他的侠肝义胆使他的声誉日隆。

【河南元素】

韩弘(765—823),滑州匡城(今河南长垣)人,唐朝中期藩镇将领。韩弘曾编纂有《圣朝万岁乐谱》,共三百首,今已佚。韩弘不喜牡丹,晚年住在长安永崇里的私宅时,见有牡丹,便命人将其除去,说:"我岂能效仿儿女辈人!"晚唐诗人罗隐在诗作《牡丹花》中便有"可怜韩令功成后,辜负秾华过此身"之感叹。

【当代启示】

2017年10月11日,习近平主席给南南合作与发展学院首届硕士毕业生的回信中,用"积厚成器"这个成语表达了对毕业生们的期望,希望他们可以坚持学习,学以致用,努力探索符合本国国情的可持续发展道路,成为各自国家改革发展的领导者。"厚积成器"这一成语也提醒我们要持之以恒地积累知识与才干,磨炼耐心和毅力,培养正确的态度和方法,增强不断追求成功的信念和勇气。只有这样,我们才能在激烈的竞争中立于不败之地,实现自己的人生价值。

后来者居上

【经典原文】

　　始黯列为九卿，而公孙弘、张汤为小吏。及弘、汤稍益贵，与黯同位，黯又非毁弘、汤等。已而弘至丞相，封为侯；汤至御史大夫；故黯时丞相史皆与黯同列，或尊用过之。黯褊心，不能无少望，见上，前言曰："陛下用群臣如积薪耳，后来者居上。"上默然。

——〔西汉〕司马迁《史记·汲郑列传》

【经典释义】

　　最初汲黯位列九卿，公孙弘、张汤只是小吏。等到公孙弘、张汤渐渐显贵，与汲黯官位相当了，汲黯便常常责难公孙弘、张汤等人。不久公孙弘做了丞相，被封为平津侯；张汤也做了御史大夫；原来汲黯的属吏都和汲黯同级了，有的职位还超过了他。汲黯心直口快，不能说没有一点怨气，他拜见汉武帝说："陛下使用群臣，就像堆柴垛一样，后来的放在上面。"汉武帝听了，默然无语。

【河南元素】

汲黯（？—前112），字长孺，濮阳（今河南濮阳）人，西汉武帝时期谏臣。汲黯与人相处很傲慢，不讲究礼数，好当面顶撞人，容不得别人的过错。与自己心性相投的，他就亲近友善；与自己合不来的，就不耐烦相见，士人也因此不愿依附他。汲黯好学，又好仗义行侠，很注重志气节操。他喜欢直言劝谏，屡次触犯汉武帝的面子，因而不得久居其官位。

【当代启示】

"后来者居上"这句话本是汲黯对汉武帝用人的批评，表示资历新的人反居资历老的人之上，是不合适的，后来该句话简化为"后来居上"这一成语，常用来指后起之秀超过了前辈。"后来居上"这个成语告诉我们，只要通过不断努力和学习，后来者完全有可能超越前人。这鼓励着每一个人，无论处于何种阶段，都应该保持积极进取的心态，不断学习新知识，提升自己的能力，以在激烈的竞争中脱颖而出。

不入虎穴，不得虎子

【经典原文】

超曰："不入虎穴，不得虎子。当今之计，独有因夜以火攻虏，使彼不知我多少，必大震怖，可殄尽也。灭此虏，则鄯善破胆，功成事立矣。"

——〔南朝·宋〕范晔《后汉书·班超传》

【经典释义】

班超说："不进入虎穴，就不可能捉到小老虎。当前我们唯一可行的计策，只有趁着夜色用火攻袭击敌人，使他们不知道我们有多少人，他们一定会非常震惊恐惧，这样就可以把他们全部歼灭了。消灭了这些敌人，鄯善国就会吓破胆，我们就可以大功告成了。"

【河南元素】

这句话讲的是班超的故事。班超（32—102），字仲升，东汉时期著名军事家、外交家，史学家班彪的幼子。他早年投笔从戎，随军出征北匈奴，后奉命出使西域，历经31年，成功收复西域50多个国家，为汉朝的稳定与繁荣立下赫赫战功。其间，班超还击败过自中亚来犯的月氏（贵霜帝国），并被封为定远侯，世称"班定远"。晚年，班超因年迈请求回朝，抵达洛阳后被拜为射声校尉，不久后病逝，享年71岁。班超死后葬于洛阳邙山之上，今洛阳市孟津县朝阳镇建有班超纪念馆。班超所说的"不入虎穴，不得虎子"这句话，在《三国演义》中由黄忠说出，当时刘封认为"军士力困，可以暂歇"，但黄忠言："不入虎穴，焉得虎子？"遂策马先进。黄忠（？—220），字汉升，三国时期南阳（治今河南南阳）人，以勇冠三军，常先登陷阵。

【当代启示】

2018年11月23日，习近平总书记在纪念刘少奇同志诞辰120周年座谈会上的讲话中，引用了刘少奇同志返回白区工作时讲述过"不入虎穴，焉得虎子"这句话，证明刘少奇同志是敢于担当、勇于创造的光辉榜样。敢于入虎穴、得虎子强调了勇气、冒险和决断力在达成目标中的重要性。在追求目标的过程中，我们要有勇气和决心，敢于冒险尝试，并具备正确的风险意识，这样才能在激烈的竞争中脱颖而出，实现自己的梦想。

经师易遇，人师难遭

【经典原文】

昭曰："盖闻经师易遇，人师难遭，故欲以素丝之质，附近朱蓝耳。"

——〔东晋〕袁宏《后汉纪·孝灵皇帝纪》

【经典释义】

魏昭说："我听说传授经书的老师容易遇到，但能够成为楷模、教导人如何做人的老师很难遇到，因此我希望自己能够像洁白的丝织品一样，去接近那些就像红色或蓝色的染料一样的能够成为榜样和楷模的老师，以便受到他们的良好影响。"

【河南元素】

袁宏，东晋陈郡阳夏（今河南太康）人。这句话讲的是魏昭尊师重教的故事。东汉末年，有一位著名的儒生郭泰，与许劭并称"许郭"，与李膺等交游，名重洛阳，被太学生推为领袖。他不仅学识渊博，而且品行高尚，深受人们的尊敬。郭泰在京城洛阳时，许多儒生都慕名前来拜访他，希望得到他的指点和教诲。在郭泰的众多弟子中，有一个叫魏昭的年轻人。魏昭对郭泰非常敬仰，自愿为他做仆役，以便能够接近他并学习他的品行和学问。郭泰为了考验魏昭的诚意和决心，曾反复假愠斥责他，然而魏昭却和颜悦色地回答说："盖闻经师易遇，人师难遭。"这句话表达了魏昭对于能够遇到像郭泰这样既是经师又是人师的老师的感激和珍惜之情。郭泰听了魏昭的话，大喜，将毕生所学全部教给了魏昭，而魏昭也终成大器。

【当代启示】

2019年3月18日，习近平总书记在学校思想政治理论课教师座谈会上的讲话中，化用"经师易遇，人师难遭"这句话言"经师易求，人师难得"，说明优秀的思想政治课教师是非常难得的人才。教师承载着传播知识、传播思想、传播真理，塑造灵魂、塑造生命、塑造新人的时代重任。找一个只是传授知识的老师很容易，但找一个教怎么做人且以自己的行为加以示范的老师很难。这句话提醒我们，在追求知识和技能的同时，更要注重品德和人格的塑造；在寻求知识的过程中，要注重培养自己的独立思考能力和批判性思维；在人际交往中，要注重寻找那些能够给予我们正面影响的良师益友。只有这样，我们才能真正成为一个有知识、有品德、有思想、有情感的人。

朝乾夕惕

【经典原文】

君子终日乾乾，夕惕若，历无咎。

——《周易·乾》

【经典释义】

君子一天到晚都保持自强不息、勤勉不懈的精神状态，到了夜晚还保持警惕，反省自己的言行，这样持之以恒，即使面临危险也不会有过失或灾难。

【河南元素】

羑里，在今河南汤阴北，为商纣王囚禁周文王的地方。周文王拘于羑里时，推演了《周易》。《周易·乾》是《周易》六十四卦中的第一卦，主卦和客卦都是乾卦。乾卦的卦象是天，象征着强健、刚健、进取和创造力。其特性如《象传》所言："天行健，君子以自强不息"，强调天道运行不息，君子应效法天道，自强不息，努力奋斗。乾卦的卦辞为"元亨利贞"，代表着吉祥如意，大通而有利，但须行正道方可永远亨通。乾卦所包含的范围广泛，凡是积极向上的、刚健有力的、权威的、圆形的、珍贵的、富有的等事物，都归于乾卦。在《周易·乾》中，各爻的爻辞也富含深意，如初九"潜龙勿用"，象征事物发展之初应潜藏勿动；九二"见龙在田，利见大人"，则表示时机成熟，宜展现才华，并得贵人相助。乾卦不仅是中国古代哲学中的重要概念，也对中国传统文化、政治、艺术等多个领域产生了深远影响。它体现了中国古代人民对天道的敬畏和追求，以及对自强不息精神的崇尚。

【当代启示】

2020年1月23日，习近平总书记在2020年春节团拜会上的讲话中用"朝乾夕惕"一词形容我们一年来勤勤恳恳地工作。在日新月异、竞争激烈的今天，保持每日的勤奋与警觉是通往成功的关键。早晨，当第一缕阳光洒落，我们应当满怀激情与希望，以全新的姿态投入到工作与生活中，勇于探索未知，敢于挑战自我。而夜晚，当万籁俱寂之时，我们则需静下心来，回顾一天的得失，总结经验教训，为明日的征程做好准备。"朝乾夕惕"还启示我们要有持续学习、不断进取的精神。在这个知识爆炸的时代，唯有不断学习新知识、新技能，才能跟上时代的步伐，不被时代淘汰。同时，我们也要保持谦逊与自省，时刻警醒自己，避免骄傲自满、固步自封。"朝乾夕惕"是先贤留给我们的宝贵财富，是当代人在追求梦想、实现价值过程中应当秉持的重要原则。

> 志之难也，不在胜人，在自胜

【经典原文】

是以志之难也，不在胜人，在自胜也。故曰：自胜之谓强。

——〔战国〕韩非《韩非子·喻老》

【经典释义】

因此立志的困难，不在于胜过别人，而在于战胜自己。所以说：能够战胜自己的人，才是强者。

【河南元素】

韩非，战国末韩国新郑（今河南新郑）人。《韩非子·喻老》通过二十五则历史故事和民间传说，对道家经典《老子》的十二章进行了深入阐释，其中涵盖了《德经》八章和《道经》四章的内容。这些阐释使得《老子》中原本抽象的哲学思想变得具体可感，不仅在中国哲学史和训诂学史上具有发凡起例的作用，同时也为韩非的刑名法术之学提供了精深的理论依据。《韩非子·喻老》中的故事和传说，如"翟人献皮""智伯攻赵""扁鹊见蔡桓公"等，都蕴含着深刻的哲理和治国理政的智慧。韩非通过这些故事，巧妙地揭示了"道"与"法"的内在联系，强调了君主应如何运用智慧和权谋来治理国家，以及如何在复杂多变的政治环境中保持清醒和警觉。此外，《韩非子·喻老》还体现了韩非对于人性、权力、社会制度等问题的深刻洞察和独到见解。他认为人性本恶，需要法律和制度来约束和规范；权力是国家的根本，必须掌握在君主手中并得到有效运用；社会制度应该随着时代的变化而不断变革和完善。这些思想对后世产生了深远影响，被广泛应用于政治、经济、文化等各个领域。

【当代启示】

2021年2月25日，习近平总书记在全国脱贫攻坚总结表彰大会上的讲话中引用"志之难也，不在胜人，在自胜"这句话，强调脱贫必须摆脱思想意识上的贫困，要让贫困户自立自强。事实上，对于我们每一个人，要实现自己的志向或目标，最大的挑战往往不是来自外部的竞争，而是需要克服自身的弱点、惰性、恐惧或自我怀疑。自知者明，自胜者强，真正的成功在于能否战胜自己的内心，突破个人的局限，实现自我提升和超越。

愚公移山

【经典原文】

太行、王屋二山,方七百里,高万仞,本在冀州之南,河阳之北。北山愚公者,年且九十,面山而居。惩山北之塞,出入之迂也,聚室而谋曰:"吾与汝毕力平险,指通豫南,达于汉阴,可乎?"杂然相许。其妻献疑曰:"以君之力,曾不能损魁父之丘,如太行、王屋何?且焉置土石?"杂曰:"投诸渤海之尾,隐土之北。"遂率子孙荷担者三夫,叩石垦壤,箕畚运于渤海之尾。邻人京城氏之孀妻有遗男,始龀,跳往助之。寒暑易节,始一反焉。

河曲智叟笑而止之曰:"甚矣,汝之不惠!以残年余力,曾不能毁山之一毛,其如土石何?"北山愚公长息曰:"汝心之固,固不可彻,曾不若孀妻弱子。虽我之死,有子存焉;子又生孙,孙又生子;子又有子,子又有孙:子子孙孙无穷匮也,而山不加增,何苦而不平?"河曲智叟亡以应。

操蛇之神闻之,惧其不已也,告之于帝。帝感其诚,命夸娥氏二子负二山,一厝朔东,一厝雍南。自此,冀之南,汉之阴,无陇断焉。

——〔战国〕列御寇《列子·汤问》

【经典释义】

太行、王屋两座大山，方圆七百里，高万仞，本来在冀州的南边，河阳的北边。北山有一个愚公，年纪将近90岁了，面对着大山居住。他苦于山区北部的阻塞，出来进去都要绕远路，就召集全家人商量说："我跟你们尽全力铲除险峻的大山，使道路一直通到豫州南部，到达汉水南岸，可以吗？"大家纷纷表示赞同。他的妻子提出疑问说："凭你的力气，连魁父这座小山都不能削平，能把太行、王屋这两座大山怎么样呢？再说，挖下来的土和石头又安放在哪里？"众人又纷纷说："把它扔到渤海的边上，隐土的北边。"于是愚公率领儿孙中能挑担子的三个人上了山，凿石头，挖土，用箕畚运到渤海边上。邻居京城氏的寡妇有个男孩，刚七八岁，蹦蹦跳跳地去帮助他。冬夏换季，他们才能往返一次。

河湾上有一位智叟听到愚公的话后，讥笑并阻止他道："你也太不聪明了！凭你残余的岁月和剩余的力气，连山上的一根草木都动不了，又能把泥土和石头怎么样呢？"北山愚公长叹一声说："你思想顽固，顽固到了不可改变的地步，连孤儿寡妇都比不上。即使我死了，还有儿子在呀；儿子又生孙子，孙子又生儿子；儿子又有儿子，儿子又有孙子；子子孙孙无穷无尽，山却不会增高加大，还怕挖不平吗？"河曲智叟无话可答。

山神听说了这件事，怕他不停地挖下去，就向天帝报告了这件事。天帝被愚公的诚心感动，命令大力神夸娥氏的两个儿子背走了那两座山，一座放在朔方的东部，一座放在雍州的南部。从这时开始，冀州的南部直到汉水南岸，再也没有高山阻隔了。

【河南元素】

王屋山，位于河南省济源市和山西省晋城市阳城县、运城市垣曲县等市县间。它东依太行山，西接中条山，北连太岳山，南临黄河，是我国古代九大名山之一，也是道教十大洞天之首，道教主流全真派圣地。王屋山的得名有两种说法：一说其"山中有洞，深不可入，洞中如王者之宫"，故曰"王屋"；一说其山有"三重，其状如屋，故名"。千百年来，王屋山以其集雄、奇、险、秀、幽于一体的自然景观，吸引了众多帝王将相、文人墨客来此寻幽探胜，留下许多摩崖石刻和脍炙人口的名篇佳作。如李白《寄王屋山人孟大融》中言："愿随夫子天坛上，闲与仙人扫落花。"白居易《游坊口悬泉偶题石上》中盛赞："济源山水好，老尹知之久。"愚公移山的神话传说发生在河南省济源市境内，所以济源市有"愚公故里"之称。

【当代启示】

"愚公移山"比喻坚持不懈地改造自然和坚定不移地进行斗争，强调的是一种不畏艰难、持之以恒的奋斗精神，鼓励我们在面对困难和挑战时要有坚定的信念和决心，无所畏惧，勇往直前，不屈不挠，锲而不舍。红旗渠精神即集中体现了这样一种精神。红旗渠位于河南林州市，是20世纪60年代林县人民在艰苦条件下修建的引漳入林水利工程。林县人民发扬敢想敢干的斗争精神，誓把河山重安排。红旗渠修建期间面临无数的困难和挑战，如地形险峻、资金匮乏、技术落后等。但林县人民凭借着"自力更生、艰苦创业、团结协作、无私奉献"的红旗渠精神，坚持不懈，克服了难以想象的困难，最终完成了这一伟大的工程。红旗渠全长1500千米，参与修建人数近10万，历时近10年，削平1250座山头，修建建筑物12408座，挖砌土石达2225万立方米。该工程被誉为"人工天河"和"世界第八大奇迹",这一伟大工程不仅解决了当地人民的饮水和灌溉问题,推动了农业生产,改善了人民生活,而且在促进地方经济发展和文化传承方面发挥了重要作用。红旗渠是中华民族精神的象征和丰碑。红旗渠的故事就是现代版的愚公移山。

夸父追日

【经典原文】

　　夸父不量力,欲追日影,逐之于隅谷之际。渴欲得饮,赴饮河渭。河渭不足,将走北饮大泽。未至,道渴而死。弃其杖,尸膏肉所浸,生邓林。邓林弥广数千里焉。

　　　　　　　　——〔战国〕列御寇《列子·汤问》

【经典释义】

　　夸父不自量力,要追赶太阳,追到了西天太阳落山的地方。夸父渴了,就跑去喝黄河、渭河里的水。黄河、渭河里的水被喝干了,就朝北方的大泽湖奔去。还没跑到,就渴死在路上了。他丢弃了手杖,手杖被他的尸体的脂膏、血肉滋润、营养,长出一片桃树,后人叫这片桃树为邓林。邓林后来扩展到方圆数千里。

【河南元素】

　　列御寇,相传为战国时郑国圃田(今河南郑州)人。传说夸父死去的地方在河南灵宝。灵宝上古时期为桃林,周名桃林塞,置函谷关。

隋开皇十六年（596）置桃林县。唐开元二十九年（741），唐玄宗在函谷关掘得"灵符"，易年号为"天宝"，赐桃林县为灵宝县。位于今灵宝西 20 千米的阳平镇涧沟村有一座巨型土丘，传说为上古神话人物夸父的安息之所。

【当代启示】

2018 年 3 月 20 日，习近平总书记在第十三届全国人民代表大会第一次会议上引用"夸父追日"这一典故，阐明中国人民勇于追求和实现梦想的执着精神。夸父追日反映了中国古代先民了解自然、战胜自然的愿望，以及他们探索未知、征服未知的勇气。山再高，往上攀，总能登顶；路再长，走下去，定能到达。我们要像夸父那样，坚定对人生理想和光明未来的不懈追求，保持顽强意志和必胜信心，努力为造福当代、泽被子孙而奋斗。

> 水之积也不厚，
> 则其负大舟也
> 无力

【经典原文】

　　且夫水之积也不厚，则其负大舟也无力。覆杯水于坳堂之上，则芥为之舟，置杯焉则胶，水浅而舟大也。风之积也不厚，则其负大翼也无力。

——〔战国〕庄子《庄子·逍遥游》

【经典释义】

　　如果水聚积得不够深，那么它就没有足够的力量浮起大船。在堂屋的低洼处倒上一杯水，那么只能拿小草当作船，而放上一只杯子在上边，就会粘住不动了，这是因为水太浅而船太大的缘故。同样的道理，如果风聚积的力量不够大，那么它就没有力量托起巨大的翅膀。

【河南元素】

　　庄子，战国时期宋国蒙（今河南商丘东北）人。《庄子·逍遥游》是《庄子》的首篇，通过寓言和生动的比喻，阐述了庄子追求绝对自由的人生观。文章开篇以大鹏与蜩、学鸠等小动物的对比，展现了"小"

与"大"的哲学差异，进而指出无论是小生物还是大鹏，甚至是能御风而行的列子，都因有所依赖而不自由。庄子提出，真正的自由在于忘却物我界限，达到无己、无功、无名的境界，无所依凭而游于无穷，即"逍遥游"。全文想象丰富，构思新颖，字里行间洋溢着浪漫主义精神，是中国古代文学与哲学思想相结合的瑰宝。

【当代启示】

2014年9月9日，习近平总书记在同北京师范大学师生代表座谈时的讲话中引用了"水之积也不厚，则其负大舟也无力"这句话，意在强调做好老师，要有扎实的学识，知识储备不足、视野不够，教学中必然捉襟见肘，更谈不上游刃有余。这正提醒了我们，在快速发展的当代社会，我们需要不断地学习和积累知识与技能，提升个人能力，保持耐心和毅力，发挥团队合作和集体智慧，从而积聚起强大的力量，建设伟大事业。

> 泰山不让土壤,
> 故能成其大;
> 河海不择细流,
> 故能就其深

【经典原文】

是以泰山不让土壤,故能成其大;河海不择细流,故能就其深;王者不却众庶,故能明其德。

——〔秦〕李斯《谏逐客书》

【经典释义】

泰山不拒绝微小的土壤,所以能够成就其巍峨高大;河海不排斥细小的溪流,所以能够成就其浩瀚深邃;君王不抛弃广大民众,所以能够彰显其高尚德行。

【河南元素】

《谏逐客书》的作者李斯(?—前208),楚国上蔡(今河南上蔡)人,是秦朝重要的政治家、文学家和书法家。早年他师从荀子,学习帝王之术,后入仕秦国,制定了一系列重要政策和法律,如废除分封制、推行郡县制,统一文字、统一度量衡、统一货币,修驰道、车同轨等,以卓越的政治才能和远见,辅助秦始皇完成了统一六国的大业。然而,在秦始皇驾崩后，李斯参与赵高、胡亥的阴谋，矫诏册立胡亥为帝，最终因赵高的诬陷而被迫认罪。行刑前他对儿子说："吾欲与若复牵黄犬俱出上蔡东门逐狡兔，岂可得乎！"父子相拥而泣，随后他被腰斩于咸阳市集，并被夷灭三族。尽管李斯在政治生涯中取得了显著成就，但其晚年的选择和结局令人唏嘘。李斯著述颇丰，所作《谏逐客书》是古代散文名篇，李斯的传世书迹有泰山、峄山、琅邪等处刻石，是小篆的典范。今河南上蔡县蔡国故城的西南部有李斯墓，墓前墓碑上刻"秦丞相李斯之墓"，唐朝诗人胡曾为李斯墓题诗曰："上蔡东门狡兔肥，李斯何事忘南归？功成不解谋身退，直待咸阳血染衣。"

【当代启示】

2022年6月22日，习近平主席在金砖国家工商论坛开幕式上的主旨演讲中，引用了"泰山不让土壤，故能成其大；河海不择细流，故能就其深"这句话，强调各国要包容并蓄，共同扩大开放融合。这句话阐释了积累的重要性，启迪我们在提升个人修养的过程中，要胸怀宽广，兼容并蓄，以谦虚包容的态度不断学习新的知识、新的理念，吸收不同的意见和声音，这样才能形成丰富多样的知识储备，养成宽广的眼界与宏大的格局，从而成就一番事业。

> 褚小者不可以怀大，绠短者不可以汲深

【经典原文】

孔子曰："善哉汝问。昔者管子有言，丘甚善之，曰'褚小者不可以怀大，绠短者不可以汲深'。夫若是者，以为命有所成而形有所适也，夫不可损益。"

——〔战国〕庄子《庄子·至乐》

【经典释义】

孔子回答说："你问得很好。以前管仲说过一句话，我很赞同，他说'小的布袋不能够装大东西，短的井绳不能够用它汲取深井的水'。果真如此，这就是性命各有它形成的道理，形体各有它适宜的地方，这些都是不可以随意增减的。"

【河南元素】

"褚小者不可以怀大，绠短者不可以汲深"这句话是孔子引用管子的一句话。管子，即管仲，是春秋时期齐国著名的政治家、经济学家、哲学家和军事家，同时也是法家的先驱人物。司马迁的《史记·管晏列传》载："管仲夷吾者，颍上人也。"后人据此认为管子的故里在颍上即今安徽颍上县，实际上安徽颍上县秦朝置县，名曰慎县，直到隋大业二年（606）才改为"颍上"，因此司马迁所说的"颍上"，并非今天安徽的颍上县。"颍上"最早出现在《左传·成公十六年》："知武子佐下军，以诸侯之师侵陈，至于鸣鹿。遂侵蔡。未反，诸侯迁于颍上。"这里的"颍上"即颍水之旁，在今河南禹州境内，颍水发源于今河南登封西，东南流经禹州、临颍等地。据学者考证，管仲故里在今登封颍水之阳大金店镇王上村。王上村古称上阳城、颍地、颍水上原，村中城隍庙有老管爷殿和禹王殿，供奉的是管仲和大禹；存有管祠遗址，传为纪念管仲而建。在嵩山少室山南有一道山岭叫管子岭，直通王上村。登封是颍水发源地，临近管姓发源地——管国（今郑州管城区）。明代嘉靖本《登封县志》把管仲列为乡贤，是现今可查到确认管仲出生地较早的文字记载。嵩山一带方言中常用"能出管子"夸赞某个人的智慧。这些在文献、地望、名胜、民俗等方面的证据，实证了登封王上村应是司马迁所说的"颍上"所在地，因此管仲故里是河南登封的说法较为合理。

【当代启示】

2021年9月1日，习近平总书记在2021年秋季学期中央党校（国家行政学院）中青年干部培训班开班式上的讲话中引用"褚小者不可以怀大，绠短者不可以汲深"这句话，强调年轻干部精力充沛、思维活跃、接受能力强，正处在长本事、长才干的大好时期，一定要珍惜光阴、不负韶华，如饥似渴地学习。不惟中青年干部如此，人都应有这样的学习态度，一方面要了解自己的能力和资源限制，避免盲目追求不切实际的目标；另一方面要脚踏实地，抓住机遇，积小胜为大胜，最终完成远大目标。

> 独学而无友，
> 则孤陋而寡闻

【经典原文】

发然后禁，则扞格而不胜；时过然后学，则勤苦而难成；杂施而不孙，则坏乱而不修；独学而无友，则孤陋而寡闻；燕朋逆其师；燕辟废其学。此六者，教之所由废也。

——《礼记·学记》

【经典释义】

如果等到事情发生后才去禁止，那么就会抵触抗拒而难以奏效；如果错过了最佳学习时机再去学习，那么即使勤奋刻苦，也难以有所成就；如果杂乱无章地施教，没有循序渐进，那么就会混乱无条理，难以收到好的教学效果；如果独自学习而没有朋友一起切磋，就会学识浅薄，见闻不广；如果不尊敬朋友，就会违背师长的教诲；如果闲逛不学好，就会荒废学业。这六点，是教育失败的原因。

【河南元素】

《礼记》由西汉学者戴圣编定。戴圣，西汉梁国（治今河南商丘南）人。《礼记·学记》据郭沫若考证，作者为孟子的学生乐正克，创作于战国时期。该文是世界历史上最早专门论述教育和教学问题的著作，系统而全面地阐明了教育的目的、作用、制度、原则和方法，涉及教育与政治的关系、学制、学校管理和教育教学原则等。在《学记》中，作者强调了教育的重要性，规划了从地方到中央的教育体系，提出了学年编制和成绩考核制度的设想，体现了古代中国对教育制度的深刻思考。此外，《学记》还提出了许多具有深远影响的教育思想，如"教学相长""启发诱导""因材施教"等。《礼记·学记》是中国古代教育智慧的结晶，对后世乃至世界教育学的发展都具有重要的启示和借鉴作用。

【当代启示】

2014年9月24日，习近平主席在纪念孔子诞辰2565周年国际学术研讨会暨国际儒学联合会第五届会员大会开幕会上的讲话中引用了"独学而无友，则孤陋而寡闻"这句话，强调对人类社会创造的各种文明，我们都应采取学习借鉴的态度，都应该积极吸纳其中的有益成分，将优秀文化基因与当代文化相适应、与现代社会相协调。这句话强调了学习中交流和合作的重要性，通过与他人的交流和学习，可以拓宽自己的知识面，了解更多的信息和观点，从而提高学习效果。学习不应是一个孤立的过程，而应该是在与他人的交流与合作中不断深化的。在当代信息爆炸的时代，知识更新迅速，如果仅仅依靠个人的力量去学习，很容易陷入片面和狭隘的境地。因此我们应该积极寻求学习的伙伴，通过团队合作、讨论交流等方式，共同探索知识的海洋。

> 师者,所以传道授业解惑也

【经典原文】

古之学者必有师。师者,所以传道授业解惑也。人非生而知之者,孰能无惑?惑而不从师,其为惑也,终不解矣。

——〔唐〕韩愈《师说》

【经典释义】

古代求学之人必定有老师。老师,是用来传授道理、教授学业、解答疑难问题的。人不是生下来就懂得道理的,谁能没有疑惑呢?有了疑惑,如果不跟从老师学习,那些疑难问题,就始终不能解开了。

【河南元素】

韩愈,河南河阳(今河南孟州南)人。韩愈是我国唐代著名的文学家、思想家,更是一位伟大的教育家,《师说》是唐代文学中的一篇经典议论文,约创作于贞元十七年至十八年(801—802),当时韩愈任国子监四门博士。全文围绕从师求学的重要性展开,深刻阐述了教师的职责与学生的学习态度。文章开篇即点明"古之学者必有师",

强调教师"传道授业解惑"的职能，其后通过古今对比、圣人与众人对比等手法，批判了当时社会上耻于从师的不良风气，提倡无论贵贱长幼，只要有道，皆可为师。文章论点鲜明，结构严谨，说理透彻，富有较强的说服力和感染力。《师说》不仅在当时起到了转变风气的作用，而且对后世的教育观念产生了深远影响。

【当代启示】

2014年9月9日，习近平总书记在同北京师范大学师生代表座谈时的讲话中引用了"师者，所以传道授业解惑也"这句名言，阐述为人师者的职守，用以勉励广大学子。教师肩负着培养下一代的重要责任。正确的理想信念是教书育人、播种未来的指路明灯。教师如果只知道"授业""解惑"而不"传道"，就不能算是一个称职的教师。教师不仅要传授知识，更要注重道德、思想、文化的传播，帮助学生树立正确的价值观和人生观；要培养学生的学习能力和实践能力；还要引导学生独立思考、自主探究。好的教师应该心中有国家和民族，肩上有社会责任和国家使命。

圃田车站中欧班列（郑州）

第十章

友邦睦邻

不辱使命

【经典原文】

秦王使人谓安陵君曰:"寡人欲以五百里之地易安陵,安陵君其许寡人!"安陵君曰:"大王加惠,以大易小,甚善;虽然,受地于先王,愿终守之,弗敢易。"秦王不说。安陵君因使唐雎使于秦。

秦王谓唐雎曰:"寡人以五百里之地易安陵,安陵君不听寡人,何也?且秦灭韩亡魏,而君以五十里之地存者,以君为长者,故不错意也。今吾以十倍之地,请广于君,而君逆寡人者,轻寡人与?"唐雎对曰:"否,非若是也。安陵君受地于先王而守之,虽千里不敢易也,岂直五百里哉?"

秦王怫然怒,谓唐雎曰:"公亦尝闻天子之怒乎?"唐雎对曰:"臣未尝闻也。"秦王曰:"天子之怒,伏尸百万,流血千里。"唐雎曰:"大王尝闻布衣之怒乎?"秦王曰:"布衣之怒,亦免冠徒跣,以头抢地耳。"唐雎曰:"此庸夫之怒也,非士之怒也。夫专诸之刺王僚也,彗星袭月;聂政之刺韩傀也,白虹贯日;要离之刺庆忌也,仓鹰击于殿上。此三子者,皆布衣之士也,怀怒未发,休祲降于天,与臣而将四矣。若士必怒,伏尸二人,流血五步,天下缟素,今日是也。"挺剑而起。

秦王色挠，长跪而谢之曰："先生坐，何至于此！寡人谕矣。夫韩、魏灭亡，而安陵以五十里之地存者，徒以有先生也。"

——〔西汉〕刘向《战国策·魏策四》

【经典释义】

秦王派人对安陵君说："我想用五百里的土地交换安陵，安陵君一定要答应我啊！"安陵君说："大王给予恩惠，用大片的土地交换小片的土地，非常好；但即使这样，安陵是我从先王那里接受的封地，我愿意守其终老，实在不敢交换。"秦王很不高兴。安陵君于是派唐雎出使秦国。

秦王对唐雎说："我用五百里的土地交换安陵，安陵君不听从我，这是为什么呢？况且秦国已经灭了韩国亡了魏国，而安陵君凭借五十里的弹丸之地幸存下来，是因为我把安陵君当作忠厚的长者，所以不打他的主意。现在我用十倍于安陵的土地，扩大安陵君的领地，但是他违背我的意愿，难道是轻视我吗？"唐雎回答说："不，不是这样的。安陵君从先王那里接受了封地并守卫它，即使是用方圆千里的土地也不敢交换，难道区区五百里土地就能交换吗？"

秦王暴跳如雷，对唐雎说："阁下听说过天子发怒吗？"唐雎回答说："我未曾听说过。"秦王说："天子发怒，会有百万具尸体倒下，血流千里。"唐雎说："大王曾经听说过平民百姓发怒吗？"秦王说："平民发怒，也不过是摘掉帽子赤着脚，用头撞地罢了。"唐雎说："这是平庸无能之辈发怒，不是有才能有胆识的人发怒。专诸刺杀吴王僚的时候，彗星扫过月亮；聂政刺杀韩国相国韩傀的时候，一道白光直冲太阳；要离刺杀吴国王子庆忌的时候，苍鹰突然扑击到宫殿上。这三个人都是出身平民的有胆识之人，心里的怒气还没发作，上天就降示征兆，现在他们再加上一个我，就要有四个这样的人了。如果现在这个有胆识的人发怒的话，就将有两具尸体倒下，血流五步之内，全国上下都要穿白色孝服，就在今天了。"于是拔剑而起。

秦王变了脸色，直身而跪向唐雎道歉说："先生请坐，怎么会到这种地步呢！我明白了，韩国、魏国灭亡，而安陵却凭借五十里的土地而生存下来的原因，只是因为有先生在啊。"

【河南元素】

这是《战国策·魏策四》中的一篇史传文，收录于《古文观止》时清人加了题目《唐雎不辱使命》。这篇文章写唐雎奉安陵君之命出使秦国，与秦王展开面对面的激烈斗争，终于折服秦王，保存国家，完成使命，歌颂了唐雎不畏强暴、敢于斗争的爱国精神。安陵，战国时魏国属地，在今河南省鄢陵县西北。唐雎，生卒年不详，魏国大梁（今河南开封）人，战国时期著名策士，为人有胆有识，忠诚勇敢。唐雎其人在《战国策》中出现多次，除《唐雎不辱使命》外，如《魏策四》中的《秦魏为与国》中记载了"齐楚约而欲攻魏，魏使人求救于秦，冠盖相望，秦救不出"，此存亡危急之际，"魏人有唐雎者，年九十余"，不顾老迈，挺身而出，请求魏王允许他西说秦王出兵相助。再如《魏策四》中《信陵君杀晋鄙》，唐雎说信陵君不可居功自傲，应持"人之有德于我也，不可忘也；吾有德于人也，不可不忘也"的谦逊态度。有学者考证，《秦魏为与国》的故事发生在魏安僖王十一年至十五年之间（前266—前262），文中的秦王为秦昭王，唐雎说信陵君的故事发生在魏安僖王二十年（前257），而《唐雎不辱使命》的故事发生在秦王政灭韩亡魏之后，距离说信陵君过去了

40多年。按照唐雎说服秦昭王时已经90多岁，那么到了出使秦王政时已经130多岁，这便不太可能。而且据史书记载，安陵早在秦昭王二十四年（前283）便已为秦兵所取。据《新唐书·宰相世系表四》记载，唐雎是唐尧后裔，"为魏大夫"，因此，"唐雎"很有可能是当时人们在真实人物的基础上对像唐雎这样威武不能屈的游说之士的一个统称。

【当代启示】

2012年11月15日，习近平总书记在十八届中共中央政治局常委同中外记者见面时的讲话中，引用"不辱使命"一词表达新一届中央领导集体的施政承诺，表示新一届中央领导集体肩负着对民族的责任、对人民的责任、对党的责任，将会始终与人民心心相印、与人民同甘共苦，勤勉工作，向历史、向人民交出一份合格的答卷。"不辱使命"一词对于我们个人来说也有启示意义，它提醒我们要有责任心，要勇于追求卓越，保持坚韧不拔的毅力，并始终坚守诚信和担当。

人生乐在相知心

【经典原文】

明妃初嫁与胡儿,毡车百辆皆胡姬。

含情欲说独无处,传与琵琶心自知。

黄金捍拨春风手,弹看飞鸿劝胡酒。

汉宫侍女暗垂泪,沙上行人却回首。

汉恩自浅胡自深,人生乐在相知心。

可怜青冢已芜没,尚有哀弦留至今。

——〔北宋〕王安石《明妃曲二首》其二

【经典释义】

　　王昭君刚刚嫁给匈奴首领呼韩邪单于,毡车百辆跟随的都是异族少女。她含情脉脉想要诉说心事却找不到倾诉对象,只能将心事寄托于琵琶声中,以此自我纾解。她用黄金制成的拨子,舞动春风般的柔荑,弹奏出美妙的曲子,看着飞鸿劝着胡人喝酒。同来的汉宫侍女们默默垂泪,而行走在沙漠上的路人回头相望。汉朝的恩宠自然浅薄,胡人的恩情日渐深厚,人生的快乐在于找到真正相知相爱的人。可怜那青冢已经荒芜埋没，但她的哀怨之曲流传至今。

【河南元素】

宋仁宗嘉祐四年（1059），王安石奏《上仁宗皇帝言事书》之后，回到朝堂担任三司度支判官。这个上书在中下层官员和士大夫阶层中引发了共鸣，梅尧臣、欧阳修、司马光、刘敞皆写有和诗。《明妃曲二首》就是王安石这时在开封创作的。自景祐年间（1034—1038）以来，辽、西夏交侵，当时一些大臣因在宋不得志而投向辽、西夏，为辽、西夏出谋献策，王安石担忧边患，借汉言宋，借古喻今，用明妃王昭君的典故讽谏时弊，引起大家的共鸣。

【当代启示】

2013年3月25日，习近平主席在坦桑尼亚尼雷尔国际会议中心做了题为《永远做可靠朋友和真诚伙伴》的演讲，引用了王安石"人生乐在相知心"的诗句，阐述中国真实亲诚的对非政策理念和正确义利观。"人生乐在相知心"点明了人生的真正快乐在于与他人的相知理解和情感共鸣，它提醒我们要珍视与他人的相互认同和相互理解，多花时间倾听、理解和支持他人，从而建立起更加真挚、深厚、和谐的人际关系。

宾至如归

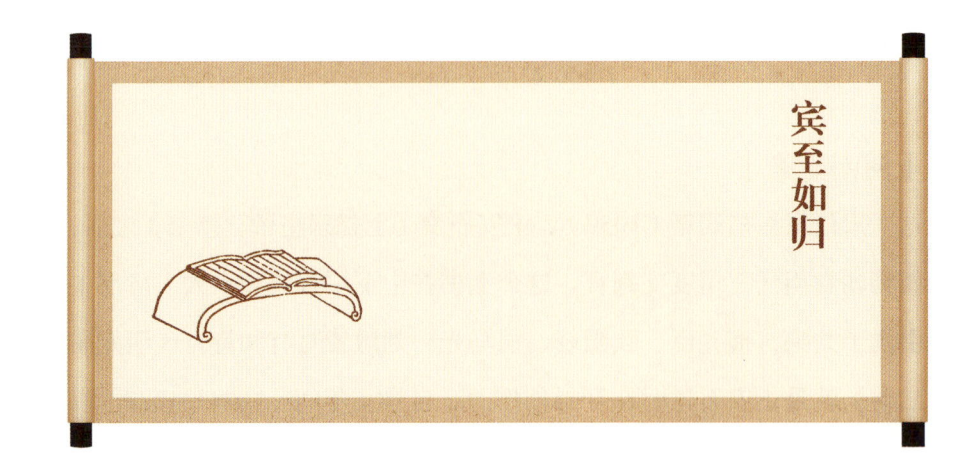

【经典原文】

宾至如归，无宁灾患，不畏寇盗，而亦不患燥湿。

——〔春秋〕左丘明《左传·襄公三十一年》

【经典释义】

客人来到这里就像回到自己家里一样，最好不要有灾害和祸患，不害怕有盗贼侵袭，同时也不担心环境的干燥或潮湿。

【河南元素】

这个典故讲的是"子产坏晋馆垣"的故事。子产（？—前522），姬姓，氏公孙，名侨，字子产，春秋时期郑国（今河南新郑）人，杰出的政治家、思想家。子产出身郑国贵族，郑简公十二年（前554）为卿，二十三年（前543）执政，相郑简公、郑定公20余年，卒于郑定公八年（前522）。鲁襄公三十一年（前542），子产陪同郑国国君到晋国出访被慢待，子产通过"坏晋馆垣"的形式，和晋国进行了激烈的外交交锋，最后得到晋君接见。

【当代启示】

2013年6月5日,习近平主席在墨西哥参议院发表了题为《促进共同发展 共创美好未来》的重要演讲,演讲中使用"宾至如归"这个成语来表达自己出访墨西哥的感觉。"宾至如归"形容对客人的招待非常周到热情,让客人感到像回到自己家一样舒适自在,体现了中国传统的待客之道,强调热情、友好和细致关怀。它提醒我们在生活中要重视人际关系、家庭观念,同时加强文化自信,勇于承担社会责任,只有努力将这些付诸实践,才能实现个人和社会的和谐发展。

> 相知无远近,
> 万里尚为邻

【经典原文】

送客南昌尉,离亭西候春。

野花看欲尽,林鸟听犹新。

别酒青门路,归轩白马津。

相知无远近,万里尚为邻。

——〔唐〕张九龄《送韦城李少府》

【经典释义】

我送别好友,在春日城西的离亭。看着野外的花朵快要凋谢尽了,但林中的鸟鸣婉转,还像刚刚听到时那样清新悦耳。我们在通往青门的道路上饮下离别的酒,你将乘着马车回到白马津。只要我们相知相惜,就没有远近之别,纵然彼此相隔万里之遥,仍然像邻居一样亲近。

【河南元素】

这首送别诗的送别对象韦城李少府是河南人。韦城是古县名,治所在今河南省滑县东南。"少府"是县尉的别称,县令称明府,县尉职位低于县令，故称"少府"。"南昌尉"是用梅福的故事指称李少府。梅福传说是汉代的仙人，其得道之前曾任南昌尉，因此后人常以神仙尉作为县尉的美称。李少府应是从县尉的任上离职，返回故乡韦城，因此张九龄称其为南昌尉，表达对朋友的赞美。诗中提到的白马津在今河南滑县黄河故道南岸渡口处，是古代南北往来的重要通道。

【当代启示】

2016年1月21日，习近平主席在对伊朗进行国事访问之际，在伊朗《伊朗报》上发表题为《共创中伊关系美好明天》的署名文章，文中引用"相知无远近，万里尚为邻"的诗句，表明中伊两国虽然相距遥远，但自1971年建交以来，中伊关系经受住国际风云变幻考验，保持健康稳定发展势头。双方相互理解，相互信任，人文交流十分密切，两国人民有着深厚友谊。真正的友情不受距离的影响，即使相隔万里，心灵依然紧密相连。这句古诗启示我们：要超越地理限制，珍惜情感联系，理解与支持他人，珍视每一次相遇与别离，在当代社会中建立和维护良好的人际关系。

唇亡齿寒

【经典原文】

谚所谓"辅车相依,唇亡齿寒"者,其虞、虢之谓也。

——〔春秋〕左丘明《左传·僖公五年》

【经典释义】

谚语所说的"大车载物所用的车两旁之板与车子互相依存,嘴唇没有了,牙齿就会感到寒冷",说的就是虞国和虢国的关系啊。

【河南元素】

虞国,周武王时期建立的诸侯国,在今山西平陆北。虢国是周朝时期的诸侯国,有东虢、西虢、北虢之分。东虢在今河南荥阳东北,前767年为郑所灭;西虢在今陕西宝鸡西,西周灭亡后,支族仍留原地,称"小虢",前687年为秦所灭。这里指的是北虢。北虢北起黄河以北的下阳城(今山西平陆南部),南接今河南嵩县北部,西达今河南三门峡陕州区和卢氏,东至今河南渑池,都上阳城(今三门峡市区李家窑村一带)。因此虞国和虢国,两国山水相连。晋国向虞国假道伐虢，宫之奇劝谏虞君说，虞之与虢，唇之与齿，唇亡则齿寒，虞君要联虢抗晋。虞君不听，借道给晋国。晋军灭亡虢国后，回师途中果然顺道把虞国也灭掉了。

【当代启示】

"唇亡齿寒"通常用来比喻双方相互依存的密切关系，利害相关，如果一方受损，另一方也难以独存。2013年10月3日，习近平主席在印度尼西亚国会发表题为《携手建设中国—东盟命运共同体》的重要演讲。在讲到中国和东盟关系时，习近平主席提出要坚持守望相助，并化用"唇亡齿寒"一词用"唇齿相依"来说明中国和东盟的紧密关系。不仅国际关系如此，在人际关系、个人与社会等方面我们都要有紧密合作的意识，这样才能共同应对挑战，创造美好未来。

大邦者下流

【经典原文】

大邦者下流，天下之牝，天下之交也。牝常以静胜牡，以静为下。故大邦以下小邦，则取小邦；小邦以下大邦，则取大邦。

——〔春秋〕老子《道德经》第六十一章

【经典释义】

大国要甘心居于江河下游，那里是天下雌柔之处，百川汇合，天下所归附。雌柔常以安静平和而胜过雄强，这是因为它安静平和而处于谦下的位置。所以大国对小国谦下忍让，就可以赢得小国的拥戴；小国对大国谦让尊重，就可以见容于大国而得以生存。

【河南元素】

老子，春秋末年楚国苦县（今河南鹿邑）厉乡曲仁里人。《道德经》第六十一章题为"大者宜为下"，深刻探讨了大国与小国间的相处之道。老子以江海为喻，阐明大国应如江海般处下，方能汇聚百川，成为百谷之王。此章强调大国应保持谦逊包容之态，以柔和方式处理国际关系，赢得小国信赖，实现和谐共生。同时，小国亦应以谦下之心寻求大国庇护，共谋发展。这一思想不仅体现了老子无为而治、以柔克刚的哲学智慧，而且强调通过谦逊和包容来达到和谐共生的目的。

【当代启示】

2014年3月28日，习近平主席在德国科尔伯基金会上的演讲中引用了"大邦者下流"这句话，来说明中国的态度和处世哲学，展现了中国的大国风范。在当代，这一思想提醒大国在处理国际事务时，应注重平等与合作，尊重小国的权益和发展空间，以共同利益为重，推动构建更加公正合理的国际秩序。同时，它也启示我们，无论国家大小，都应遵循和平、发展、合作、共赢的原则，通过对话和协商解决分歧和争端，共同应对全球性挑战。在当今复杂多变的国际形势下，"大邦者下流"的理念更显其重要价值，它鼓励各国以更加开放和包容的心态，携手合作，共同推动构建人类命运共同体，实现世界的持久和平与普遍繁荣。

智者察同,愚者察异

【经典原文】

智者察同,愚者察异。愚者不足,智者有余。有余则耳目聪明,身体轻强,老者复壮,壮者益治。是以圣人为无为之事,乐恬憺之能,从欲快志于虚无之守,故寿命无穷,与天地终。此圣人之治身也。

——《黄帝内经·素问》

【经典释义】

智者倾向于寻找和强调事物之间的共同点,而愚者则倾向于强调事物之间的差异性。愚者往往因见识不足而有所欠缺,而智者则因洞察深刻而有所盈余。这种盈余使得智者耳聪目明,身体轻盈强健,即使是老年人也能焕发青春,年轻人则更加康健。因此圣人会采取无为而治的方式来处理事务,享受恬静淡泊的生活,立志坚守虚无之道,并从中获得欲求的满足与快乐,这样他们就会万寿无疆,与天地一样长久。这就是圣人修养身心的方法。

【河南元素】

《黄帝内经》又称《内经》，相传为黄帝所作，因以为名，是中国最早的医学典籍，也是中国传统医学四大经典之首。黄帝，号轩辕氏，亦称有熊氏，中国古代部落联盟首领，出生并建都于有熊（故址在今河南新郑）。《黄帝内经·素问》多用黄帝和岐伯问答的形式写成，后来用"岐黄"作为中医的代称。在嵩山东麓丘陵山区的新密市苟堂镇南方沟村，有岐伯山，被誉为岐黄文化的发祥地。新密境内发现与岐黄文化有关的遗址、胜迹、地名、山川60余处，岐伯祠、岐伯墓、岐伯泉、岐伯洞、药王庙、黄帝城、黄帝宫、轩辕宫、修德观、天仙庙等闻名遐迩。

【当代启示】

2014年3月29日，习近平主席在比利时《晚报》发表题为《中欧友谊和合作：让生活越来越好》的署名文章，文中使用了与"智者察同，愚者察异"相近的"智者求同，愚者求异"这句话，强调中欧应本着相互尊重、平等相待、合作共赢的态度加强对话和沟通。"智者察同，愚者察异"这句古语强调了理解和包容的重要性，提醒我们应该学会求同存异，加强沟通与理解，推动认同与合作，培养开放和包容的心态，避免狭隘和偏见，尊重他人，以实现和谐与共赢。

> 凡交，
> 近则必相靡以信，
> 远则必忠之以言

【经典原文】

凡交，近则必相靡以信，远则必忠之以言，言必或传之。夫传两喜两怒之言，天下之难者也。夫两喜必多溢美之言，两怒必多溢恶之言。凡溢之类妄，妄则其信之也莫，莫则传言者殃。故法言曰："传其常情，无传其溢言，则几乎全。"

——〔战国〕庄子《庄子·人间世》

【经典释义】

大凡国与国之间的交往，邻近的国家就必定以信用相亲顺，远道的国家就必定用语言表达相互忠诚，用语言就必定用使臣传达。传达双方都高兴或都愤怒的言辞，是天下最难的事情。双方都高兴，必定会说很多夸张的溢美之词；双方都愤怒，必定会说很多过分苛责的话语。凡是过当都接近于不真实，不真实的话会让人迟疑不信，不相信传话的使臣就会遭殃。所以格言说："要传达真实之言，不要传达过当的言词，就差不多可以保全自己了。"

【河南元素】

庄子，战国时期宋国蒙（今河南商丘东北）人。《庄子·人间世》是《庄子》内七篇中的第四篇，探讨了人在复杂社会中的处世哲学，通过寓言故事如颜回与孔子关于出仕卫国的讨论、叶公子高出使齐国前的求教等，生动展现了庄子对于如何处理人与人之间关系的独到见解。庄子强调"心斋"的重要性，即内心达到空明虚静的状态，摆脱名利等外在因素的干扰，以顺应自然规律，实现内在平和。同时，庄子提出了"无用之用"的观点，认为某些看似无用的东西在特定环境下却能发挥大用，这一思想充满了辩证法的智慧。

【当代启示】

2014年6月28日，习近平主席在和平共处五项原则发表60周年纪念大会上的主旨讲话中引用了"凡交，近则必相靡以信，远则必忠之以言"这句话，阐明中国坚持和平共处五项原则。在人际交往中，无论是亲近还是疏远的关系，都应秉持诚信和忠诚的原则。对于亲近的人，我们应通过实际行动和真诚的态度来建立和维护信任，相互支持、理解和包容，让关系更加稳固和深厚。而对于疏远的人，我们则应以忠诚的言辞来表达自己的观点和态度，保持真诚和坦率，从而建立起基于诚信的沟通和交流。这种处世之道不仅有助于个人品德的提升，而且能促进社会和谐与人际关系的良性发展。

一百万买宅，千万买邻

【经典原文】

宋季雅罢南康郡，市宅居僧珍宅侧。僧珍问宅价，曰"一千一百万"。怪其贵，季雅曰："一百万买宅，千万买邻。"

——〔唐〕李延寿《南史·吕僧珍传》

【经典释义】

宋季雅被免去南康郡守的职务后，在吕僧珍的住宅旁边买了一处宅院居住。吕僧珍问他这处宅院花了多少钱，宋季雅说"一千一百万"。吕僧珍对这个价格之高感到奇怪，宋季雅解释说："我用一百万来买房子，但我用一千万来买邻居。"

【河南元素】

吕僧珍（453—511），字元瑜，东平郡范县（今河南范县东南）人，世居广陵（今江苏扬州）。他是南北朝时期南梁的开国功臣，以卓越的军事才能和高尚的品德著称。吕僧珍出身寒微，早年随丹阳尹萧顺之，后依附雍州刺史萧衍，成为其心腹之臣。在南齐时期，他历任典签、主簿、督邮、羽林监等职，勤勉能干，深受上司赏识。萧衍起兵反对东昏侯萧宝卷时，吕僧珍随军出征，屡建奇功。南梁建立后，吕僧珍升任冠军将军、前军司马等职，并封平固县侯。他入直秘书省，总领宫中宿卫，以严谨认真的态度确保宫廷安全。此外，他还曾领军参与北伐，并出任南兖州刺史等职，累官至领军将军、散骑常侍。吕僧珍性情恭敬谨慎，为官清廉正直，不仗势欺人，对亲友也不徇私情，其品德深受人们敬重。天监十年（511），吕僧珍去世，享年59岁。他去世后获赠骠骑将军、开府仪同三司等殊荣，并被追谥为"忠敬"。

【当代启示】

2014年7月4日，习近平主席在韩国国立首尔大学发表题为《共创中韩合作未来　同襄亚洲振兴繁荣》的演讲，化用了宋季雅所言的"一百万买宅，千万买邻"，用"百金买屋，千金买邻"来阐述中韩两国是金不换的好邻居。"一百万买宅，千万买邻"强调了人际关系的重要性和邻里关系的珍贵。在当代社会，人们常常为了一个理想的住所而倾尽所有，却往往忽略了与邻居之间的相处之道。一个良好的邻里环境是无价之宝，它能够为我们的生活增添温暖与和谐。因此，我们应该努力与邻居建立良好的互动和互助关系，珍惜温馨和睦的邻里环境带给我们的长久的幸福感和归属感。

同声相应,同气相求

【经典原文】

同声相应,同气相求。水流湿,火就燥,云从龙,风从虎。圣人作而万物睹。

——《周易·乾》

夫同声相应,同气相求,自然之分也。音不和,则比弦不动;声同,则虽远相应。

——〔三国魏〕嵇康《答释难宅无吉凶摄生论》

【经典释义】

相同的声音能够相互响应,同样的气息能够相互求合。水往低湿的地方流淌,火向干燥的地方燃烧,云跟随龙而出现,风跟随虎而呼啸。圣人现世,万物都可看见并感受到他的影响。

相同的声音能够相互响应,同样的气息能够相互求合,这是自然的分界。声音不和,那么离得很近的弦也不会振动;声音相同,那么即便相隔遥远也会互相响应。

【河南元素】

嵇康（223—262，或224—263），字叔夜，三国魏文学家、思想家、音乐家。嵇康与阮籍、山涛、向秀、刘伶、王戎及阮咸共七人，在三国魏正始年间（240—249）因共同的兴趣和追求而走到一起，他们崇尚老庄之学，不拘礼法，生性放达，常在山阳县（今河南辉县一带）的竹林之下，肆意饮酒、纵歌，故称"竹林七贤"。嵇康擅长音律，古琴弹得神妙无比；阮籍不拘礼俗，行不由径；山涛以饮酒著称，饮酒至八斗方醉；刘伶嗜酒如命；向秀才情横溢……他们虽然各自有着独特的性格和才华，但思想和追求高度一致，在文学、音乐、哲学等方面都有深厚的造诣，他们互相欣赏、互相尊重，成了莫逆之交。

【当代启示】

2014年7月15日，习近平主席在金砖国家领导人第六次会晤上的讲话中，引用"同声相应、同气相求"来阐述金砖五国之间的友好关系。在建立人际关系时，我们应主动寻求与自己价值观、兴趣和生活方式相近的人，因为相似的背景和观念能够促进更深入的交流和合作，从而建立起更加稳固和有意义的人际关系。同时，这一智慧也倡导我们在多元化的社会中保持开放和包容的心态，尊重和理解他人的不同选择和观点，通过寻找共同点来增进彼此的理解和信任，以建立更加和谐的人际关系，促进社会的团结与进步。

> 强不执弱，
> 富不侮贫

【经典原文】

  天下之人皆相爱，强不执弱，众不劫寡，富不侮贫，贵不敖贱，诈不欺愚。凡天下祸篡怨恨可使毋起者，以相爱生也。是以仁者誉之。

——〔战国〕墨子《墨子·兼爱》

【经典释义】

  如果天下的人都能相亲相爱，强大的人不控制弱小的人，人多的不抢夺人少的，富有的人不欺侮贫穷的人，尊贵的人不傲视卑贱的人，狡诈的人不欺骗愚笨的人。那么天下所有的祸乱、篡夺、仇怨和愤恨就可以消除了，这是人们彼此相爱的缘故。所以仁爱的人会对此大加赞赏。

【河南元素】

  墨子，战国初期宋国（都今河南商丘南）人，一说鲁阳（今河南鲁山）人，或说滕国（今山东滕州）人。墨子提倡"兼爱""非攻"，并以自己的实际行动阻止战争的发生，"墨子救宋"的故事就是"强不执弱、富不侮贫"的例证。战国时期，楚国非常强大，准备攻打宋国。墨子得知消息后，立即从家乡出发，日夜兼行，走了十天十夜到达楚国的都城郢。他首先找到公输般（鲁班），说服他停止制造攻宋的武器。随后，墨子拜见楚王，运用巧妙的比喻和逻辑，指出楚国攻打宋国的不义之处，并预言楚国将因攻打宋国而失败。楚王虽然不愿放弃攻宋计划，但在墨子与公输般模拟攻守战阵后，发现墨子能成功破解楚国的攻城器械，被墨子的智慧和勇气折服，放弃了攻打宋国的计划。

【当代启示】

2015年11月7日，习近平主席在新加坡国立大学"新加坡讲座"发表题为《深化合作伙伴关系 共建亚洲美好家园》的重要演讲，在谈及中国外交观念时，引用了"强不执弱，富不侮贫"这一典故。"强不执弱，富不侮贫"反映了社会公正和道德准则，强调在人际关系中应尊重他人的权利和尊严，不因自身的优势或财富去欺压他人，体现了平等、公正和仁爱的价值观，呼吁社会成员之间应建立和谐、友善的关系，也提醒我们要尊重他人、平等对待每一个人，具有同情心和助人之心。

始终如一，此君子之朋也

【经典原文】

故臣谓小人无朋，其暂为朋者，伪也。君子则不然。所守者道义，所行者忠信，所惜者名节。以之修身，则同道而相益；以之事国，则同心而共济。终始如一，此君子之朋也。故为人君者，但当退小人之伪朋，用君子之真朋，则天下治矣。

——〔北宋〕欧阳修《朋党论》

【经典释义】

因此我认为小人是没有真正的朋友的，他们暂时结成的团伙，也是虚伪的。君子就不一样了，君子所坚守的是道义，所践行的是忠信，所珍惜的是名节。用这些来修养身心，就能志同道合、互相增益；用这些来为国家做事，就能同心协力、共渡难关。始终如一，这就是君子之间的真正的朋友之情。所以作为君主，应当摒弃小人的虚伪团伙，而任用君子的真正伙伴，这样天下就能得到治理了。

【河南元素】

《朋党论》是欧阳修庆历四年（1044）在汴京（今河南开封）向宋仁宗上的一篇奏章，目的是驳斥保守派的攻击，强调了君子之朋与小人之朋的区别，以辨朋党之诬。文章提出，君子之朋基于道义、忠信和名节，能共同为国家兴盛而努力；而小人之朋则因利而聚，终将因利而散。欧阳修认为，君主应区分君子与小人的朋党，用君子之真朋，退小人之伪朋，以实现国家的长治久安。此文章在文学上和实践上都具有重要意义，展现了欧阳修对政治和道德的独特见解。文章实践了欧阳修"事信、意新、理通、语工"的理论主张。全文通篇对比，具有深刻的揭露作用和强大的批判力量，而排偶句式的穿插运用，又增加了文章议论的气势，很有特色。

【当代启示】

2014年11月17日，习近平主席在澳大利亚联邦议会发表题为《携手追寻中澳发展梦想 并肩实现地区繁荣稳定》的重要演讲，引用"始终如一，此君子之朋也"这句话来形容中澳之间的深厚友谊。君子之间的友谊或同伴关系，是建立在共同的目标和理想之上的，他们心意统一，齐心协力，共同努力，互相帮助，并且在追求道义和理想的过程中始终保持一致的态度和行为。这样的君子之朋，能够共同面对挑战和困难，实现共同的目标和理想。

交情郑重金相似

【经典原文】

衰残与世日相疏,惠好唯君分有余。

茶药赠多因病久,衣裳寄早及寒初。

交情郑重金相似,诗韵清锵玉不如。

醉傅狂言人尽笑,独知我者是尚书。

——〔唐〕白居易《继之尚书自余病来寄遗非一又蒙览醉吟先生传题诗以美之今以此篇用伸酬谢》

【经典释义】

随着年岁增长,我与俗世渐行渐远,但唯有您的友谊始终如一,情分越来越深。因为知道我常年有病,您总是赠送我很多茶药,在寒冷初至之前,您便早早寄来衣裳。您对我的情谊深厚,如同金子一般珍贵,您的诗韵清亮,即使是美玉也无法媲美。当我酒后胡言乱语,旁人都嘲笑我,唯一理解我的人,就是尚书您呀。

【河南元素】

白居易（772—846），字乐天，号香山居士、醉吟先生，生于河南新郑。这首诗的背景是白居易在病中得到了继之尚书的关怀与寄赠，同时继之尚书还题诗赞美了白居易的《醉吟先生传》。为表达感激之情，白居易创作了这首诗。诗中白居易深情地叙述了继之尚书对他的深厚情谊，也高度赞扬了继之尚书的交情之深、诗韵之美，认为这些比金子还珍贵，比玉石还要动听。这首诗不仅展现了白居易与继之尚书之间深厚的友情，也体现了白居易作为唐代伟大现实主义诗人的艺术风格和人文关怀。

【当代启示】

2015年11月6日，在对新加坡进行国事访问之际，习近平主席在新加坡报纸发表署名文章，引用了"交情郑重金相似"这一诗句，表达推动中新关系更上一层楼的意愿。在这个物欲横流的社会，人们常常被金钱、名利诱惑，忽略了身边最真挚的情感。而真正的友情如同黄金一般，历经岁月洗礼，依然熠熠生辉。它不会因为时间的流逝而褪色，也不会因为距离的遥远而淡漠。友情之所以能与黄金相提并论，是因为它们都承载着一种无价的情感价值。黄金虽贵，却难买真情；友情虽淡，却醇厚如酒。因此我们应该珍惜身边的每一份友情，用心去呵护，让它在生命的旅途中成为我们最宝贵的财富。

国虽大，好战必亡

【经典原文】

国虽大，好战必亡；天下虽平，忘战必危。

——〔西周〕吕尚《司马法·仁本》

【经典释义】

国家虽然强大，但如果热衷于战争，最终必然会灭亡；天下虽然太平，但如果忘记备战，也一定会陷入危险的境地。

【河南元素】

吕尚，商朝末年汲（今河南卫辉）人。《孙子兵法》古注云："《司马法》者，周大司马之法也。周武既平殷乱，封太公于齐，故其法传于齐。"《史记·太史公自序》载："《司马法》所从来尚矣，太公、孙、吴、王子（成父）能绍而明之，切近世，极人变。"唐朝李靖认为，《司马法》本出自姜太公之手。

【当代启示】

2015年11月7日,习近平主席在新加坡国立大学发表重要演讲,引用了"国虽大,好战必亡"这句话,阐述中国坚持走和平发展道路。无论国家多么强大,过度依赖战争和武力都不是长久之计,甚至可能导致国家的衰败和灭亡。和平与稳定在国家发展中至关重要,是时代的主旋律,任何一个国家应该通过对话、协商和合作来解决问题,避免战争的发生,共同维护世界和平与稳定。

和气致祥,乖气致异

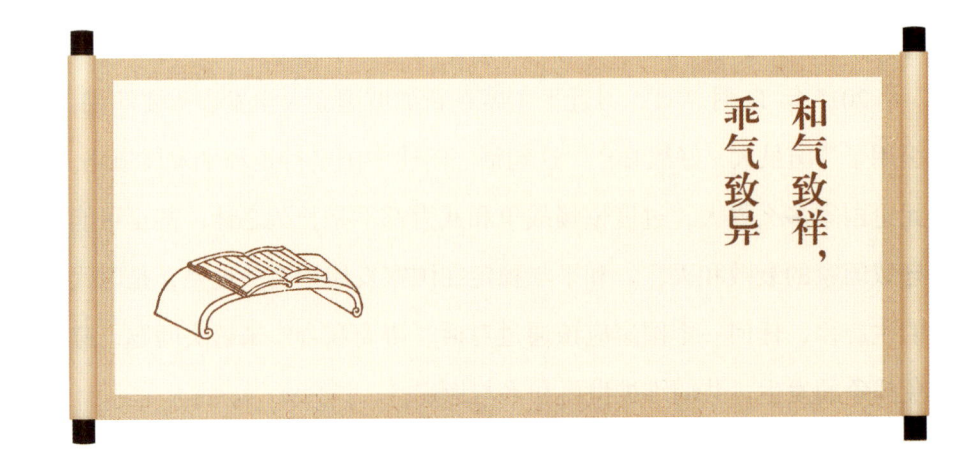

【经典原文】

和气致祥,乖气致异。祥多者其国安,异众者其国危,天地之常经,古今之通义也。

——〔东汉〕班固《汉书·刘向传》

【经典释义】

和谐的气氛带来吉祥,不和的气氛导致灾异。吉祥多则国家安定,灾异多则国家危险,这是天地间不变的规律,也是从古至今通行的道理。

【河南元素】

《汉书》创作于河南。《汉书·刘向传》记载了西汉经学家、目录学家、文学家刘向的生平事迹。刘向(约前77—前6),字子政,本名更生。他年少时因父亲刘德的恩荫被任命为辇郎,成年后因品行美好谨慎被提拔为谏大夫。刘向以通达能文著称,汉宣帝时与王褒等人共同进封,进献赋颂数十篇。他精通经术,曾教授《穀梁春秋》,

并在石渠阁讲论"五经"。在政治上，刘向多次上书言事，批评时政，尽管屡遭排挤，仍坚持正义。他编撰了《新序》《说苑》《列女传》等重要著作，对后世产生了深远影响。《汉书·刘向传》不仅展现了刘向的学术成就和政治贡献，也反映了西汉时期的社会风貌和政治生态。

【当代启示】

2017年7月1日，习近平总书记在庆祝香港回归祖国二十周年大会暨香港特别行政区第五届政府就职典礼上的讲话中，引用"和气致祥，乖气致异"这句话，强调只有大家团结起来、和衷共济，才能把香港这个共同家园建设好。这句话反映了中国传统文化中对于和谐、和睦的价值观的追求，强调了人际关系和谐对于个人、家庭和社会的重要性，提醒我们无论在提升个人修养还是社会治理方面，都应注重培养与维护和气，通过沟通、理解、包容来化解矛盾。在个人层面，和气的态度有助于建立良好的人际关系，提升生活幸福感；在社会层面，和谐的环境是经济社会持续健康发展的基石。因此我们应秉持"和气致祥"的理念，共同努力营造一个更加积极、和谐、美好的社会。

亲仁善邻，国之宝也

【经典原文】

往岁，郑伯请成于陈，陈侯不许。五父谏曰："亲仁善邻，国之宝也。君其许郑！"

——〔春秋〕左丘明《左传·隐公六年》

【经典释义】

往年，郑国的国君请求与陈国讲和，陈国的国君不答应。陈国的大臣五父劝谏说："亲近仁义、与邻国友好相处，这是国家的珍宝。您还是答应郑国的请求吧！"

【河南元素】

陈国，是西周至春秋时期的一个妫姓诸侯国，为春秋十二诸侯之一，其建都于宛丘（今河南淮阳一带），辖地最大时达十四邑，大致是今天的河南省东部地区和安徽的一部分。首任国君为妫满，相传是帝舜后裔。从公元前1046年妫满受封起，至公元前478年陈湣公被楚惠王杀为止，陈国共历25世，国祚568年，中间经历过两次亡国和两次复国。这里的陈侯指的是陈国第 12 位国君陈桓公。

【当代启示】

  2022 年 3 月 31 日，习近平主席在向第三次阿富汗邻国外长会发表的书面致辞中，引用"亲仁善邻，国之宝也"这句话，阐明中国亲善友邻的外交主张。"亲仁善邻"是一种宝贵的国际关系智慧和道德准则，它强调了在国际交往中要注重仁爱、和平、互利和共赢，是实现国家长远发展和国际和平稳定的重要保障。它提醒世人在处理国际关系时，要持有仁爱之心，尊重他国的主权和领土完整，通过和平友好的方式解决争端和冲突。同时，它也强调了与邻国建立友好关系的重要性，"善邻"不仅有利于国家的繁荣和稳定，也有利于地区的和平与发展。

* 平顶山尧山秋色

第十一章 生活哲理

> 有无相生，
> 难易相成，
> 长短相形，
> 高下相倾，
> 音声相和，
> 前后相随

【经典原文】

　　天下皆知美之为美，斯恶已；皆知善之为善，斯不善已。故有无相生，难易相成，长短相形，高下相倾，音声相和，前后相随。是以圣人处无为之事，行不言之教；万物作而不为始，生而不有，为而不恃，功成而弗居。夫唯不居，是以不去。

——〔春秋〕老子《道德经》第二章

【经典释义】

　　当天下人都知道美之所以为美时，丑的观念也就产生了；当天下人都清楚善之所以为善时，不善的观念也就产生了。所以有和无相互依存，难和易相互促成，长和短相互显示，高和下相互补充，音与声相互应和，前和后相互跟随。因此圣人用无为的态度对待世事，用不言的方式施行教化；任凭万物生长而不加以干涉，生养万物而不据为己有，有所作为而不自恃己能，建功立业而不居功自傲。正因为不居功自傲，所以才会功绩长存。

【河南元素】

老子，春秋末年楚国苦县（今河南鹿邑）厉乡曲仁里人。《道德经》第二章开篇即提出"天下皆知美之为美，斯恶已；皆知善之为善，斯不善已"，深刻揭示了美丑、善恶等相对立的概念及其相互依存的关系，强调了相对主义的世界观。随后，老子通过"有无相生，难易相成，长短相形，高下相倾，音声相和，前后相随"等生动例证，进一步阐述了世间万物皆由对立面构成，且相互依存、相互转化的哲学思想。章末老子强调圣人应以"无为"的态度处事，实行"不言"的教化，即顺应自然规律，不强行干预，让万物自然发展，以此达到和谐共生的境界。这一章不仅是对宇宙万物本质的深刻洞察，也是对人生处世哲学的精辟阐述。

【当代启示】

2013年12月3日，习近平总书记在十八届中共中央政治局第十一次集体学习时的讲话中，引用这句话来说明世界上的万事万物是普遍联系的，不能孤立静止地看待事物发展，如对生产力的理解，就必须全面准确，不能撇开生产关系、上层建筑。"有无相生，难易相成，长短相形，高下相倾，音声相和，前后相随"体现了道家哲学中朴素的辩证法思想，我们应该用辩证的观点来看待和处理问题，同时，我们也要在矛盾中寻求平衡，在挑战中寻找机遇，要勇于拥抱多样性，理解并尊重差异，正是差异构成了世界的丰富多彩。

大音希声，大象无形

【经典原文】

故建言有之：明道若昧，进道若退，夷道若颣，上德若谷，大白若辱，广德若不足，建德若偷，质真若渝。大方无隅，大器晚成，大音希声，大象无形。

——〔春秋〕老子《道德经》第四十一章

【经典释义】

所以古时立言的人说过这样的话：光明的道好似暗昧，前进的道好似后退，平坦的道好似崎岖，崇高的品德好似低谷，最纯洁的心灵好似含垢的样子，广大的品德好似不足，刚健的品德好似怠惰，质朴而纯真好似随物变化的样子。最方正的东西反而没有棱角，最贵重的器物反而最后完成，最大的声响反而听来无声无息，最大的形象反而看不出形状。

【河南元素】

老子，春秋末年楚国苦县（今河南鹿邑）厉乡曲仁里人。《道德经》

第四十一章主要阐述了大道的特征及其对万物的化育作用。这一章通过"上士闻道，勤而行之；中士闻道，若存若亡；下士闻道，大笑之"的论述，将闻道者分为上士、中士、下士三等，揭示了不同层次的人对道的理解和态度；随后通过一系列对立统一的表述，进一步阐述了大道的深奥与玄妙。最终老子强调"道隐无名，夫唯道，善贷且成"，指出大道深邃而无名，但正是它化育万物并使之成功。这一章不仅是对大道哲学的深刻阐述，也蕴含了丰富的治国之道和人生哲理。

【当代启示】

2014年3月29日，习近平主席在同德国汉学家、孔子学院教师代表和学习汉语的学生代表座谈时的讲话中，使用了"大音希声，大象无形"这句话，说明中华文化在中外交往中所发挥的润物无声的影响力。真正的智慧和成就往往不张扬，但影响深远；真正的伟大并不在于表面的光鲜与亮丽，而在于内在的深沉与厚重。在喧嚣的社会中，我们应学会倾听那些无声却充满力量的声音，如知识的呐喊、历史的争鸣、内心的呼唤、道德的良知等，它们虽无声，却能引领我们走向正确的道路。同时我们也应追求无形的境界，无论是艺术创作、科学研究还是日常生活，不被外在的形式束缚，注重内在的成长与价值的追求。如此，我们方能真正领悟生命的真谛，活出更加深沉与丰富的人生。

用万物之能而获利其上

【经典原文】

白公胜虑乱，罢朝，倒杖而策锐贯颐，血流至于地而不知。郑人闻之曰："颐之忘，将何不忘哉！"故曰："其出弥远者，其智弥少。"此言智周乎远，则所遗在近也。是以圣人无常行也。能并智，故曰"不行而知"。能并视，故曰"不见而明"。随时以举事，因资而立功，用万物之能而获利其上，故曰"不为而成"。

——〔战国〕韩非《韩非子·喻老》

【经典释义】

楚国大臣白公胜策划政变，朝会结束后，他倒拿着马鞭，被鞭上的尖刺刺穿了脸颊，血流到地上而没有觉察。郑人听到后说："连自己的脸颊都能忘记，还有什么不会忘记呀！"所以《老子》说："人们出行越远，知道的反而越少。"这话是说老想着远处的事，眼前的事情就会遗忘。因此圣人没有恒定的行为。能够同时考虑远近事情，所以《老子》说"不出行就能够感知"。能同时看到远近各处，所以《老子》说"不察看就能够明晓"。根据时机来办事，借助外力而立功，利用万物的特性而在此基础上获取利益，所以《老子》说"不刻意作为就能够成功"。

【河南元素】

韩非，战国末韩国新郑（今河南新郑）人，法家主要代表人物。韩非吸收道、儒、墨各家的思想，继承发展了前期法家思想，如综合了商鞅的"法"治、申不害的"术"治、慎到的"势"治，提出以"法"为中心的"法、术、势"三者合一的君主统治术，集法家学说之大成，对后世影响很大。

【当代启示】

做事情，干事业，都要考虑时机和借助外力的问题。一个人的能力再大，总是有限的，有了很好的机遇，又具备了有利条件，就要善加利用。如果抓住机遇，善于因势利导，可能不用付出太大努力就能够取得成功。面对机遇和有利的条件而不知利用，就会错失成功的机会。当然，这其中有个对机遇和时势的判断和把握的问题。如果判断准确，又善于因势利导，借助外力，那么成功就是可以期待的了。

捉衿而肘见

【经典原文】

十年不制衣，正冠而缨绝，捉衿而肘见，纳履而踵决。

——〔战国〕庄子《庄子·让王》

【经典释义】

他十年没有添置新衣服了，当他整理帽子时，帽子的带子都断了，当他提起衣襟时，胳膊肘都露出来了，当他穿鞋时，脚后跟都露出来了。

【河南元素】

《庄子·让王》中的这段话讲述了曾子在卫国（都今河南淇县）时清贫而高尚的生活状态。曾子（前505—前434），孔子的得意门生，他不仅继承了孔子的学术思想，更在日常生活中践行孔子的道德理念。在卫国居住期间，他过着极其简朴的生活，经常一连三天不生火做饭，身穿用乱麻絮做的袍子，破烂不堪，以至于"捉衿而肘见"。但这种艰苦的生活条件，没有使他感到沮丧，反而更加坚定了他追求精神富足的决心。他乐观向上，时常拖着破鞋，高歌《商颂》，他超越了物质的束缚，达到心灵的自由。曾子居卫的典故，不仅展现了曾子高尚的道德品质和精神追求，也体现了儒家思想中安贫乐道的精神内涵。

【当代启示】

"捉衿而肘见"这句话后人常省为"捉襟见肘"或"捉衿"。2014年9月9日，习近平总书记在同北京师范大学师生代表座谈时的讲话中引用了"捉襟见肘"这个成语，意在强调老师要做好知识储备，要有扎实的学识。"捉衿而肘见"于曾子而言反映了他安贫乐道的精神，于当代的我们而言，却正提醒我们，要合理规划和利用资源，做到有备无患，具备创新和变通的能力，保持正确的价值观和心态。只有这样，我们才能更好地应对生活中的各种挑战和困难。

三人成虎

【经典原文】

庞葱与太子质于邯郸,谓魏王曰:"今一人言市有虎,王信之乎?"王曰:"否。""二人言市有虎,王信之乎?"王曰:"寡人疑之矣。""三人言市有虎,王信之乎?"王曰:"寡人信之矣。"庞葱曰:"夫市之无虎明矣,然而三人言而成虎。今邯郸去大梁也远于市,而议臣者过于三人矣。愿王察之矣。"王曰:"寡人自为知。"于是辞行,而谗言先至。后太子罢质,果不得见。

——〔西汉〕刘向《战国策·魏策二》

【经典释义】

庞葱陪太子到邯郸去做人质,他对魏王说:"现在有一个人说街市上有老虎,大王您相信吗?"魏王说:"我不相信。"庞葱说:"有两个人说街市上有老虎,大王您相信吗?"魏王说:"我会半信半疑。"庞葱又说:"有三个人都说街市上有老虎,大王您相信吗?"魏王说:"我相信了。"庞葱说:"街市上不会有老虎,这是很明显的事,可是三个人都说有老虎,就好像真的有老虎了。现在邯郸离大梁比我们到街市远得多,而议论我的人远远超过三个。希望大王明察。"魏王说:"我明白了。"庞葱于是辞别魏王去邯郸了,毁谤他的人络绎不绝。后来太子结束了人质的生活,庞葱果真不能再见魏王了。

【河南元素】

此处的魏王指魏惠王,此时魏国国都已迁于大梁(今河南开封)。魏国迁都是战国时期一个重要历史事件,这一决策对魏国的历史走向产生了深远影响。在魏惠王执政时期,周边国家尤其是齐国、赵国和楚国的崛起,对魏国在中原地区的霸主地位构成了威胁。而魏国旧都安邑(今山西夏县)位于魏国西部,不利于魏国对东部和中原地区的统治与控制。因此魏惠王六年(前364),魏国正式将都城迁至大梁。大梁地处黄河中游地区,交通便利,农业发达,是中原地区的经济和文化中心。迁都大梁不仅巩固了魏国在中原地区的地位,也为魏国后续的发展奠定了坚实的基础。

【当代启示】

2015年9月22日,习近平主席在华盛顿州当地政府和美国友好团体联合欢迎宴会上的演讲中,引用了"三人成虎"这一典故,强调中美双方应加深对彼此战略走向、发展道路的了解。在信息爆炸的时代,谣言和虚假信息往往容易三人成虎,对个体和社会造成不良影响。我们必须保持警惕,学会辨别信息的真伪,不轻易相信未经证实的说法。同时我们也应有责任心,不传播未经核实的信息,以免误导他人。在面对谣言时,我们应积极辟谣,维护真相和正义,要坚守真实、理性的原则,共同营造一个清朗、健康的信息环境。

百闻不如一见

【经典原文】

百闻不如一见,兵难隃度,臣愿驰至金城,图上方略。

——〔东汉〕班固《汉书·赵充国传》

【经典释义】

听别人说一百次,也不如自己亲自去看一次,军事行动中遇到的困难很难预料,我愿意立即赶到金城,以制定针对性的战略和计划。

【河南元素】

《汉书》创作于河南。《汉书·赵充国传》记述了西汉名将赵充国的生平事迹。赵充国(前137—前52),字翁孙,陇西上邽(今甘肃天水)人,以勇猛善战著称,历事武帝、昭帝、宣帝三朝。他熟悉少数民族事务,在对匈奴、羌族的战争中屡建奇功,并提出"以兵屯田"的策略,成为屯田戍边的先驱。该传不仅展现了赵充国的军事才能,也反映了西汉时期的边疆治理与民族关系。

【当代启示】

2017年10月25日,习近平总书记在十九届中共中央政治局常委同中外记者见面时的讲话中,用"百闻不如一见"表达了欢迎各位记者朋友在中国多走走、多看看的愿望。"百闻不如一见"强调了亲身经历的重要性,仅仅通过听闻或阅读他人的描述,往往无法全面了解事物的真实情况和细节。只有亲自去观察、体验,才能更准确地把握事物的本质和真相。因此在生活和工作中,我们应该尽可能多地亲自实践、探索,以获得更深入、更真实的理解和认识。

守株待兔

【经典原文】

宋人有耕田者，田中有株，兔走，触株折颈而死。因释其耒而守株，冀复得兔。兔不可复得，而身为宋国笑。

——〔战国〕韩非《韩非子·五蠹》

【经典释义】

宋国有个种田的人。田地里有个树桩，有只兔子跑得很急，撞上树桩折断了脖子死了。这个人因此放下手里的农具整天守着树桩，希望再捡到撞死的兔子。他没有再捡到撞死的兔子，自己也被宋国人耻笑。

【河南元素】

韩非，战国末韩国新郑（今河南新郑）人。五蠹，是扰乱君王法治的五种人，即学者（儒士）、言谈者（纵横家）、带剑者（游侠）、患御者（奸臣私门的党人）、商工之民（工商业者）。韩非认为，只有君王"除此五蠹之民"，"废先王之教"，实行"以法为教""以吏为师"的法治，才能治理好国家。韩非用"守株待兔"的寓言讽刺了照搬古法，死守陈规旧俗，不根据社会的实际情况制定相应的政治措施的行为，提出了"世异则事异""事异则备变"的历史发展观，宣传了其法治理论。

【当代启示】

2022年1月11日，习近平总书记在省部级主要领导干部学习贯彻党的十九届六中全会精神专题研讨班上指出，我们要实事求是分析变与不变，与时俱进审视我们的理论，该坚持的坚持，该调整的调整，该创新的创新，决不能守株待兔、刻舟求剑。辩证唯物主义认为，客观实际不是一成不变的，思想方法和思维方式要跟上时代和社会的变化，这样才能不断解决新问题，从而更好地前进。如果因循守旧，抱残守缺，不仅难以发展进步，而且可能贻误发展机遇，甚至阻碍社会发展进步。

刻舟求剑

【经典原文】

楚人有涉江者,其剑自舟中坠于水,遽契其舟曰:"是吾剑之所从坠。"舟止,从其所契者入水求之。舟已行矣,而剑不行,求剑若此,不亦惑乎?

——〔战国〕吕不韦《吕氏春秋·慎大览·察今》

【经典释义】

楚国有个渡江的人,他的剑从船上掉到水里,他急忙在剑掉进水的船边刻上记号,说:"这儿是我的剑掉下去的地方。"船停了,这个楚国人就从刻记号的地方下水找剑。船已经航行了,剑没有行进,像这样寻找剑,不是很糊涂吗?

【河南元素】

吕不韦,战国时期卫国濮阳(一说在今河南濮阳西南,一说在河南安阳滑县)人。《吕氏春秋·慎大览·察今》讲的是要根据形势发展变化制定法令制度。在这篇文章里,吕不韦还讲了另外一个与"刻舟求剑"十分相似的故事。荆人欲偷袭宋国，派人先在澭水（古河名，约在今河南商丘一带）作了标记，后来澭水猛涨，荆人不知道，仍按照原来的标记于晚上偷偷渡河，结果溺死了一千多人。吕不韦评价道："乡其先表之时可导也，今水已变而益多矣，荆人尚犹循表而导之，此其所以败也。"意思是说，当初他们作的标记是可以引导渡河的，现在水已有变化，上涨了许多，荆人却仍按标记来引导渡河，这是其失败的原因。

【当代启示】

2015年1月23日，习近平总书记在十八届中共中央政治局第二十次集体学习时强调，如果守着我们对过去中国实际的认识不动，守株待兔，刻舟求剑，我们就难以前进。辩证唯物主义认为，客观实际不是一成不变的，而是不断发展变化的。"变化者，乃天地之自然。"社会在变，时代在变，人们生活、生产的环境和条件也都在变。变是常态，不变是暂时的。所以，人们无论做事情还是看问题，都应有发展的眼光，都应适应各种新的变化。如果拘泥固执，不知变通，则无疑是刻舟求剑，必然被时代和社会甩到后面。

> 根之茂者其实遂,
> 膏之沃者其光晔

【经典原文】

将蕲至于古之立言者,则无望其速成,无诱于势利,养其根而俟其实,加其膏而希其光。根之茂者其实遂,膏之沃者其光晔。仁义之人,其言蔼如也。

——〔唐〕韩愈《答李翊书》

【经典释义】

如果想要达到古代立言者的境界,就不要期望能够快速成功,也不要被权势和利益诱惑。培养植物时要先养好它的根,然后等待它开花结果,使用灯火时给灯火添上油,然后期待它发出光芒。树根长得茂盛,果实就会丰硕,灯油充足,灯光就会明亮。仁义之人,他们的言谈温和而有涵养。

【河南元素】

韩愈,唐代河南河阳(今河南孟州南)人。《答李翊书》是韩愈给他的学生李翊的一封回信,写于唐德宗贞元十七年(801)。当时韩愈在京师长安（今陕西西安），一位青年文学爱好者李翊多次向其请教写文作诗的技巧。在这封信中，韩愈针对李翊关于如何"立言"的提问，系统地阐述了自己的文学观和写作经验，强调了文章的思想内容决定表现形式，"气盛则言宜"，即文章的气势旺盛则言辞自然贴切。他结合自己的写作实践，指出写好文章的基本条件是要不断加强学习和提升修养，以夯实创作的基础，正所谓"根之茂者其实遂，膏之沃者其光晔"。同时，他点明写文章要树立"立言"的志向，并且要注意修改、求新，"惟陈言之务去"。这封信不仅是对李翊个人问题的回答，也是韩愈对其文学理论和写作实践的一次系统总结，对中国文学史产生了深远影响。

【当代启示】

2018年9月3日，习近平主席在2018年中非合作论坛北京峰会开幕式上的主旨讲话中，引用韩愈"根之茂者其实遂，膏之沃者其光晔"的名言，阐述中非关系经过岁月考验，拥有坚实的基础。这句话比喻只有基础扎实、内在充实，才能收获丰硕的成果或发出明亮的光芒。因此在追求目标的过程中，我们要脚踏实地，重视基础和内在的积累，不断汲取新的营养，保持学习的热情和耐心。只有这样，我们才能在人生的道路上不断前行，实现自己的梦想。

落其实者思其树，
饮其流者怀其源

【经典原文】

黎人耕植于义圃，君子翱翔于礼园。落其实者思其树，饮其流者怀其源。咎繇为谋不仁远，士会为政群盗奔。

——〔南北朝〕庾信《征调曲》六

【经典释义】

普通百姓在道德的田园上耕作种植，君子在礼仪的园圃中自由翱翔。吃到树上结的果实便想到了结果的树，喝到河中的水便想到了河水的源头。皋陶谋划政事使不仁之人远离朝廷，士会治理政事使盗贼纷纷逃离。

【河南元素】

《征调曲》的作者庾信（513—581），南北朝时期著名文学家，南阳郡新野（今河南新野）人。庾信出身于文学世家，自幼聪颖，博览群书，15岁便入宫成为梁太子萧统的伴读，后出使西魏，值西魏灭梁，被迫留于北方，历仕西魏、北周。在梁任职时，他与徐陵共同成为宫体文学的代表作家，其文风被称为"徐庾体"。在北周时期，他受到皇帝礼遇，与诸王交好，但仍心怀故土，创作了大量思乡之作，如《征调曲》即表达了他对故土的深深思念。庾信的作品情感真挚，风格独特，融合南北文风，对后世文学产生了深远影响。

【当代启示】

2016年11月30日，习近平总书记在中国文联十大、中国作协九大开幕式上的讲话中引用"落其实者思其树，饮其流者怀其源"这句诗，鼓励广大文艺工作者要坚持不忘本来、吸收外来、面向未来，创作出更多体现中华文化精髓、反映中国人审美追求、传播当代中国价值观念、又符合世界进步潮流的优秀作品。这句诗富有哲理意蕴和文化内涵，通过隐喻的手法，表达了对于事物本源或根源的珍视。它提醒我们要珍惜和感恩事物的本源和根源，不忘初心，坚定信念，追求自己的目标。

> 感人心者,
> 莫先乎情

【经典原文】

圣人感人心而天下和平。感人心者,莫先乎情,莫始乎言,莫切乎声,莫深乎义。

——〔唐〕白居易《与元九书》

【经典释义】

圣人能够感化人心,从而使天下达到和平安宁的状态。而打动人心的方式,没有什么比情感更为首要,没有什么比言语更为起始,没有什么比声音更为贴切,没有什么比道义更为深刻。

【河南元素】

元九,就是元稹。元稹(779—831),字微之,行九,故称元九,洛阳(今河南洛阳)人,他是白居易的好友,同为新乐府运动的倡导者。《与元九书》写于唐宪宗元和十年(815),当时白居易正任江州司马。这篇散文全面阐述了白居易的文学主张和创作理念,强调了文章与诗歌应与现实紧密联系,提出"文章合为时而著,歌诗合为事而作"的创作原则，具有鲜明的时代内容和强烈的战斗色彩。此外，白居易还对历代诗歌发展进行了评价，总结了诗歌创作的经验和教训，提出了诗歌创作应遵循"根情、苗言、华声、实义"的原则，为后世文学批评和创作提供了宝贵的借鉴。整篇文章平易流畅，感情充沛坦白，语言通俗浅近，展现了白居易独特的艺术风格。

【当代启示】

2017年1月26日，习近平总书记在2017年春节团拜会上的讲话中引用"感人心者，莫先乎情"这句话，阐述中华民族历来重真情、尚大义，贯穿春节的就是浓浓的亲情、友情、爱情、同志之情。"感人心者，莫先乎情"强调了情感在人际交往中的重要作用，指出情感是人与人之间建立联系、产生共鸣的基础。无论是文学创作、艺术表演还是日常生活中的沟通和交流，真挚的情感往往能够直接触动人心，引发共鸣，从而更好地实现交流的目的。因此在处理人际关系时，我们应该注重情感的表达和传递，用真挚的情感去感染他人，以建立和谐友好的人际关系；在追求目标和梦想的过程中，我们应重视情感的力量，让情感成为连接人心、传递温暖的桥梁。

> 千丈之堤，以蝼蚁之穴溃；百尺之室，以突隙之烟焚

【经典原文】

图难于其易也，为大于其细也。千丈之堤，以蝼蚁之穴溃；百尺之室，以突隙之烟焚。

——〔战国〕韩非《韩非子·喻老》

【经典释义】

解决难题先从容易处着手，做大事先从小处开始。千丈长的大堤，因为蝼蚁的小小洞穴而崩溃；百尺高的楼房，因为烟囱缝隙冒出的一点火星而焚毁。

【河南元素】

韩非，战国末韩国新郑（今河南新郑）人。韩非是荀子的学生，李斯的同学，中国古代著名哲学家、思想家和文学家。其所著《韩非子》将朴素唯物主义与法家思想融会贯通，形成了为后世帝王所尊崇的思想体系，成为中国封建社会统治阶级治国理政的思想基础。老子说："天下难事必作于易，天下大事必作于细。"概括了干事创业

的一般规律，即从易处着手，从小事做起。韩非在《喻老》中则反其意而用之，用"千丈之堤，以蝼蚁之穴溃；百尺之室，以突隙之烟焚"比喻小小疏忽或失误，就可能酿成大祸。一正一反，说明的道理是一样的。

【当代启示】

2015年1月23日，习近平总书记在十八届中共中央政治局第二十次集体学习时的讲话中引用了"千丈之堤，以蝼蚁之穴溃；百尺之室，以突隙之烟焚"这几句话。解决难题要从易处着手，想干大事要从小处着手。对于工作中出现的问题，社会上出现的矛盾，要及早发现，把矛盾和问题解决在萌芽状态，而不要让小问题酿成大问题，小矛盾积累成大矛盾。如果对小矛盾、小问题熟视无睹，甚至回避矛盾，掩饰问题，在矛盾和问题面前畏缩不前，坐看矛盾和问题累积成大矛盾、大问题，那就会积重难返，最后势必造成无法弥补的损失。党领导人民干革命、搞建设、抓改革，从来都是善于直面矛盾，善于抓主要矛盾，善于破解矛盾的，这样才能推动社会经济发展，造福亿万人民，不断满足人民群众对幸福生活的向往。

> 秉纲而目自张，
> 执本而末自从

【经典原文】

秉纲而目自张，执本而末自从。善赏者，赏一善而天下之善皆劝；善罚者，罚一恶而天下之恶皆除矣。

——〔西晋〕杨泉《物理论》

【经典释义】

抓住渔网的纲绳，渔网的网眼自动会张开，把握住树木的根本，树的枝叶自然会相从。善于奖赏的人，奖励一个善行就能够鼓励天下人都做这样的善事；善于惩戒的人，惩罚一个恶行就能够让天下人都除去这样的恶行了。

【河南元素】

杨泉，字德渊，别名杨子，生卒年不详，西晋梁国（治今河南商丘南）人，哲学家。杨泉早年因战乱自梁入吴，居于会稽（今浙江绍兴）。西晋灭掉吴国之后，杨泉被征入晋。他不愿为官，不久即隐居，专心著述，仿扬雄著《太玄经》而著《物理论》。杨泉坚持气一元论，推进了与魏晋玄学相对立的唯物主义思潮的流行。上述一段文字见载于唐人马总编纂的《意林》所录杨泉《物理论》逸文。

【当代启示】

2015年1月23日，习近平总书记在十八届中共中央政治局第二十次集体学习时的讲话中引用了"秉纲而目自张，执本而末自从"这句话。人们无论做事情，还是干事业，都要有全局眼光，有大局观念，要善于从关键处下功夫，善于抓主要矛盾。抓住了关键环节，找准了主要矛盾，就等于找到了解决问题的"钥匙"，抓住了问题的根本，根本问题解决了，其余的细节问题就会迎刃而解。辩证唯物主义告诉我们，解决经济社会发展中的矛盾，必须把握好主要矛盾和次要矛盾、矛盾的主要方面和次要方面的关系，既要讲两点论，又要讲重点论；如果没有主次，不加区别，眉毛胡子一把抓，是做不好工作的。

> 善除害者察其本，
> 善理疾者绝其源

【经典原文】

臣窃闻，善除害者察其本，善理疾者绝其源。伏惟陛下欲纾人之忧，先念忧之所自；欲救人之病，先思病之所由。知所自以绝之，则人忧自弭也；知所由以去之，则人病自瘳也。

——〔唐〕白居易《策林·十七、兴五福销六极》

【经典释义】

我私下听说，善于除害的人要观察产生危害的根本，善于治病的人要杜绝产生疾病的根源。我个人认为，陛下想要纾解百姓的忧患，就要先考虑百姓的忧患从何而来；想要救治百姓的疾病，就要先思考百姓的疾病是怎么产生的。找到了百姓忧患的原因并把它根除，百姓的忧患自然就消失了；找到了百姓疾病的原因并把它消除，百姓的疾病自然就痊愈了。

【河南元素】

白居易，祖籍太原（今山西太原西南），迁居下邽（今陕西渭南东北），生于河南新郑，葬于河南洛阳香山，累官至翰林学士、左赞善大夫、太子少傅、刑部尚书，世称白傅、白文公，与元稹合称"元白"，与刘禹锡并称"刘白"。《策林》是白居易于元和元年（806），与元稹将应制举，退居于上都华阳观，揣摩当代之事，拟作的七十五篇策文。《策林》从时务政治出发，主要探讨了为君为圣之道、施政化民之略、求贤选能之方、整肃吏治之法、省刑慎罚之术、治军御兵之要、矜民恤情之核、礼乐教化之功等八方面的问题。

【当代启示】

2015 年 6 月 26 日，习近平总书记在十八届中共中央政治局第二十四次集体学习时的讲话引用了"善除害者察其本，善理疾者绝其源"这句话。善于消除祸害的人是从根本上下手，善于治病疗疾的人是从病源上入手，这个道理很多人都懂，但在实际生活中习焉不察，很难做到。要"察其本""绝其源"，就需要综合素质和综合能力，同时也需要坚定的决心和坚强的毅力。有的人不愿意也没能力追本溯源，而是图省事、找捷径，把表面问题解决了，深层次问题依然存在。这就留下了遗患，而留下的遗患随时可能产生更大的问题，引发更大的灾难。治病治本，斩草除根，道理简单，却是知易行难。唯有提高思想理论水平，增强解决问题的能力，才有可能做到"察其本""绝其源"。

物必先腐也，而后虫生之

【经典原文】

物必先腐也，而后虫生之；人必先疑也，而后谗入之。陈平虽智，安能间无疑之主哉？

——〔北宋〕苏轼《论范增》

【经典释义】

物体一定是先腐朽，然后才有虫子寄生；人一定是先有疑虑，然后才能给别人进谗言的机会。陈平虽然是一个很有智慧的人，但他怎么能够离间没有疑虑的君主呢？

【河南元素】

"物必先腐也，而后虫生之"，说的是"汉用陈平计，间疏楚君臣"的故事。楚汉战争中，刘邦的谋士陈平放出风声，说范增马上就要投奔刘邦了。他特意准备了一桌丰盛的酒宴，见到项羽派来的使者后，故作惊讶说：我还以为是范增的使者，原来是项王的使者。于是将酒宴撤下，换上恶劣的食物。项羽因此怀疑范增与汉王刘邦私下有交易，从而削弱了范增的权力。范增知道项羽中了陈平的离间计，意识到项羽大势已去，遂准备回家乡养老。可他人还没有回到家乡，就在途中发病而死。陈平（？—前178），阳武户牖（今河南原阳）人，汉高祖刘邦的重要谋士，西汉开国功臣之一。他用离间计让项羽驱逐了谋士范增，还向刘邦建议用爵位笼络韩信。西汉建立后，陈平封曲逆侯，汉惠帝和吕后时期曾任丞相。陈平后与周勃定计诛杀吕氏家族，迎汉文帝即位，对稳定西汉的局势发挥了重要作用。

【当代启示】

宋代文豪苏轼的《论范增》一文认为，东西一定先腐烂，蛀虫才能生出来；人一定先产生疑心，谗言才能听进去。这里揭示了一个深刻道理，即在事物发展的过程中，外因是变化的条件，内因是变化的根据，外因通过内因而起作用。内因是事物发展变化的主因，外因对事物的发展变化起加速或延缓作用。2012年11月17日，习近平总书记在十八届中共中央政治局第一次集体学习时的讲话中引用了"物必先腐，而后虫生"这句话，强调党的自身建设极端重要，只有党的自身肌体健康才能抵制外部的侵蚀，才能不给外部侵蚀提供机会。

> 力,形之所以奋也

【经典原文】

力,形之所以奋也。法,所若而然也。生,形与知处也。

——〔战国〕墨子《墨子·经上》

【经典释义】

力量,是改变物体运动或停止状态的原因。法则,是人们遵从方能成事的准则。生命,是形体与智慧相互依存的结果。

【河南元素】

墨子,战国初期宋国(都今河南商丘南)人,一说鲁阳(今河南鲁山)人,或说滕国(今山东滕州)人。《墨子·经上》是《墨子》六篇中的一部分,通常与《经说上》相配,构成对古代哲学、逻辑和科学范畴与简单命题的精练阐述。《墨子·经上》由墨子和其后期弟子逐步编纂而成,以精练的文字列举了众多哲学、逻辑学和科学的范畴与命题,展现了墨家对自然、社会及人类认知的深刻理解。在逻辑学方面,《经上》对"名"(概念)、"辞"(判断)、"说"(推理）等思维形式进行了初步探讨，强调概念要反映实物，判断要表达思想，推理要指明论据。同时，它也涉及了因果律、部分与整体等哲学命题，为后来的逻辑学和哲学研究提供了重要素材。在科学方面，《经上》涉及力学、光学、几何学等多个领域，提出了许多具有科学价值的见解和理论。例如它对光的直线传播、影子的形成等自然现象进行了深入剖析，并抽象出了一系列精辟的概念和公式。《墨子·经上》不仅是中国古代哲学、逻辑学和科学的重要遗产，也是世界文明宝库中的瑰宝。

【当代启示】

2018年5月28日，习近平总书记在中国科学院第十九次院士大会、中国工程院第十四次院士大会上的讲话中引用"力，形之所以奋也"这句话，强调变革创新是推动人类社会向前发展的根本动力。"力，形之所以奋也"不仅仅是对古代物理或哲学思想的诠释，也能对现代社会和个体发展有深刻启示。于个人而言，我们在求知的路上，要有坚定的信念、明确的目标、足够的勇气和毅力，这些都是推动我们克服困难、实现理想的"力"，在知识由少到多、人格不断完善的过程中，我们每一个人既在运动与变化中展现新的面貌，又以不断创新、不断进取的态度适应时代的变化，从而实现个人与社会的共同进步。于社会而言，全社会需要营造积极向上的氛围，激发社会的创造力和活力，这样才能实现社会的繁荣与发展。

后 记

习近平总书记指出，文化自信，是更基础、更广泛、更深厚的自信。中华民族生生不息绵延发展，饱受挫折又不断浴火重生，都离不开中华文化的有力支撑。中华文化独一无二的理念、智慧、气度、神韵，增添了中国人民和中华民族内心深处的自信和自豪。中华优秀传统文化是中华文明的智慧结晶和精华所在，是中华民族的根和魂。中原文化在中华文明体系中具有源头和主干地位，典籍中包含着丰富的河南元素。《典籍中的河南》旨在弘扬中华优秀传统文化，让书写在古籍里的文字活起来，为我们认识和改造世界提供启迪和借鉴。

本书在编撰过程中得到了中共河南省委宣传部、河南省社科工作事务中心的悉心指导和大力支持。河南省社会科学院为书稿撰写提供了良好的工作环境。陈东辉、卫绍生、李立新、李若薇（河南农业大学）、陈建魁、田文富（中共河南省委党校）、陈勤娜、张侃、郝莹莹、王宇婷（南开大学）、赵艺扬（中共河南省委党校）、孙珂珂（郑州西亚斯学院）、张玉霞、王珂、刘畅、赵旭姣（郑州大学）等先后参与了相关工作。陈东辉、卫绍生、李立新、李若薇讨论形成了全书提纲框架和每个条目的行文范式。全书分为十一章，即"民本思想""家国情怀""治国理政""循法而行""守正创新""选贤举能""道法自然""修身养性""劝学励志""友邦睦邻""生活哲理"。每一句经典的解读由四部分内容构成：一是"经典原文"，列出前后语义贯通的一段话；二是"经典释义"，古人说，诗无达诂，文无达诠，对"经典原文"的阐释，这里只是解释大意或对相关文化常识进行介绍，而非单纯的白话翻译；三是"河南元素"，旨在阐述"经典原文"同河南的关系，重在可读性、故事性，突出河南优秀传统文化；四是"当代启示"，旨在推动学习贯彻习近平新时代中国特色社会主义思想走深走实，让党的创新理论"飞入寻常百姓家"。卫绍生小组撰写第一章、第二章、第三章，陈东辉小组撰写第四章、第五章，李立新小组撰写第六章、第九章、第十章、第十一章，李若薇小组撰写第七章、第八章并负责筛选河南元素。各小组交叉对书稿进行修改审定，陈东辉最后修改定稿。大象出版社的张桂枝、张前进、管昕、李小希、张琰、王莉娟等同志对图书出版付出了辛勤努力。在此，向所有为本书顺利出版做出贡献的同志表示衷心感谢。

在创研过程中，我们遇到很多难题，可以说，"创新"不易，"守正"更难。所谓"创新"不易，是指从浩如烟海的典籍中寻找既反映中华优秀传统文化，又具有当代启示意义的条目不容易，而且每个河南元素都需要选择不同的内容，这对大家是很大的考验。有作者说，天天在绞尽脑汁、挖空心思找河南元素。所谓"守正"更难，是指确保"经典原文"的准确不容易。不少典籍由于版本不同，文字会有出入，有些出入是历史公案，已经争论了几百上千年，没有定论。这就需要大家查阅大量资料，花去很多时间探讨采信哪个版本的问题。

还有对"经典原文"的理解问题,古文言简意深,微妙玄通,如何解读,仁者见仁,智者见智。比如,"凡交,近则必相靡以信,远则必忠之以言"。小组认为《庄子·人间世》通篇讲的是人与人之间的处世哲学,这句话是孔子对叶公子高这个使臣讲的,是给叶公子高出使齐国而不陷入祸患的建议,讲的不是国事,而是人情。所以这句话翻译为"在人际交往中,对于亲近的人,我们必须以诚信来相交;而对于关系疏远的人,我们必须用忠实于自己诺言的言语来相待"。但其他作者根据上下文认为这句话讲的是国与国之间的关系,庄子在这里讲了一个故事,说"叶公子高将使于齐,问于仲尼",由此引出"凡交"这句话。对此,大家查阅了不同版本。按晋郭象注为"近者得接,故以其信验亲相靡服也""遥以言传意也"。唐成玄英疏言:"凡交游,邻近,则以信情靡顺;相去遥远,则以言表忠诚。此仲尼引己所闻,劝诫诸梁也。""凡交"之"交",成玄英解释为"交游",是讲人与人之间的人情,不指国与国之间的国事,但郭象在注中说"近者得接""遥以言传意",讲的是空间距离,似乎应该理解为国与国之间的关系更为合适。清代郭庆藩,字子瀞,一字岵瞻,湘阴人。郭庆藩的《庄子集释》,是清代《庄子》考释的杰出著作。其主要成就在于精密校订《庄子》本文,既能辨析古本异文正误,也揭示了某些前人未知的讹误;精心辑录散佚旧注,对陆德明《庄子音义》所录司马彪注多有补充;精确考释字词名物,在辨识通假字、训释疑难字及古代名物方面都有创见。但《庄子集释》中对此未做解释。清代王先谦《庄子集解》

中对"交"注释为"交邻"并注"宣云：'相亲顺以信行。''相孚契以言语。'"这句话后一句为："言必或传之。夫传两喜两怒之言，天下之难者也。"该句注释为："宣云：'必托使传。''两国君之喜怒。'"这里的"宣"指的是宣颖，字茂公，句曲（今江苏句容）人，活动于清代中前期。其所著《南华经解》深契《庄子》文心哲思，宣颖也因之被推为"漆园功臣"。王先谦既把"凡交"之"交"解释为"交邻"，意即邻国交往，又把"两喜两怒"解释为"两国君之喜怒"，可见其认为此句讲的是国与国之间的关系。今人陈鼓应在《庄子今注今译》（中华书局，1983年）中认为此句原文为"凡交近则必相靡以信，交远则必忠之以言"，并注言："'交'字原缺。《御览》四三〇引'远'上有'交'字。'交远'与'交近'对言（王叔岷校释）。"同时，陈鼓应把这句话翻译为："大凡国与国相交，邻近的国家就以信用来往，远途的国家就用忠实的语言维系。"此后的诸种今人译本多从此说。如方勇译注的《庄子》（中华书局，2015年）和方勇、刘涛译注的《庄子》（上海古籍出版社，2019年）均注释"交：国与国之间的交往""近：邻近的国家"。萧无陂导读、译注的《庄子》（岳麓书社，2018年）将这句话的意思表述为"大凡国与国之间的交往，与相邻国家的交往一定是通过诚信来保持亲密接触，与远方国家的交往就一定要通过辞令来表达对它的忠信"。因此，大家综合各种材料，将这句话的意思修改为"大凡国与国之间的交往，邻近的国家就必定以信用相亲顺，远道的国家就必定用语言表达相互忠诚"。《庄子》深奥玄妙，高深莫测，不知这两种解说哪个更好一些，或许还有更契合《庄子》本意的解说也未可知。

需要花很大精力去甄别的另一个问题是人物的归属地问题。比如吕不韦，通说为卫国濮阳人。但是《史记》卷八十五《吕不韦列传》载："吕不韦者，阳翟大贾人也。"阳翟，当时属韩国，今河南禹州。《战国策》卷七《秦策五》载："濮阳人吕不韦贾于邯郸。"吕不韦即使是濮阳人，又属于今天的哪个地方，也有争议，今天的濮阳已经不是战国时的濮阳。因此在介绍吕不韦时我们只好表示为：濮阳，当时属卫国，一说在今河南濮阳西南，一说在今河南安阳滑县。再比如商鞅也是同样的问题。为了客观起见，对商鞅的表述为：商鞅，卫国人（一说今河南内黄人，一说今河南濮阳人）。

由于水平所限，书中难免有差错和不妥之处，恳请读者批评指正。

编者

2024 年 7 月